I0772609

MEDARDO MEJÍA

EL GENIO DE CERVANTES Y EL SECRETO DEL QUIJOTE EN AMÉRICA LATINA

EL GENIO DE CERVANTES Y EL SECRETO DEL QUIJOTE EN AMÉRICA LATINA
MEDARDO MEJÍA

©Colección Erandique
Supervisión Editorial: Óscar Flores López
Diseño de portada: Andrea Rodríguez
Administración: Tesla Rodas
Director Ejecutivo: José Azcona Bocock
Primera Edición
Tegucigalpa, Honduras—Junio 2025

**DEDICO ESTO
A LA MEMORIA DE:
JOSÉ ANTONIO DOMÍNGUEZ
Y MANUEL CÁLIX HERRERA**

TRES JOYAS EN UN SOLO LIBRO

Como un regalo a nuestros lectores, publicamos esta edición con tres grandes trabajos literarios de Medardo Mejía: El genio de Cervantes y el secreto del Quijote en América Latina; sus Cuentos completos y una mini autobiografía.

En poco menos de 300 páginas están plasmados el talento, la creatividad y la visión social del autor, entre otras obras, de Los diezmos de Olancho (La ahorcancina, Chichonero y Medinón), Historia de Honduras; Comizahual; Froylán Turcios en los campos de la estética y el civismo; Trinidad Cabañas, soldado de la República Federal.

En la primera parte, Mejía representa al Quijote como símbolo de resistencia e idealismo, un luchador solitario (a pesar de la compañía de Sancho Panza), contra la injusticia, la corrupción y el poder opresivo.

Aquí, el hidalgo aparece como el personaje que encarna la conciencia moral de los pueblos latinoamericanos, enfrentados a realidades adversas desde la colonia hasta las dictaduras del siglo XX.

¿Qué valores le habría agregado Mejía tomando en cuenta la realidad que vive el continente en el primer cuarto del siglo XXI?

Medardo Mejía sostiene que Cervantes no solo creó una figura literaria, sino un hombre nuevo que desafía el orden establecido y sueña con un mundo más justo.

Con su visión revolucionaria, Medardo Mejía también convierte a Don Quijote en pueblo. Ya no es hidalgo…

De esa forma, Don Quijote puede ser campesino rebelde, poeta marginado por las clases altas, cobrador de autobús, chofer de mototaxi, vendedor del mercado, voceador de periódicos, mecánico de taller de carros, desempleado, estudiante, habitante de barrio marginal, comerciante de baratijas en una acera de cualquier ciudad latinoamericana.

En alguna ocasión, el poeta Livio Ramírez me dijo que El genio de Cervantes y el secreto del Quijote en América Latina debería ser leído en las escuelas de Honduras. Coincido con él.

CUENTOS COMPLETOS

Medardo Mejía, a pesar de su incansable actividad literaria, no escribió muchos cuentos. Lo suyo fue el ensayo, la historia y el teatro. Eso explica que sus cuentos no sean muchos.

Los cuentos de Mejía poseen un estilo directo, sobrio, con ciertas pinceladas de lirismo. Sus personajes están regidos por la ética y la conciencia social.

De igual manera, encontramos en ellos conflictos sociales, ideales revolucionarios, críticas al poder y un latinoamericanismo profundo.

Al igual que el Quijote, buscan sentido en un mundo que no siempre los entiende.

El libro concluye con Refiere, Ansias, el paso de aquel milpero; que nosotros titulamos Yo, Medardo, pequeña autobiografía:

"Pude haberme llamado Gabriel Amaro Mejía, como deseaba mi padre, mayor de Plaza de Yoro cuando nací, pero el cura que me bautizó me puso José Medardo. Mis padres fueron Gabriel Anunciación Mejía y Francisca Antonia Pagoaga, casados y vecinos de Manto, Olancho, Honduras. Nací en San Juan de Jimásque el 20 de octubre de 1907. Soy de origen campesino y me place haber nacido en este siglo, y no en uno anterior ni en otro futuro, porque he visto crecer, culminar y desintegrarse el imperialismo, el criminal más brutal y feroz de todos los siglos. He sembrado y cosechado milpas. Soy un milpero", nos cuenta.

Desde niño fui inclinado a los ideales revolucionarios —dice—. Entre tantas, me gustó la poesía para alcanzar posiciones ventajosas en la sociedad. La poesía quiso ser medio, no fin, como en el caso de Solón.

El texto permite conocer más a uno de los escritores más comprometidos socialmente que ha tenido Honduras: su alma, su nobleza, sus sueños.

ÓSCAR FLORES LÓPEZ
Editor Colección Erandique

PRÓLOGO

El tema es enorme para el aficionado que escribe. "El genio de Cervantes y el secreto del Quijote en América Latina" debería ser tarea de un publicista de fama continental para estar a su altura. Si yo lo he abordado con las enormes limitaciones que llevo a cuestas, obedece a la extrañeza que me causa que, durante tantas décadas y lustros, no haya habido alguien con el brillo y la voluntad suficientes para decir, en buen romance, quién fue realmente Cervantes y con qué propósito —más allá del simple deseo de escribir un libro— publicó El Quijote. De este modo, una simple curiosidad me llevó a intentar una investigación para la que no estaba destinado.

En mis años universitarios, un expresidente de nuestra República me escribía cartas desde Puerto Cortés, en las que me daba consejos como este: "Debes fijarte bien en la grandeza de Miguel de Cervantes y estudiar mejor El Quijote, que te revelará secretos insospechados". "Vaya" —me dije una vez— "este encumbrado personaje cree que El Quijote abunda en las adivinaciones del oráculo que encontró Bonaparte en una tumba de las pirámides de Egipto". Entonces yo estaba fascinado por Enrique Gómez Carrillo, insigne cronista en París, quien confesó —y debe haber sido cierto— que nunca pudo terminar de leer el primer capítulo de la obra cervantina.

Pero una noche, por un "acto de cerebración inconsciente", como decía Rubén Darío, me puse a pensar que El Quijote quizá era, en el fondo, un genuino tratado de política, y así empecé a hurgar en la obra capital de Cervantes, personaje del Renacimiento español. Con el tiempo, y siguiendo esa línea, llegué a convencerme de que El Quijote era primo hermano de El Príncipe, de Nicolás Bernardo Maquiavelo, al sustentar ambos el mismo ideal político, aunque con sus respectivas particularidades ibéricas. A diferencia del florentino, que proponía la codificación de un Estado moderno en Italia, el español lo daba por edificado en Castilla, agrandado luego con el nombre de España, faltándole únicamente a este Estado moderno limpiar las manchas oscuras que le quedaban de la Edad Media.

Suponiendo que había encontrado el secreto de la obra, pasé a querer averiguar el papel que desempeñaba El Quijote en América Latina. Me parece haber observado que, en este hemisferio, sigue siendo, en su esencia, el mismo tratado político, cuya utilidad radica en el empeño de edificar un gran Estado nacional latinoamericano, con la particularidad de que los principales personajes de la farsa son otros, y pertenecen a la época actual en el Nuevo Mundo.

Corresponde a los lectores descubrir quiénes son ellos.

Medardo Mejía

Tegucigalpa, D.C., Honduras, C.A.
17 de agosto de 1979

MIGUEL DE CERVANTES SAAVEDRA

Muchos han sido los elogios ofrecidos a Miguel de Cervantes Saavedra hasta el día de hoy. Ha sido elogiado el poeta del Viaje del Parnaso; el comediógrafo del Cerco de Numancia, representada en vísperas de combatir en tierra española el ejército de un mariscal de Napoleón, que fue vencido, y llevada a escena otra vez en Petrogrado, a iniciativa de Lenin, para levantar el ánimo de los combatientes de la Revolución de Octubre, casi rodeados por las tropas de las catorce naciones intervencionistas, a las que derrotaron.

También ha sido elogiado el narrador pastoril de La Galatea, que tanto gustó a los franceses del siglo XVI, según certificación notarial levantada por un diligente cervantista. Asimismo, el autor de las Novelas ejemplares, con las que, por la proximidad de algunas de ellas a la picaresca española, empieza a iniciar lo que le será exclusivo en España: el reino de la risa filosófica.

Ahora bien, el elogio más alto se le ha ofrendado por su obra Don Quijote de la Mancha, en la que resplandece el genio de Cervantes, y se le acomoda en el mismo estante en que lucen las obras inmortales de Homero, Esquilo, Dante, Shakespeare, Goethe, Hugo y otros creadores de la literatura contemporánea.

Aquí en Honduras, cuna de José Cecilio del Valle, pensador de la Ilustración antes de la Independencia, con motivo de las Fiestas Cervantinas de 1905, se escribieron estas razones que merecen grabarse en oro:

"España fue y es grande. Por su grandeza surgieron de ella emperadores de Roma, cuando Roma no tenía rival. Por su grandeza conquistó el mundo y en sus dominios hubo un tiempo en que no se ponía el sol. Hoy su dominio político, su fuerza material se han reducido. No importa: Roma cayó, y si de ella queda para memoria imperecedera la Eneida de Virgilio, España, al perder el poderío que tuvo en el siglo de Carlos V, tiene para asombrar al mundo a Don Quijote de la Mancha, y el sol de esta gloria no se ha puesto ni se pondrá jamás en sus dominios culturales".

En definitiva, Cervantes, con tanto elogio bien merecido, prueba que es un escritor extraordinario. Y ante esta evidencia no han sido pocos sus lectores de España y de América que tratan de averiguar cuáles son las ideas políticas de Cervantes, y, sobre todo, cuáles son las ideas políticas que se esconden en El Quijote.

Según P. Vilar, "El Quijote refleja la crisis decisiva del poderío español y, con mayor seguridad todavía, la primera gran crisis de duda de los españoles".

Nosotros consideramos que en El Quijote hay algo más concreto, que define a Cervantes como un eminente escritor político del Renacimiento español.

ESPAÑA

Miguel de Cervantes vino al mundo en la España del emperador Carlos V y deslizó su agridulce existencia en los largos años del rey Felipe II.

Todavía le sobró tiempo para gozarse con el relampagueo de su propio genio durante la ruina que fue el reinado de Felipe III.

Sus padres fueron unos hidalgos pobres llamados Rodrigo de Cervantes y Leonor de Cortinas. Sus hermanos mayores fueron Andrea, Luisa y Rodrigo.

Nació en Alcalá de Henares y recibió aguas bautismales en la iglesia parroquial de Santa María la Mayor el 9 de octubre de 1547.

Su abuelo paterno fue el corregidor de Osuna, Juan de Cervantes, rico hombre que vistió de seda a su familia y la montó en caballos de buen pelo, sin quitarle su trato grosero y, algunas veces, despiadado.

Eso pasó con su vástago Rodrigo, que al no pedirle permiso para contraer matrimonio con la bella joven que le acompañó toda la vida y la cual, desgraciadamente, carecía de bienes, le quitó todo apoyo material y moral.

Rodrigo de Cervantes, para vivir con su mujer y sus hijos que empezaban a llegar, tuvo que olvidar la hidalguía y valerse de un oficio. Se hizo sajador. Sajaba diviesos, y también entablillaba quebraduras y sacaba muelas.

El oficio, que no se parecía a los demás oficios, lo obligó a viajar a lo largo y a lo ancho de Castilla, y aun más allá, siempre buscando poblaciones grandes, deseoso de una mayor clientela. Así llegó a

Sevilla, puerto fluvial, cuyo movimiento de embarque y desembarque le daba la mayor importancia en la España del siglo XVI.

Allí, el hijo menor de Rodrigo de Cervantes, Miguel, que ya andaba en los diecisiete años, aprendió las primeras lecciones de la vida. Conoció a los trabajadores de barcos en su afán de cargar y descargar pesados fardos. Conoció a los marineros que iban y venían de Asia, África y América. Conversó con éstos y recibió noticias de lejanos países de maravilla, que por un momento lo hicieron pensar en huir del hogar paterno, dejar Sevilla, decirle adiós a España. No se olvide que los muchachos a esa edad suelen irse de su casa. Si el jovencito Cervantes no intentó lanzarse a la aventura del mar Océano, fue porque le dominaba el ánimo otra inquietud mayor. Le atraían las letras con una fuerza irresistible.

En Sevilla, gran ciudad de matices inagotables, conoció también los "bajos fondos", el "bajo mundo", o sea la región de la gente de mal vivir, de los mendigos, ladrones, alcahuetas, pendencieros y prostitutas, sin faltar otros personajes de parecida condición, aunque de diversa estampa, que después aparecieron en las Novelas ejemplares. Al jovencito Cervantes le había dado la suerte la oportunidad de ver a la sociedad humana en su composición de abajo arriba, oportunidad que no se le había dado a ningún otro español con destino a ser célebre. Porque si es verdad que hubo antes autores de novelas picarescas, ello pudo suceder por conocimiento directo del medio social de la canalla o por referencias de testigos —lo más probable en no pocos casos—. El jovencito Cervantes, no; él vio y oyó todo aquello que durante la vida le sería de tanta utilidad.

Y de tanta complacencia y de tanta alegría, porque él también empezaba a descubrir un mundo nuevo, a semejanza de Colón que había descubierto las Indias; y de Vasco de Gama, la ruta marítima de Calicut; y de Vasco Núñez de Balboa, el Océano Pacífico; y de Sebastián Elcano, la redondez del planeta Tierra.

Él, que venía del rancio linaje de terratenientes enemigos del bajo pueblo; que venía del iracundo Juan de Cervantes, corregidor de Osuna y leal vasallo de los Reyes Católicos en constantes guerras contra los moros; él, en medio de la mayor pobreza con sus padres y sus hermanos, a tan temprana edad, en aquel bullicio de Sevilla, estaba completando los descubrimientos de la época, al sospechar que el mundo de la sociedad sería invertido, al quedar debajo los estratos dominantes de la Edad Media y al ocupar la parte superior el destinado a la dominación por la Edad Moderna. Y nadie le sugería esto. Se lo sugería el genio que llevaba dentro, y que en cosas menores le hacía ocultar el hambre en medio de la aurora del siglo XVI.

En la misma Sevilla conoció al comediógrafo Lope de Rueda. Comenzó, pues, a conocer el Teatro Español. Creación inicial, con incuestionable talento del autor. Crítica incipiente, por no existir los suficientes elementos de juicio. Pero crítica al fin. El jovencito Cervantes vio representar sus propias obras y quedó encantado. Nunca más olvidaría a Lope de Rueda, para quien tuvo sentidas frases de elogio, reconociendo que el Teatro Español en aquella época era una expresión progresista de la sociedad que estaba naciendo, siendo los comediógrafos hombres inteligentes que sabían esgrimir la sátira contra todas las formas medievales, pero haciéndolo con tal gracia y tanto tino, que las gentes halagadas tomaban en cuenta los despropósitos y marchaban adelante por la ancha vía del siglo.

Dos cosas no se atrevían a tocar los comediógrafos: la Iglesia y la Monarquía. Al contrario, como ya había hablado el Concilio de Trento y el rey absoluto modelaba el Estado nacional, todo iba en honra y gloria de la Esposa de Cristo y de Su Majestad. Hubo un escritor, sin embargo, que a su tiempo escribió cuanto quiso en desdoro de esas grandezas, y nadie se dio cuenta de tamaño delito ni él soltó prenda en ningún momento.

De vuelta a Madrid, a los veinte años, el joven Cervantes quiso emprender estudios serios. Tuvo varios maestros. Pero el más sobresaliente de ellos fue el erudito Juan López de Hoyos, quien en el año de 1568 lo preparó en Gramática, Retórica, Lógica y conocimiento de los clásicos latinos y griegos traducidos al castellano desde los tiempos de Alfonso el Sabio.

No había que exigir a Cervantes dedicación al estudio, si él por sí mismo lo hacía con impulso de investigador. Así logró lo que su maestro no esperaba. A tanto había llegado el saber del estudiante, que López de Hoyos no tuvo inconveniente en hacerlo colaborar con sonetos y letrillas en el homenaje fúnebre dedicado al príncipe Carlos, hijo de Felipe II, y como saliera bien y fuera elogiado el discípulo, posteriormente, a ruego del mismo López de Hoyos, contribuyó con verso y prosa en las honras fúnebres de la mujer de Felipe II, la reina Isabel de Valois.

Todo lo anterior fue puro servilismo de López de Hoyos, en que de seguro participó Cervantes de mal modo. Pero ¿qué le iba a hacer, si eran las cosas del tiempo? España, que había tenido una burguesía manufacturera que prometía mucho para el futuro y fue descabezada por Carlos V, había quedado bajo la decisión de los señores feudales. Castilla, la más vigorosa del conjunto español, con 7.500.000 habitantes en la segunda mitad del siglo XVI, económicamente estaba regida por el Consejo de la Mesta, que se reunía todos los años para tomar acuerdos. Se trataba de una asociación de ganaderos que criaba toda clase de ganados, pero en principal el ovino, pues Castilla se dedicaba a la exportación de lanas desde el siglo XIV, y de poco o nada le valían los metales preciosos que le llegaban de América, pues éstos pasaban de paso a las zonas industriales del norte de Europa o a los bancos de los judíos alemanes para pagar las deudas que ocasionaban las guerras de religión que les imponían o provocaban los "Austria", como les decían a los Habsburgo que reinaban en España.

Entendidos del hecho de que Castilla fue un reino español dedicado al pastoreo, a la crianza de ganado y a la exportación lanar, Jorge Sotomayor concibió su celebrada obra Diana, tan festejada en España y en el extranjero, inspirándose en la realidad pecuaria de Castilla, y Cervantes, autor de La Galatea, años más tarde, no imitó a Sotomayor como se ha dicho, sino que recogió el tema pastoral, como quien recoge un gajo de uvas de tierras castellanas. La Galatea es, pues, un elogio pastoril de Castilla.

Empero, el joven Cervantes, que había recorrido la geografía de España en todas direcciones, aprendiendo de su maestra la Vida, no perdía la esperanza de pasar a Italia para comprender con más exactitud, haciendo comparaciones, las novedades que traía la Edad Moderna.

ITALIA

El prelado Julio de Aquaviva y Aragón, hijo del duque de Atri, vino a España en 1568 como legado del papa Pío V, a darle el pésame a Felipe II por la muerte del príncipe Carlos, y luego a solicitar el desagravio de la jurisdicción eclesiástica, reiteradas veces vulnerada por los ministros del monarca español en Milán.

Aquaviva permaneció tres meses en espera de que lo recibiera el rey, lo que no consiguió porque el monarca había expresado que no aceptaría condolencias de nadie, y con mayor razón si ya tenía informes de la misión que le había encomendado el Pontífice.

Mientras tanto, Aquaviva, joven de veinticuatro años, aristócrata democratizado de Italia, elegante en los círculos sociales y amante de las artes y las letras, informa Mateo Alemán, que haciendo honor a sus gustos y aficiones se rodeó "de algunos cortesanos de ingenio, y procuró granjearse su amistad, honrándose de tenerlos familiarmente a su mesa, de llevarlos en su carroza, cuando salía en público y de hacerles muchas mercedes, complaciéndose en tratar con ellos de varias cuestiones curiosas de política, ciencias, erudición y literatura".

Allí conoció a Cervantes, lo apreció por su modo de ser desenvuelto, su ingenio vivo, su fácil conversación y su estilo elegante que había leído en el texto que enviaran al Papa, en la Historia y relación de la verdadera enfermedad, felicísimo tránsito y suntuosas exequias fúnebres de la Serenísima Reina de España doña Isabel.

Aquaviva vio que los demás escritores de Madrid eran hombres allegados a la corte, haciéndolo saber en sus conversaciones, no así Cervantes, el más penetrado del siglo, cuya pobreza se veía en el traje y no había en toda España quien le tendiera la mano.

Sin más ni más, se lo llevó para Italia, haciendo su recorrido por el norte del país, visitando Palermo, Milán, Florencia, Venecia, Parma y Ferrara.

—¡Italia! —dijo para sí Cervantes—. Sin esperar que le saldría tan fácil, había logrado el más acariciado de sus sueños. Se veía de menos en España al intelectual que no había visitado Italia. Con él, ya no tendrían ese desprecio.

Como estaba joven, le arrebataba la belleza. Veía a la península itálica como un jardín florido. Y qué de mujeres encantadoras. En su entusiasmo sin medida, a cada rato se encontraba con Beatriz, la del Alighieri; con Laura, la del Petrarca; con Monna Lisa, la de Leonardo, en fin.

Poco a poco, sin embargo, fue entendiendo que Italia tenía un desarrollo económico y social tan adelantado, que sin lugar a dudas dejaba atrás a España. Le llama la atención la actividad fabril de los manufactureros, de los comerciantes, de los banqueros. En Italia el trabajo era un honor, no deshonraba a nadie, porque daba dinero, y el dinero es fuente de todo bienestar.

Cervantes, penetrante como era, en las ciudades del norte conoció con exactitud la burguesía italiana, y viendo los obreros de Milán se le vinieron a la mente los cargueros de Sevilla.

¡Alabada su suerte que lo había llevado a Italia para comprender con más aproximación la verdadera transformación del mundo social, desde la remota edad de oro a que aluden los inventores de leyendas hasta la hora en que fueron descubiertas las regiones escondidas del planeta por los más atrevidos navegantes!

Por fin los viajeros llegaron a Roma. Y en Roma se sintió Cervantes como si estuviera en el ombligo del mundo. Había leído a Tito Livio. Conocía la historia de la Ciudad Eterna. Y en desfile recordatorio vio la imagen de Rómulo, la estampa de los primeros reyes, el perfil de Junio Bruto, la República con sus reyertas callejeras y sus comicios en el Campo de Marte, Julio César, los emperadores, las persecuciones, los mártires cristianos, Constantino, la desintegración del Imperio, los bárbaros, los preludios de la Edad Media, los Papas y los emperadores, el mercantilismo, el Renacimiento, los Borgia, los Pontífices políticos, comerciantes y banqueros, en fin. Por primera vez sintió Cervantes que se hallaba en una ciudad anticristiana, diciendo que allí se hallaba la casa de Jesucristo.

Aquaviva instaló con toda comodidad al joven español en su palacio. Luego lo llevó a su biblioteca para que leyera cuanto tiempo quisiera, hasta saciarse.

Allí encontró un librito que había buscado en vano en toda España por haberlo quemado el Santo Oficio. El librito encontrado fue El Príncipe, de Nicolás Bernardo Maquiavelo. Lo leyó de un tirón y lo volvió a leer más despacio, reflexivamente. Se dio cuenta de que Italia, por medio de tan ilustre escritor, hacía saber al mundo en los años del Renacimiento que en su territorio estaba Roma, y que si ésta llegaba a hacerse de un César, podía arrojar de la Península a los españoles, franceses, austriacos y venecianos, y fundar lo que tanto ansiaba: el Estado nacional.

Aquel librito le enseñó la principal preocupación del siglo en Italia: hacer de todos los pequeños reinos y ducados peninsulares una sola nación gobernada por un monarca absoluto. Los italianos, que tenían la mejor base económica de los países latinos, por su gran desarrollo del comercio, la banca usuraria y la manufactura; y que tenían, además, las mejores fuentes culturales —allí había aparecido el Renacimiento—, podían crear el modelo perfecto del Estado nacional que correspondía a la Edad Moderna.

Desgraciadamente, les faltaba el César que exigía la obra. César Borgia era un pigmeo. Y el César gigantesco que necesitaban ellos, lo tuvieron los españoles. Sólo que fue un César deforme, con los ojos en la nuca, que más pensaba en Carlomagno que en sí mismo.

En la biblioteca de Aquaviva leyó todo lo que no pudo leer en España ni podría leer en lo sucesivo en aquel país de fanatismo, tinieblas, torturas y quemazón de herejes.

Allí, tomando un segundo libro, comprendió la maestría de Virgilio, de ninguna manera un simple imitador de Homero como se ha creído y se sigue creyendo, cuando su propósito fue cantar la grandeza de Roma, sin suponer que hubiera segunda ni tercera, y que el curso de los siglos llegara a ser guía de Dante en sus reflexiones políticas y en su poesía; después, inspirador de quien pedía que fuera reconstruida la grandeza romana en las Décadas de Tito Livio y en las de El Príncipe, y en los tiempos actuales, como el mantuano escribió para siempre, para que se vieran las radiaciones de Roma proyectadas e inapagables en la civilización del día. ¡Qué maravilla! Cervantes no había reparado en Virgilio.

Allí hojeó la voluminosa y múltiple obra de Aristóteles, la verdadera, traída por eruditos latinos de Oriente y traducida del árabe, limpia totalmente de telarañas escolásticas. Leyó, naturalmente, con atención la Poética, que, si bien daba reglas admirables, más que comprender, aún no se habían realizado estudios profundos de la materia; tuvo la intuición de que el poeta moderno es un creador literario que tiene en él sus habilidades artísticas o se inventa sus propios procedimientos. Leyó la Retórica, de parecidas enseñanzas y recomendaciones en el campo de la elocuencia. Leyó La Política,

cuyas enseñanzas le sirvieron para comparar y distinguir la Ciudad—
Estado del Estado—Nación que preocupaba a los hombres del siglo
XVI. Todos los textos de Aristóteles fueron para Cervantes como
descubrir un continente.

Allí, finalmente, en la riquísima biblioteca renacentista de
monseñor Aquaviva, se puso en contacto con Platón, con el primer
prosista de todos los tiempos, con el genial discípulo de Sócrates, con
el fundador de la Academia para discurrir en torno a la primacía de
las ideas sobre las cosas, pero encima de todo, para razonar en
coloquio interminable sobre la realidad y el valor del hombre, cuya
importancia debía realzarse cada vez más en el tiempo con la
socialidad, el estudio, la educación y la filosofía que brindaba las
nociones más ajustadas a la objetividad del mundo. En los Diálogos
aprendió que si Dios es la idea del supremo bien, el hombre debe ser
el espejo de la virtud. Y también aprendió —para él únicamente—
que, habiendo vivido Platón en una sociedad de hombres inmaduros
o imperfectos, se vio en la necesidad de ejercer la hipocresía lícita —
la única aceptable y recomendable— de venerar sus dioses, acatar sus
costumbres, obedecer sus leyes y aun alabar —contra su conciencia y
voluntad— muchas de sus proyecciones. Pero, por encima de estas
debilidades que nadie ha querido proclamar para liberar a Platón de
las cadenas de su tiempo, Cervantes vio en el autor de La República
al humanista más completo de los tiempos antiguos, dotado de genio.

Y le llamó la atención sobremanera que este reconocimiento
existía en Italia. En Florencia, Marsilio Ficino, lumbrera del siglo XV,
había fundado la Nueva Academia que enseñaba a los florentinos y,
en general, a los curiosos italianos el neoplatonismo, que mezclaba a
Platón con el cristianismo. O sea que, si el humanismo, como filosofía
del Renacimiento, fundaba su doctrina en el hombre, en la situación
y en el destino de éste en el universo —ya reinterpretado y dilatado
por Giordano Bruno—, eso era Platón en la Nueva Academia
florentina: se le daba más vigor, modernidad y belleza, agregándole
la doctrina cristiana, pero traída directamente del Evangelio y de
ninguna manera de la Iglesia, que estaba sufriendo una de las derrotas
más pavorosas de su historia, a pesar de las providencias del Concilio
de Trento.

Conviene hacer la afirmación de que Cervantes, atraído por la prosa del primer prosista de Grecia y seducido por el diálogo de los discípulos de Sócrates, se afilió al neoplatonismo con tal fervor que no lo dejó un momento ni en los años de su vejez. Por supuesto, a nadie le confesó esta adherencia, que quedó como secreto encerrado en la espaciosa y silenciosa biblioteca de monseñor Aquaviva. Pero el relampagueo del neoplatonismo es de sobra visible y evidente en su obra máxima, dándole ese encanto inmarchitable que la inmortaliza.

Al año completo de acompañar al prelado Aquaviva, y más instruido que si hubiera asistido a las clases de Bolonia, Cervantes pasó al reino español de Nápoles, quizá atraído por su destino superior.

LEPANTO

Lejos de pensar estaba Cervantes que las letras le llevarían a la gloria. Joven de veintidós años, en Italia, país de belleza y libertad, consideró que el renombre lo alcanzaría con las armas.

No hizo ningún esfuerzo para pensar así. España en aquel siglo era la primera potencia del mundo. Razón había tenido Carlos V para decir que en sus dominios no se ponía el sol.

Los tercios españoles se paseaban triunfales por Europa. Habían superado a la temible infantería suiza, y en concepto de muchos comentaristas los tercios españoles sólo se podían comparar con las legiones romanas.

Cervantes quería marchar en los tercios y solicitó su ingreso. Después de recibir de Madrid el informe de limpieza de sangre, fue alistado en la compañía de Diego de Urbina, en 1569, un año antes de la batalla de Lepanto.

Dos potencias estaban frente a frente disputándose la Europa Central y el Mediterráneo: España y Turquía. Dos titanes habían dirigido aquella guerra poco tiempo ha: Carlos V y Solimán el Magnífico. Ambos lidiaban por el dominio de dos religiones. Carlos V agitaba las banderas de Cristo y Solimán los estandartes de Mahoma. Después de los titanes mencionados, sus descendientes habían continuado aquella guerra por creencias.

Santos Oliver, estudioso de aquella contienda, da las siguientes explicaciones:

"El Gran Turco, vergüenza del Renacimiento, faltó a los tratados que tenía hechos con la república de Venecia y traidoramente invadió la isla de Chipre, que pertenecía a aquella república.

De tiempo atrás el poder del Gran Turco se hacía intolerable al mundo cristiano. Desde los Dardanelos a Gibraltar, no había ruta indemne para las naves de los cristianos, ni ribera o poblado exentos de las incursiones, saqueos y degollinas de los feroces piratas. Millares y millares de cautivos languidecían extenuados, hambrientos y desnudos en el banco de las galeras de Argel y Constantinopla."

Ante aquella violación que añadía por parte de los turcos la burla y el insulto a la rapiña y la ferocidad, los venecianos pidieron el auxilio de los príncipes cristianos. Verdad es que no todos respondieron con generosidad al llamamiento, mas sí hubo algunos que mostraron más noble conducta.

Entre los que quisieron aliviar la suerte de los afligidos venecianos estaba, en primer término, el Pontífice Romano, Su Santidad Pío V, a cuyas galeras, confiadas al mando de Marco Antonio Colonna, se unieron las de Venecia y España. Eran estas últimas en número de cuarenta y nueve, bajo el mando de Juan Andrea Doria.

La división de Nápoles era de veinte galeras, mandadas por el ilustre Bazán, marqués de Santa Cruz, en las que iban cinco mil soldados españoles y dos mil italianos. Entre los de España figuraba el tercio de Diego de Urbina, y en él se contaba el soldado raso Miguel de Cervantes.

El 15 de septiembre de 1570, los aliados cristianos se dieron a la mar. La compañía de Cervantes fue destinada a la galera La Marquesa, de la escuadra de Doria, gobernada por Sancto Pietro. Una atmósfera de grandeza, de heroísmo, que emanaba de la naturaleza, que se levantaba de los pechos de los futuros combatientes, llenaba el momento.

En los largos días que, en espera del enemigo y apercibida para la lucha, permaneció en el mar la escuadra cristiana, redoblóse el anhelo de hallarla y demostrar al mundo, a la sazón tan anhelante de proezas, de lo que eran capaces los caballeros cristianos.

Al fin, tras larga persecución, y después de haber socorrido a la isla de Corfú, que necesitaba urgentemente su auxilio, la escuadra aliada descubrió a la armada turca frente a las bocas de Lepanto. Era esto el 7 de octubre. La situación de las escuadras enemigas hacía inminente, inevitable el combate.

La escuadra de que formaba parte La Marquesa, que ocupaba el tercio en que iba Cervantes, fue la iniciadora de la batalla, que empezó poco después del mediodía.

En este relato necesariamente nos vemos obligados a seguir las afirmaciones de alguien que está bien documentado, como es Santos Oliver, quien describe y detalla el acontecimiento en que chocaban dos potencias, dos religiones y dos ejércitos trasladados a galeras:

En el momento de iniciarse la batalla naval de Lepanto, intensa fiebre quemaba no sólo el alma sino también el cuerpo de Miguel de Cervantes. Hallábase el joven soldado español en la cama, con fuertes calenturas, y temblaba con el frío precursor de la fiebre violenta. Mas apenas la nave en que iba entró en fuego, aún no llegaron a sus oídos los estampidos de los primeros cañonazos y comenzó a elevarse el fuego de las granadas enemigas sobre las galeras españolas, cuando Miguel de Cervantes se ciñó a toda prisa sus armas y, con vacilante pero vivo paso, se presentó sobre cubierta. Su capitán y sus compañeros, al verlo aparecer con las manifestaciones de la fiebre, lo invitaron a volver a la cama, por estar imposibilitado para el combate. Cervantes se negó rotundamente, diciendo al capitán Diego de Urbina y a los alféreces Mateo de Santiesteban y Gabriel Castañeda:

—He venido a esta guerra a triunfar o morir por el Dios de los cristianos y por Su Majestad el Rey de España. Así es que les ruego no impedir lo que es un deseo de mi alma.

Lo dejaron combatir, y fue un héroe, indudablemente.

La victoria de las armas cristianas fue aquel día completa y gloriosa. El capitán de la nave Alejandría quedó muerto y los cristianos tomaron el estandarte real de Egipto.

Más de quinientas bajas tuvo el enemigo y se rescataron numerosos cautivos cristianos. Verdad es que también cayeron muchos cristianos, entre ellos el comandante de La Marquesa, el valeroso Sancto Prieto.

En cuanto a Cervantes, recibió en la dura refriega tres heridas: dos arcabuzazos en el pecho y uno en la mano izquierda, que para siempre le quedó manca y estropeada. Pero nada importaba esto si estaba hundida la flota de los turcos y millares de cautivos eran devueltos a la libertad.

El poder de Turquía, la arrogancia de los mahometanos, había sufrido una dura lección.

Al final de la jornada —dice Santos Oliver— un clamor inmenso, un fulgurante vibrar de clarines de oro pregonando la victoria, levantóse de todas las galeras cristianas en el atardecer, solemne y como serenado, después de la horrísona tempestad. Aquel timbre de trompetas castellanas volvióle a Cervantes la vida y la conciencia, sonando en sus oídos como una música de gloria, casi de resurrección.

Largo tiempo permaneció Cervantes en cama a causa de la gravedad de sus heridas. Mas, en medio de sus dolores, de su fiebre y del grave peligro que corría su vida, tuvo una gran satisfacción en aquella misma noche que sucedió al memorable día de la victoria y en la cual la flota triunfante estuvo refugiada en el puerto de Petela, para reparar averías y atender a la curación de los heridos. Fue esta satisfacción y este alto honor: que don Juan de Austria visitó entonces a los soldados que habían tomado parte de la acción; socorrió por su mano a los heridos y alabó y premió a los que más se habían distinguido en la batalla. Allí fue enterado el Generalísimo de las tropas cristianas del valeroso comportamiento de Cervantes, cuyo relato le hicieron sus superiores y compañeros, y entonces lo premió con la adición de tres escudos al mes sobre su ordinaria paga de soldado.

Cervantes fue llevado al hospital de Mesina, habilitado para la curación de los heridos. Nada le faltó allí. El citado don Juan de Austria dio para la buena asistencia de aquellos héroes 30.000 ducados de su bolsillo, los visitó con gran frecuencia y ordenó que asistiera personalmente a los heridos y enfermos el protomédico de la armada, doctor Gregorio López, eminente médico de cabecera del príncipe, del rey, y aun del mismo emperador Carlos V.

Por cuatro veces seguidas don Juan de Austria mandó que particularmente se socorriera a Cervantes, en consideración a sus servicios, para que acabase de restablecerse de sus graves heridas.

Curado por completo de ellas, aunque ya para toda la vida manco de la mano izquierda, le fue ordenado que se incorporase al tercio del famoso don Lope de Figueroa, el 29 de abril de 1572.

Y siguieron las tropas de España en continua guerra por mar y por tierra en Flandes, en Italia, en Sicilia, cuyas costas seguían atacadas con furia por los berberiscos...

El general romano, Colonna, viose precisado de nuevo a pedir auxilio a don Juan de Austria, quien acudió con muchas naves bien aprovisionadas de municiones y vituallas, y con treinta y seis galeras del Marqués de Santa Cruz, en las que iba a Corfú gran número de tropas españolas. Con ellas el tercio de don Lope de Figueroa, en el que se contaba Cervantes.

En la isla de Sicilia revistó el general romano las fuerzas aliadas de su mando. Después se hizo con ellas a la mar, y no tardó en avistar y perseguir a los turcos, quienes avistaban los barcos y se refugiaban en los puertos.

El 9 de agosto de aquel mismo año se dirigió la armada a los aliados de Corfú, donde no encontró los barcos de Colonna ni pudo saber de su paradero. Disgustado por esta circunstancia don Juan de Austria, pues ello lo hacía perder lo mejor de la estación, se dedicó a buscar por los mares al italiano, hallándole al fin.

Preparó inmediatamente sus bajeles y el 8 de septiembre se hizo a la mar, con el propósito de atacar a los turcos que tenían sus fuerzas divididas en Navarino y en Modón. Allí les hubiera sorprendido en la mañana del día 16, si una equivocación de los pilotos no hubiese dado a los mahometanos ocasión de evitarlo, uniéndose y fortificándose en el puerto citado. Don Juan de Austria insistía, sin embargo, en atacar, pero sus generales le hicieron desistir de su empeño, y al fin, por complacer a los de Venecia, condescendió a ir a Navarino, lo que a él le parecía aventurado y de poco provecho. En efecto, a pesar de mandar la flota el propio Alejandro Farnesio, Duque de Parma y de Plasencia, no pudo obtenerse allí mayor victoria. Este contratiempo no hizo sino aumentar el empeño de don Juan de Austria en atacar a los enemigos.

No queriendo, sin embargo, desautorizar el plan de los generales, y viendo que el verano se acababa, resolvió que los barcos de cada nación aliada partieran para sus respectivos países, mientras él entraba con la armada española en Mesina, a principios del mes de noviembre.

Se tomaron disposiciones, como entonces era costumbre, para invernar en aquellos lugares. Los tercios españoles de Nápoles y Sicilia desembarcaron, y el de don Lope de Figueroa tuvo acertado alojamiento.

Llegada la primavera, se reanudó la campaña emprendida contra los berberiscos. Y llegó el 24 de septiembre, fecha fijada para la realización del arriesgado propósito de exterminar las fortalezas de Túnez, privando con ello de asilo a los temibles piratas mahometanos. Para ello salió de Palermo una expedición de veinte mil soldados, entre los cuales figuraban los del tercio en que militaba Cervantes.

El desembarco en La Goleta se hizo entre el 8 y el 9 de octubre. Los moradores de Túnez y los turcos de guarnición abandonaron la ciudad y la Alcazaba, visto lo cual por don Juan de Austria dispuso que el Marqués de Santa Cruz tomase posesión de una y de otra. Para esto sacó de la guarnición de La Goleta dos mil quinientos veteranos que reemplazó con otros tantos bisoños. Entre los primeros iban cuatro compañeros del tercio de Figueroa, que, según el decir de un biógrafo, hacían temblar la tierra con sus mosquetes.

Conocían todos a la perfección el país y desempeñaron su misión con extraordinaria presteza. En lugar de desmantelar los fuertes, como mandaba el Rey y aconsejaban el Duque de Sessa y Marcelo Doria, don Juan de Austria ordenó que se levantara otro fuerte en el que quedaron ocho mil hombres, y ocupó Biserta, que se le entregó casi sin resistencia.

A primeros de noviembre regresó a Sicilia, preparándose para la nueva invernada. Entonces destinó a Cerdeña las catorce compañías de Lope de Figueroa. Era la intención de don Juan que estas compañías custodiaran la isla y, al mismo tiempo, estuvieran dispuestas a partir para África. Entre ellas, como entre las que tomaron posesión de Túnez y de su castillo, estaba Cervantes.

Y siguió el novel soldado su vida guerrera. Cinco largos años duraron estas andanzas, durante las cuales visitó Cervantes las más bellas ciudades de la bella Italia: Nápoles, Génova, Luca, Florencia, Roma, Palermo, Mesina, Ancona, Venecia, Ferrara, Parma, Plasencia y Milán. Algunas ya las había conocido con Aquaviva. Ahora las conocía como soldado. Pero, dadas sus inclinaciones espirituales, a su paso por la zona más civilizada de Europa en aquel tiempo, cultivaba el trato de las gentes más ilustres en cada lugar, y le prestó atención a la lectura de los prosistas y los poetas italianos, de los que, tal vez más tarde, en la que se pudiera llamar su "primera manera", copió el matiz bucólico e imitó la pomposa retórica, sin quedarse atrás en la fecundidad imaginativa.

Cervantes se alistó en los ejércitos de Felipe II, militando bajo las mismas "banderas vencedoras del hijo del rayo de la guerra: Carlos V, de feliz memoria"; seguía igual que cuando empezó: de simple soldado. Padeció durante este tiempo pobreza, privaciones, vida errante, batallar continuo; multitud de heridas destrozaban su cuerpo y su espíritu, su salud empezaba a resentirse, y aunque su ambición le llevaba lejos, un secreto anhelo le ponía límite a su ambición: este límite era el del regreso a la patria.

En consecuencia, pidió y obtuvo licencia de don Juan de Austria para volver a España. El mismo don Juan le dio expresivas cartas de recomendación para el Rey, su hermano, suplicando al monarca que, dando al guerrero el premio que tan justamente merecía, se le encargase de un tercio de los que entonces se estaban formando, pues era hombre de valor y de méritos muy señalados.

Cervantes llevaba también cartas del Duque de Sessa y de Terranova, Virrey de Sicilia, en las que se encarecía mucho a su Majestad y a sus Ministros que quisieran favorecer a un soldado tan digno, que por todos conceptos habíase conquistado el aprecio de sus jefes y de sus camaradas.

Miguel de Cervantes se embarcó en Nápoles en la galera llamada Sol, en el mes de septiembre de 1575. En la galera le acompaña su hermano Rodrigo Cervantes, también soldado en las anteriores campañas; va igualmente en ella el antiguo gobernador de La Goleta, Pedro Díez Darrillo de Quesada, y otros caballeros principales. El momento es de dicha para todos: vuelven a la patria. Mas la variable fortuna no quiere que tal dicha se realice.

El día 26 de septiembre, los españoles del Sol divisan a lo lejos una escuadra de galeotas moriscas que vienen a su encuentro, que les cierra el paso. Es la escuadrilla mandada por Arnaute Mamí, capitán de la mar de Argel, que, con furia y destreza inigualables, se lanza sobre la galera española, que se ve precisada a combatir en lucha desigual contra tres bajeles enemigos, especialmente por uno de veintidós bancos que gobernaba el arráez Dalí Maní, renegado griego, más conocido por el sobrenombre de El Cojo. La lucha bárbara y obstinada que la nave española tuvo que sostener fue una lucha de fieras. Pero al fin, la galera hubo de rendirse a fuerzas tan superiores y fue llevada a Argel como trofeo.

ARGEL

Si quienes siguen estas líneas han visto a Cervantes en la guerra, en la que se perfila el héroe que conoce la historia con el nombre de Manco de Lepanto, ahora lo verán en su condición de cautivo en las mazmorras mahometanas de Argel, para darse cuenta exacta de lo que es un hombre.

Todos cuantos iban en la nave quedaron cautivos de los moriscos. En el reparto que se hizo de ellos, Cervantes quedó en poder del arráez Dalí Maní, y las cartas que llevaba para Felipe II acabaron de perderlo, porque los moros creyeron que había en él un alto personaje de la Corte de Madrid que pagaría una fortuna por su rescate.

Los llamados Baños de Argel han sido descritos así: "Tienen tres estados debajo de tierra, a manera de silos, y en la parte superior tienen una lumbrera con una reja. No entra en ellos ni el aire ni el sol, ni se puede ver el cielo ni apenas la luz. La última de estas mazmorras sirve también para los moros facinerosos. La inmundicia es notable; intolerable es el tufo y el mal olor. Allí estaban los pobres cristianos aherrojados con cadenas y grillos, argollas y otras crueles prisiones".

Cervantes fue cargado de cadenas, le pusieron guardias de vista, le vejaron y molestaron continuamente para que, cansado de tanto padecer, pidiera su libertad y la de sus parientes y amigos. Los piratas acostumbraban torturar a los cautivos para hacerlos llegar a los ruegos y las súplicas y entonces tratar el precio de su rescate.

Si comprobaban que no había medios económicos ni posibilidades de que pagaran su rescate, entonces le ofrecían la libertad si renegaban de la religión cristiana, y una vez que entraban en el campo de los renegados eran acreedores a mandos y dignidades y a decir y hacer lo que su desmoralizada voluntad se le antojara.

En los Baños de Argel eran tantos los prisioneros, que, según un escritor francés, daban la impresión "de ser una pequeña república". Allí se encontraban gentes de toda condición y categoría: sacerdotes, soldados, poetas, aventureros, viajeros de los que en aquellos tiempos iban o venían de las Indias.

Entre ellos, además de Cervantes, encontrábanse a la sazón don Francisco de Meneses, capitán que fue de La Goleta; don Beltrán de Salto y de Castilla; los alféreces Ríos y Gabriel de Castañeda; el sargento Navarrete; un caballero de apellido Osorio, y otras personas de calidad que mutuamente se daban ánimo en la amargura de su cautiverio. De noche se les sujetaba con cadenas y grillos; de día se les soltaba para que trabajaran en beneficio de sus dueños.

Dice un escritor que conoció aquel infierno:

"Nada muestra tanto el fondo hidalgo de la hidalga España de la época como el comportamiento de aquel grupo de caballeros en tan señalada tribulación. Para hacer menos largas las interminables horas de ociosidad, de sufrimientos y de nostalgia, ponían a contribución su ingenio y sus aptitudes, relatando sus recuerdos y dulcificando en lo posible su cautiverio, ya con juegos, bailes y representaciones que ellos mismos hacían, ya con funciones y predicaciones religiosas".

Miguel de Cervantes no se dejó abatir. En la adversidad, en la desolación, revelóse su espíritu en toda su magnificencia. Siempre mostrose desbordante de actividad, de resolución en la lucha por la libertad, que es para él "el don más precioso de cuantos a los hombres dieron los cielos, mientras que el cautiverio es el mayor mal que puede sobrevenir a los hombres".

Mas, no sólo es su libertad la que Cervantes busca, sino, acaso, antes que la suya, la de sus amigos. Que en la ruda desdicha se olvida de sí mismo para consagrarse a sus compañeros.

Pensando de noche, trabajando de día, ató Cervantes cuantos cabos le parecieron precisos para procurarse la evasión en compañía de los ya citados don Francisco Meneses, don Beltrán de Salto y de Castilla, los alféreces Ríos y Castañeda, el sargento Navarrete, el caballero Osorio y algunos otros.

Como ya en tiempos anteriores, y siempre con desdicha, habían intentado fugarse otros cautivos, él se hizo de un moro de su confianza que los condujera por tierra a Orán. En la noche, a través de las calles desiertas y por senderos extraviados, los cautivos emprenden la marcha. Avanzan silenciosos, escuchando inoídos cantos de libertad. Pero...

En la primera jornada el moro los traiciona, y les es preciso volver a Argel, vencidos y desesperanzados. Como era de esperar, se redobla el rigor de los carceleros; se les añaden nuevos grillos y cadenas; se les vigila en su prisión de noche y de día. Con quien más se expresa la dureza es con Cervantes. Pero se dice que uno de los que iban con él logró escapar. Se supone que fue Gabriel de Castañeda.

Castañeda, en efecto, es el único que conquista la libertad del grupo. Lo primero que hace al arribar a España es escribir a los padres del cautivo, pintándoles el cuadro del cautiverio de Argel para moverlos a que hagan cuanto les sea posible para procurar el rescate de Miguel y de su hermano mayor Rodrigo, también sujeto a la esclavitud de los moros.

¡Qué noticias tan dolorosas llegan a aquel hogar humilde!

¡Y qué puede hacer el cirujano Rodrigo de Cervantes que no sea desesperarse y encontrar muros insalvables! Al cabo de unos días, cuando hubo logrado un poco de serenidad, en consejo de familia se resuelve vender todo lo que haya de venta en la casa, contraer deudas, solicitar ayuda a viejos amigos castellanos, hasta que al fin se logra reunir la cantidad que no llega ni a la mitad de lo que piden los moros por Miguel.

Acaso la cantidad puede servir para rescatar a Rodrigo, que no tiene la importancia de su hermano menor, y Miguel, que no es para él, que es para los demás, facilita la libertad de Rodrigo, lograda en agosto de 1577.

Se separaron los hermanos con alegría. Sólo que Rodrigo va a cumplir una misión conspirativa. Cervantes adquiere de don Antonio de Toledo, de la casa de los Duques de Alba, y de don Francisco de Valencia, caballero de la Orden de San Juan, y ambos cautivos en Argel, cartas de recomendación para que los virreyes de las islas de Mallorca e Ibiza, que han de contribuir en cierta arriesgada empresa, como es la de armar en aquellas islas una fragata que, acercándose a un punto previamente indicado de la costa de Argel, libertara y condujera a España a unos infelices cautivos cristianos.

Cervantes esperaba el resultado de las gestiones de su hermano Rodrigo. Creía que vendría la fragata. Mientras tanto meditaba el plan que correspondía a los cautivos de Argel. Por fin un día dio con lo que buscaba. Un criado español y cristiano, llamado Juan, que había nacido en Navarra, cuidaba el jardín de Azán Bajá. El jardín quedaba a tres millas de la ciudad y estaba cerca del mar.

Juan cavó una cueva profunda en el jardín, donde pudieran ocultarse algunos hombres. Por disposición de Cervantes, allí empezaron a refugiarse los cristianos que se fugarían. Allí se agruparon quince hombres. Cervantes llevaba el gobierno de la pequeña república subterránea.

Juan cuidaba que nadie se acercara a la cueva y un renegado de nombre Dorador, natural de Melilla, que deseaba volver al cristianismo, les llevaba los víveres secretamente. Allí permanecieron largos meses, hasta que por fin un día Cervantes creyó llegado el momento de llevarse al doctor Antonio de Sosa a la cueva, lugar de donde seguirían a España. Pero el doctor de Sosa se resistió con razones prudentes y agregando que había llegado a tal ancianidad que sólo serviría para estorbarles el viaje.

Por otra parte, Rodrigo de Cervantes no se daba descanso en la misión que se le había encomendado. Con increíble presteza se equipaba la fragata en la isla de Mallorca. Una vez equipada, se hizo a la mar y el 28 del mismo mes llegó a las costas de Argel. Por algún tiempo se mantuvo alejada de la costa para no ser descubierta. Llegada la noche, se acercó a la playa más próxima al jardín.

La desgracia quiso que, cuando la fragata hacía esta maniobra para que los hombres del jardín salieran corriendo, a una señal, unos pescadores vieron la nave y dieron gritos de alarma que movieron velozmente a las autoridades en dirección del punto que se les señalaba.

La fragata se alejó, y pasado un tiempo intentó nuevamente acercarse a la costa para que sucediera lo peor, pues entonces fue apresada. Como aún no se sabía por qué la insistencia de aquella embarcación en acercarse a la costa, el renegado Dorador, que decía sentir deseo de volver al cristianismo, reveló todo lo que sabía a los carceleros y subió al palacio de Azán a darle cuenta pormenorizada de cuanto había averiguado de aquel proyecto de fuga.

Viendo Cervantes el fracaso de la empresa y lo que se venía sobre los hombres escondidos en la cueva del jardín, les dijo a todos que, llegado el momento de enfrentarse con los verdugos del Bajá y con el mismo Azán, dijeran sin ningún remordimiento que él, Miguel de Cervantes, los había inducido a participar en aquella hazaña, no habiendo contribuido ellos en nada, por lo que se consideraban inocentes.

Llegado el momento, como dudó que sus compañeros hicieran semejante denuncia por ser todos caballeros, Cervantes alzó la voz para decir con energía:

—Yo soy el responsable de este intento de fuga. Estos compañeros fueron inducidos a participar en algo que no querían.

Cargado de cadenas y fuertemente custodiado, Cervantes fue conducido al palacio del reyezuelo Azán. El déspota quería saber la verdad, para lo cual se valió de astucias, halagos, tormentos, amenazas de muerte, y nada. Cervantes seguía acusándose a sí mismo. Él era el único responsable de la tentativa de evasión.

Enfurecido Azán y cansado del tesón del caballero español, ordenó que fuera ahorcado el jardinero que había protegido a los fugitivos. No lo hizo con el que tenía a la vista y con los demás cristianos por la codicia que le aconsejaba la espera de un cuantioso rescate.

Azán se apoderó de los nuevos cautivos de la fragata y de Cervantes, que fueron conducidos al "baño" del reyezuelo, un verdadero infierno que contenía cerca de dos mil cautivos cristianos, sujetos a la mayor crueldad.

El reyezuelo era feroz. Cada día ahorcaba a un cautivo, empalaba a otro, desorejaba a éste, le mutilaba una mano a aquél, y todo por faltas pequeñísimas, que discretamente repugnaban a los mismos mahometanos.

Además, algunos dueños de los cautivos fugitivos no se conformaron con la rapaz decisión de Azán y reclamaron a los cristianos que consideraron de su pertenencia. Después de alegar absurdos, el Bajá tuvo que atender las solicitudes, y Cervantes volvió a su antiguo dueño, el griego Dalí Maní. Y otra vez volvió a las lóbregas mazmorras que ya conocía.

En los baños de Azán eran cautivos, entre la gran multitud de desdichados cristianos, tres caballeros españoles con los que Cervantes hizo estrecha amistad. A su vez, estos españoles eran amigos de don Martín de Córdoba, gobernador de Orán. Los invitó Cervantes a que le escribieran cartas y a otros personajes de la plaza, rogándoles que les fuesen enviados medios de evasión a los baños de Azán.

Las cartas las redactarían ellos, pero Cervantes las firmaría, y después de larga espera, llegó la oportunidad de hacer amistad con un moro que entraba y salía de las mazmorras y a quien los interesados en la evasión se encargaron de sobornar, rogándole llevar hasta Orán y en el mayor secreto las cartas, poniéndolas en manos de las personas a quienes iban destinadas.

Salió el moro para el lugar señalado, decidido a cumplir con su palabra, pero en la entrada de Orán otros moros lo tomaron preso, le quitaron las cartas y lo condujeron maniatado a Argel a presencia del rey Azán. Al ver el déspota la firma de Cervantes en las cartas, su furor no reconoció límites. Mandó a empalar al moro, que ni aún en el bárbaro suplicio confesó la verdad que lo llevaba a Orán, y ordenó que a Cervantes le dieran dos mil palos, sentencia que, sin saberse el motivo, revocó después.

En el mes de septiembre de 1579, Miguel de Cervantes conoce a Abderramán, renegado español, de quien supo que en Granada, su patria, se llamó Licenciado Girón, y que, arrepentido de su debilidad, no deseaba más que volver a la fe cristiana y a su patria.

El antiguo licenciado granadino es libre de entrar y salir. Se le tiene además por leal y sincero. Pero antes de seguir en esta referencia, ya es tiempo de decir que Miguel de Cervantes, por su probado valor, por su audacia, por su tenacidad, y además por su iniciativa, su ingenio, su discreción y su habilidad —como decimos hoy— se había elevado a la condición de líder.

Y los demás cristianos, que habían comprendido las cualidades de que estaba investido Cervantes, lo respetaban y lo seguían con obediencia y disciplina. Aquellos que en Lepanto habían sido sus jefes, en las mazmorras de Argel acataban sus órdenes.

Además, su fama se había extendido a todos los cautivos; su nombre se mencionaba en todos los baños. Empezaba a nacer la idea de que en las mazmorras había un jefe potencial que podía dirigir una insurrección de esclavos cristianos.

Entre tanto, el Licenciado Girón trató con dos mercaderes valencianos, llamados Onofre Exarque y Baltasar de Torres, quienes se comprometieron a prontar el caudal preciso para adquirir una fragata armada, mientras el mismo Girón compraba a su nombre un bajel de doce bancos y la habilidad para hacerse a la mar.

Girón, exaltado con Cervantes, como Cervantes generoso con todos, fue avisando con reserva, uno por uno, a sesenta cautivos de los principales. Todos debían estar listos a partir a una orden suya. Y todo estaba listo. No faltaba nada. Pero...

Vivía en Argel un antiguo dominico, arrojado del seno de la Iglesia. Era un hombre ruin y vulgar, se llamaba Juan Blanco de Paz, odiaba sin motivo justificado a Cervantes. Por una casualidad se dio cuenta del plan de evasión, y sin perder tiempo fue a ponerlo en conocimiento del Bajá.

El Bajá recibió la noticia y guardó silencio, pensando en los barcos que vendrían a su poder y pidiéndole a la imaginación los nuevos tormentos y muertes que aplicaría a los que tramaban la fuga.

Para darse cuenta de lo perverso que era Blanco de Paz, basta saber que él mismo comunicó a los cautivos que Azán ya conocía el secreto de la evasión y que guardaba silencio porque preparaba nuevos suplicios y martirios peores que los conocidos para aplicarlos a los conjurados.

Un vivo terror inundó el ánimo de los cautivos, que temieron no por el éxito de la empresa sino por sus vidas. También se hallaba temeroso por lo que iba a perder Onofre Exarque, el mercader. Lo que más les espantaba era imaginar que pudieran llevar al tormento al caballero Cervantes, jefe del proyecto de fuga, y lo hicieran revelar los nombres de sus cómplices.

Sólo Cervantes conocía la participación de Exarque y de Torres. Si Cervantes hablaba, perderían libertad, hacienda y vida. Por esta razón Exarque buscó entrevistarse con Cervantes, que se había evadido de su mazmorra, y le rogó que aceptara embarcarse para España en unos navíos que estaban próximos a hacerse a la vela. Él,

Exarque, pagaría el rescate que pidiera Azán, a fin de que su participación en la conjura quedara enterrada.

Cervantes rechazó la generosa propuesta de Exarque. No quiso partir sin sus camaradas. Mas, comprendiendo las razones que movían al mercader, procuró tranquilizarlo diciéndole que "ningún tormento, ni aún la muerte misma, bastaría para que él descubriese o condenase a ninguno de sus compañeros, antes bien se culparía a sí mismo para salvarlos a todos, y que esta resolución firme y constante la hiciese saber a los implicados para que vivieran tranquilos, sin zozobra ni cuidado sobre su futura suerte".

Quedó así deshecho el nuevo y vasto plan de libertad de numerosos cautivos. Otra vez cayó sobre ellos la negra sombra del rencor y la ira del Bajá. Más que ninguno, Cervantes era el más expuesto a temibles venganzas. Creyó prudente ampararse en la casa de su antiguo camarada, el alférez Diego Castellanos. Por él mismo, y aún por los que él había conducido a tales peligros, aguardaba noticias de la determinación del Bajá. Estas no se hicieron esperar mucho. Se hizo saber por medio de un pregón que recorrió la ciudad que el cautivo Miguel de Cervantes Saavedra se había fugado y que quien lo tuviese oculto en su casa pagaría su delito con la vida.

Temeroso Cervantes de ocasionar un daño a su amigo Castellanos, por su propia voluntad se presentó ante el rey Azán. Con las manos atadas a la espalda y una cuerda al cuello, Cervantes, con increíble sangre fría, dijo que él, y sólo él, cargaba con la responsabilidad de haber tramado la evasión que no se había llevado a cabo; y que en esa evasión frustrada no había tenido cómplices ni colaboradores, pues todo había sido producto de su ingenio, que era rico en recursos como el del legendario Ulises.

Y agregó que los únicos conocedores de su proyecto eran cuatro caballeros que ya estaban en libertad, y que los demás sólo hubieran conocido su libertad al ser avisados para partir.

Desde muy antes, Azán había venido considerando que, al llevar Cervantes tan buenas recomendaciones de don Juan de Austria y de otros grandes de España para el rey Felipe II, se debía indudablemente a que aquel hombre tenía una importancia que se salía de lo común.

Reconoció dicha verdad, que no había para qué negarla. De este reconocimiento pasó a la admiración por Cervantes. De la admiración a cierto sentimiento parecido con la clemencia. Y de esto que parecía clemencia, Azán, que había visto el valor temerario de Cervantes, empezó a tenerle miedo. Así es que, mientras pensaba lo que debía hacer con él, ordenó que se le encerrara en la cárcel de su palacio, confundido con moros y criminales, bien aherrojado con grillos y cadenas y custodiado por numerosa guardia.

Azán, con razón, le tenía miedo a Cervantes, porque éste, sin saberlo, empezaba a ser el alma de la conspiración que se estaba gestando en la ciudad de Argel. El Bajá, en efecto, se había apoderado de los víveres, granos y provisiones del lugar, a los que ponía precios inalcanzables para los pobres, siendo en consecuencia espantosa la carestía y generalizada el hambre. Las epidemias y la mortandad hacían estragos en la gente sin amparo, y no era extraño ver las calles cubiertas de cadáveres y moribundos.

Todo el mundo sabía que Azán era el autor de aquello. El odio para él iba creciendo en la población que trajinaba libremente y en los baños de Argel, donde reventaban de hambre y enfermedades más de veinticinco mil esclavos cristianos, dispuestos a amotinarse al haber quien diera un grito rebelde.

Y cosa rara: Azán pensaba que Cervantes sería el moderno Espartaco de Argel. Y por su parte, Cervantes empezaba a concebir la idea de un levantamiento general contra el despotismo del abyecto Bajá. Como este proyecto era más serio que todos los anteriores, debía tener más cuidado en su preparación.

El biógrafo de Miguel de Cervantes, el escritor Montoliu, asegura que, mejorada la suerte del Catilina español, cargado de cadenas y grilletes, habría llegado a su objetivo al encabezar un levantamiento general del pueblo hambriento y esclavizado, pasando Argel a poder de España y colgando del palo mayor de una nave al tirano Azán—Bajá.

Mientras Cervantes, una vez y otra y otra, sin desmayar por traiciones y fracasos, ponía manos a la obra de su liberación en planos tan arriesgados como ingeniosos, su familia en Madrid procuraba conseguirle su libertad por los medios legales del rescate. Era difícil reunir la cantidad precisa, pues como se recordará, el poco caudal que tenían se había ido en el rescate de Rodrigo. Mas al llegar el hijo mayor a la humilde casa, más hondo fue el dolor que produjo en sus padres el hijo ausente y cautivo.

Recurrió entonces Rodrigo de Cervantes, padre, ante un Alcalde de Corte para que abriera una investigación judicial de los servicios prestados por su hijo Miguel de Cervantes Saavedra en el ejército y después en las cárceles de Argel a favor de sus compatriotas, españoles, cristianos y cautivos. También pedía que se investigara la absoluta pobreza de la familia Cervantes, imposibilitada para rescatar a Miguel.

Como testigos llegaron al interrogatorio abierto el alférez Mateo de Santiesteban, natural de Tudela, en Navarra, y Gabriel de Castañeda, de Santander; Antonio Godínez, sargento, natural de Madrid, y don Beltrán del Salto y de Castilla, caballero de la Corte. Todos estos hombres habían sido testigos presenciales de los muchos hechos de Cervantes en la batalla de Lepanto y en el cautiverio de Argel.

También se obtuvo un certificado muy expresivo del Duque de Sessa, que a la sazón se encontraba en Madrid, después de haber sido virrey de Sicilia. Dicho documento, sellado con las armas del Duque y refrendado por su secretario, certificaba los méritos evidenciados por Cervantes en Italia y daba cuenta de las cartas de recomendación que llevaba y que perdió al entrar en cautiverio, en las cuales se solicitaba para él las mercedes del rey de España.

En estas diligencias andaba el jefe de familia, Rodrigo de Cervantes, cuando murió; infortunado suceso que retrasó la partida de los documentos en los que se pedía la anhelada libertad del familiar cautivo.

En aquella misma época algunos religiosos trinitarios, a cuya cabeza iba Fray Juan Gil, procurador general de aquella orden, y acompañado de Fray Antonio de la Bella, ministro de la Casa de Baeza, decidieron trasladarse a la ciudad de Argel para rescatar cautivos.

Apenas la madre de Cervantes tuvo noticia de la partida próxima de los trinitarios, corrió acompañada de su hija doña Andrea al encuentro de los religiosos, en cuyas manos pusieron ambas esperanzadas mujeres trescientos ducados que entre las dos habían logrado reunir. Dadas las pretensiones que Azán tenía para el rescate, aquella suma era muy pequeña.

Por ello, para aumentar la suma, doña Leonor de Cortinas siguió las diligencias judiciales de su esposo, ya difunto, y dirigió al rey un memorial, al que unió la información seguida y el certificado del Duque de Sessa. No desatendió el rey esta solicitud y el 17 de enero de 1580 fue concedido real permiso a doña Leonor de Cortinas para que del reino de Valencia se pudiesen llevar a Argel dos mil ducados de mercaderías, cuyo beneficio e interés sirviese para el rescate de Miguel de Cervantes. Mas, era tanta la mala suerte de la desdichada familia, que al tratar de negociar este arbitrio se obtuvo por él, simplemente, doscientos ducados.

Partieron los padres redentoristas con rumbo a Argel. El 29 de marzo de 1580 llegaron a la ciudad mahometana, e inmediatamente comenzaron a tratar de la santa misión que allí los llevaba. Uno tras otro trataron con Azán el precio de los más distinguidos caballeros, y sólo al llegar a Cervantes encontraron multitud de dificultades. El Bajá, convencido de lo peligroso que era soltar a caballero de tan fecundo ingenio, al que en mucho debían tener sus compatriotas, insistía en pedir por él un alto precio, amenazando que si no se le daban por lo menos mil escudos, se lo llevaría cautivo a Constantinopla.

Pasaron así cuatro meses en odioso regateo, y parecía ya imposible a Cervantes y a los mismos frailes que Azán cediera al anhelo del uno y a las pretensiones de los otros. Finalizaba en tales momentos el gobierno de Azán en Argel, y el Gran Turco lo llamaba a Constantinopla. Iba el tiranuelo a partir para aquella lejana capital con cuatro bajeles suyos, armados todos con sus propios esclavos, y llevando de escolta siete buques cargados con el botín que se llevaba de Argel. Cumpliendo su amenaza, a bordo estaba ya Cervantes, con grillos y cadenas y con el remo del galeote en la mano.

El Padre Gil, de rodillas y llorando a lágrima viva, suplicó una vez más al antiguo Bajá que admitiera el rescate de quinientos escudos en oro de España por dejar libre al caballero. La suma citada fue reunida entre varios mercaderes y añadiendo algunas cantidades del fondo de redención y de limosnas particulares. Por fin Azán accedió a lo que el Padre Gil le pedía, y Cervantes fue desembarcado libre, el 19 de septiembre, día en que los barcos del exgobernante partían para Constantinopla.

¡Qué dicha! Cervantes ya no era cautivo, ya no era esclavo. Se movía libremente hacia donde le daba la gana. Pero no se iría de Argel mientras no pusiera a salvo su reputación. Algunos enemigos lo calumniaban de diferentes modos.

Por ello, después de agradecer al Padre Gil cuanto había hecho por él, le rogó que, como representante del rey y delegado apostólico del Papa, mandase abrir una investigación ante notario para que un buen número de testigos informaran de los servicios que, a costa de muchos riesgos, había prestado a los españoles durante su amargo cautiverio. Abierta la investigación, no faltaron las intrigas del renegado Juan Blanco de Paz, quien se hizo pasar en esta ocasión como comisario del Santo Oficio para acusar criminalmente a Cervantes, ayudado de otros individuos igualmente malvados. Pero el Padre Gil, el doctor Antonio de Sosa y otros caballeros rindieron declaraciones tan honrosas para Cervantes, que la investigación resultó un triunfo.

Salió Cervantes de Argel con otros cautivos como Diego de Benavides, Rodrigo de Chávez y Francisco de Aguilar, el 24 de octubre de 1580. La primera tierra española que tocó fue la de Denia, en Valencia. Montado en un asno, los condujo el Padre Gil a la iglesia, para rendirle gracias al Señor. El pueblo se aglomeró para acompañarlos y algunas personas conmovidas derramaban lágrimas.

EL REGRESO

Qué triste cuadro halló Cervantes en su casa. Había muerto su padre, hombre bueno sin lugar a dudas. Se habían dispersado sus hermanos, en razón de que la pobreza descompone la unidad familiar. Sólo tuvo la gran alegría de abrazar a su madre, doña Leonor de Cortinas, más vieja no por el tiempo corrido sino por las fatigas, las preocupaciones, los desvelos que le habían ocasionado sus hijos cautivos en Argel, Rodrigo y Miguel, mayor y menor, resignado el uno, inquieto el otro.

Doña Leonor, desde que cerraba la noche hasta que se anunciaba la mañana, no dormía un solo momento, pensando en el modo de ver a sus hijos. Rodrigo era un hombre fuerte, sereno, resignado, prudente, más inclinado al silencio que a la locuacidad. Estas cualidades le servían en los aprietos, y de seguro que en apuros mayores le servían para salvar la vida.

En cambio, Miguel, desde los años de Sevilla, parecía que se le había metido el mundo en el cuerpo, pero no el mundo de antes, encerrado en el Imperio de Carlomagno y los Doce Pares, sino el mundo de la época, mil veces más amplio con sus descubrimientos y conquistas en el planeta y en el cielo estrellado. Miguel por eso, por ser hombre de su siglo, lleno de tantas novedades y de tantas sorpresas, si no lo mataban los moros en Argel, llegaría a dar algo que otros españoles no habían dado. Eran meditaciones nocturnas de madre. Simples presentimientos de madre, que terminaba regando con lágrimas. Muchas madres saben anticipadamente lo que serán sus hijos.

Al llegar a este punto, doña Leonor, católica de la iglesia reformada por el Concilio de Trento y leal servidora de Su Majestad el Emperador, ya difunto, y del Rey Felipe II, de Habsburgo, hijo de aquél, hacía en su pensamiento o en voz baja, como si rezara un padrenuestro, algunas objeciones de mujer sencilla que no había leído libros y sólo había conversado con su esposo de estas cosas en la hora de las más reservadas confidencias.

El Emperador y el Rey, los Habsburgo como era su nombre germánico, los Austria como les decía simplemente el pueblo español, que dicho sea de paso se inclinaba ante ellos pero no los quería, habían traído a España el poder, la grandeza y la gloria, tan desmedidas como un camisón de once varas; pero a la vez le habían acompañado tantas hambres, tantos palos y, en definitiva, tantas desgracias, que poniendo en una balanza de dos platillos aquellas bonanzas y estas miserias, pesaban más éstas.

Doña Leonor, después de haber puesto fin a esta meditación tan terrible que repetía letra por letra el pensamiento antiimperial de los jefes comuneros de Castilla, se persignó y rezó sus oraciones de costumbre.

Siguió no obstante con aquel pensamiento, que a nadie dejaba en paz en aquellos años. La sublevación de las Comunidades fue un extenso movimiento sedicioso que estalló en España a principios del reinado de Carlos I, más tarde Carlos V del Imperio Romano

Germánico de Occidente, para defender los derechos de la nación contra las exacciones provocadas por la política exterior del monarca y contra la introducción de innumerables extranjeros en todos los cargos públicos. Las tropas reunidas por Carlos de Habsburgo contra el ejército comunero venciéronle en la famosa batalla de Villalar (1521), siendo condenados a muerte por decapitación don Juan de Padilla, don Francisco Maldonado y don Juan Bravo.

Parecía que todo había terminado, cuando se dio la sorpresa que doña María Pacheco, esposa de don Juan de Padilla, había reagrupado el ejército comunero, se había puesto al frente de él y había continuado la lucha en Toledo, donde demostró una resistencia heroica; pero viendo que el enemigo era más fuerte, tuvo que retirarse a Portugal donde murió en 1531.

Doña Leonor de Cortinas adoraba internamente a doña María Pacheco, y no había otra mujer en España que en la memoria pusiera al lado de María Santísima.

De regreso Miguel a la humilde casa que tenía la familia Cervantes en Madrid, lo que pudo mostrar a su madre y a las personas amigas que llegaron a visitarlo fueron más años, la mancura de su mano izquierda adquirida en Lepanto y relatos mil de los sufrimientos y peripecias de los cautivos de Argel por lograr su libertad.

Era frecuente que madre e hijo, doña Leonor y Miguel, sentados frente a frente, ante una mesa, desayunando o cenando, sostuvieran largas conversaciones sobre la familia, los sucesos corrientes de Madrid, las cosas del reino y las que ella llamaba locuras del emperador que agotó a España en guerras de religión en Alemania contra Martín Lutero y en el Mediterráneo contra los turcos mahometanos.

—No quisiste al emperador —le dijo Miguel.

—No lo quiero. Tu padre tampoco lo quería.

—¿Y al rey Felipe? ¿Le tienes estimación?

—¿Debo agradecerle que por su culpa quedaras manco y sufrieras las de Cristo en Argel?

—Esta herida es gloriosa —dijo Miguel alzando la mano.

—Yo la veo horrible. Y todavía más horrible por andar defendiendo causa ajena, que no era la causa de los cristianos sino la causa de un déspota. Así me lo dejó dicho tu padre.

—Madre, no queda otro camino. De ahora en adelante la llamaré doña María Pacheco.

—Me gusta que me llames así porque la causa de tu padre y la mía fue la causa de los comuneros. Odio a los Habsburgo. Poderosos como fueron y son, no pasan de ser unos pelagatos de la Mancha...

Salió doña Leonor y Miguel de Cervantes quedó meditando profundamente en los sentimientos y las palabras de su madre. Había visto el relámpago de una obra inmortal.

Jamás le abandonó aquella idea materna. Pero faltaban muchos años para que le diera sistema, esencia y forma.

PORTUGAL

Cervantes vivía regocijado. No le pasaba la alegría de verse libre. Y qué le iba a pasar si respiraba a pulmón pleno el aire fresco de aquel Madrid rural de la segunda mitad del siglo XVI, que no se sabía con seguridad si llegaría a ser definitivamente la capital del reino. Sí, estaba en su casa, levantada por sus padres con pobrezas y dificultades, ¡qué sé yo!, y de la que salía y entraba con llave propia, de día o de noche, a la hora que se le antojaba. Sí, habitaba en aquella casa con su madre querida, que dentro de las posibilidades hacía el mejor plato para él y siempre lo cuidaba como se cuida a los niños. Y sí, finalmente, en aquella casa común y corriente, tenía una pieza de su exclusiva propiedad, con sillas, mesas y una cama, en la que estudiaba, meditaba, dormía, trabajaba o se aislaba para evitar las visitas inoportunas y las conversaciones imprudentes.

Encerrado en aquel cuarto, solo con una amplia ventana abierta por la que entraba mucha luz y daba a un patio interior donde se levantaban algunas matas más unas enredaderas que subían por unas paredes opuestas y laterales, Cervantes, con entera satisfacción, meditaba en su tema favorito, el de las armas y las letras, hacía recuerdos de Italia, se le venía a la mente la felicidad alcanzada en la biblioteca del Cardenal Aquaviva al leer El Príncipe de Maquiavelo, La Política de Aristóteles, La República de Platón, y este nombre le traía a su vez el de Marsilio Ficino, fundador de la Academia Nueva en Florencia y maestro del neoplatonismo que mezclaba la filosofía modernizada de los Diálogos con la enseñanza desdogmatizada del Evangelio. La palabra amor, la más bella del castellano y de las demás lenguas, se debía escribir en los estandartes que llevaran los cruzados de la nueva vida por tierras de moros y cristianos, ambos necesitados de salir de sus limitaciones, odios y rencores.

Todo se estaba renovando. En todo entraba la renovación. Él, por ejemplo, hombre de guerra, se había dado cuenta en los combates cómo la pólvora con el cañón y el fusil había llevado a los museos la lanza, el escudo y la armadura de hierro de los caballeros de la Edad Media. En El arte de la guerra, Maquiavelo, no muy amigo de la pólvora, admitía sin embargo que las bandas de mercenarios que servían al señor que les pagaba más, debían ceder el campo al ejército regular, columna vertebral del Estado moderno, y en efecto, lo estaban cediendo, con lo que se indicaba que aquel Estado que tuviera las más adiestradas y mejor equipadas milicias, estaría en superiores condiciones de defensa y ataque que sus Estados vecinos.

Cervantes, meditando por supuesto, era amigo de un Estado fuerte con un monarca absoluto a la cabeza, listo para la defensa en cualquier momento, pero no agresivo en ningún caso. La razón para esto consistía en que un Estado fuerte y temible debía ocupar el tiempo en hacer la felicidad de sus hijos. En esto le venía a la mente lo que le había dicho su señora madre, doña Leonor de Cortinas: los Austria han destruido y aniquilado las fuentes de riqueza y los hombres de empuje manufacturero. Por eso España es una llanura monótona y sombría como la Mancha. Los Austria han cargado de tantos tributos a los castellanos y a los españoles en general, que éstos han caído en la mayor pobreza, en la miseria y en la mendicidad. Los Austria han llevado tantas guerras justas e injustas a los demás países de Europa, que todo el mundo le pide al cielo que acabe con ellos de una o de otra manera. Los Austria tienen posesiones riquísimas en las Indias, de donde les vienen filas de galeones cargados de oro y plata de las minas del Perú y México; y estas riquezas no quedan en España, sino que van de paso a pagar deudas de guerra a los prestamistas alemanes y a comprar mercancías a los Países Bajos, las cuales regresan de paso en dirección de América. Los Austria, a imitación de Juliano el Apóstata, que educado en la escuela cristiana quiso restablecer la ya abolida creencia de Júpiter, quieren mantener a sangre y fuego una religión católica del tiempo que suponía que la Tierra era inmóvil, cuando se está abriendo paso un catolicismo consecuente con la rotación de la Tierra sobre su propio eje, más su movimiento de traslación en torno del Sol. El primer Austria, Carlos V, provocó guerras sin cuento por parar el curso de la historia; y hasta que le dejó libre la demencia que le abrazaba, fue a pasar sus días finales al monasterio de San Jerónimo de Yuste, en la provincia de Cáceres. Y el otro Austria, Felipe II, desdichado en la guerra, perdió los reinos que había conquistado su padre y se dedicó en España a quemar brujas y herejes; en realidad quemaba gentes útiles a la sociedad, a la industria y a la ciencia, siempre haciendo acto de presencia en los quemaderos, vestido de negro de la cabeza a los pies, silencioso y fúnebre.

Estas razones últimas de rencor con los Habsburgo, dichas con rapidez por doña Leonor de Cortinas en la cocina, en el comedor, en el cuarto de estudio, en la sala, de día, de noche, a todas horas, se le habían pegado a Cervantes con tal fuerza que ya no lo dejarían tranquilo para el resto de su vida.

Transcurría el año de 1580. Tenía que hacer algo para ayudar a su madre y ayudarse él. En Madrid no había ninguna ocupación. ¡Desgraciadamente esto era lo terrible! Él era un hombre de armas, era un soldado, y Felipe II conquistaba en aquellos momentos el reino de Portugal. Y a Portugal se fue.

Este país estaba ocupado por el ejército español, bajo el mando del Duque de Alba. Y allí también estaba el antiguo tercio a que había pertenecido, con su jefe el general Lope de Figueroa. Era un cuerpo de veteranos, curtido en las guerras de Flandes y Levante. Allí también encontró a su hermano Rodrigo.

Al ver Cervantes a sus compañeros olvidó las reflexiones de su casa en Madrid, que se borraron en el entusiasmo colectivo de una expedición que iba a partir a auxiliar a don Pedro Valdés, quien con una escuadra se hallaba comisionado para reducir las Islas Terceras a la obediencia del rey de España y proteger las naves que traficaban a las Indias.

Al mando de la escuadra española iba don Álvaro de Bazán, primer marqués de Santa Cruz. Los tercios de infantería que en la escuadra eran transportados iban, como ya se dijo, al mando de don Lope de Figueroa y de don Francisco Bobadilla. Y naturalmente, allí se había sumado Miguel de Cervantes.

Se sabía de sobra que Inglaterra y Francia sostenían en aquella ocasión la rebeldía de las Islas Terceras y que sus escuadras salían continuamente al encuentro de los galeones españoles para apoderarse de los tesoros que conducían de América. Precisamente cuando Cervantes navegaba hacia las citadas islas, la flota española tuvo un reñido encuentro con la francesa, que protegía a los rebeldes. Largo y reñido fue el cañoneo entre ambas escuadras, interrumpiéndose al llegar la noche para reanudarse al día siguiente. Estaban los franceses en gran superioridad de fuerzas y atacaron con denuedo el galeón San Mateo, en el cual iba don Lope de Figueroa. Fue al principio de la acción el que se distinguió más, pues atacado a un tiempo por varias naves francesas, resistió heroicamente por más de tres horas, echando a pique a unas, abordando a otras y dejando maltrechas a la mayoría.

El barco español fue cinco veces incendiado y logró sofocar el fuego con el solo esfuerzo de su tripulación. Mas al fin llegó a ser crítica la situación del San Mateo, que el Marqués de Santa Cruz se vio obligado a mandar que toda la escuadra fuese a socorrerlo. Esta acción logró que entraran en reñido combate los que estaban a retaguardia, quedando a la cabeza de la línea los esforzados marinos Villaviciosa, Oquendo y otros, quienes, auxiliados por su general, lograron no sólo libertar al galeón San Mateo, sino destruir y apresar la mayor parte de las naves enemigas, poner en fuga las restantes y obtener, con fuerzas tan inferiores, una victoria maravillosa.

La flota española permaneció algunos días en la isla de San Miguel para reparar sus averías y después, enterarse del estado en que se hallaban las Terceras, volvió a Lisboa el 10 de septiembre (1581).

Se repitió la expedición a las Islas Terceras al año siguiente, siempre mandando la flota don Álvaro de Bazán y yendo también el tercio de Figueroa, y en él los hermanos Rodrigo y Miguel de Cervantes. Salieron de Lisboa el 23 de junio. Como siempre fueron a combatir y a vencer. Tomaron los fuertes y castillos, obligando a los franceses a capitular. De esta manera terminó la campaña, entrando en Cádiz la escuadra española el 15 de septiembre, en medio de gran clamoreo de victoria.

Aparte de sus andanzas guerreras, Cervantes aprovechó su permanencia en Portugal para estudiar a fondo el país, las costumbres de sus habitantes, los paisajes y el carácter de aquella nación, que en aquel tiempo "ardía en fiestas, en saraos, en amoríos". Hallábase a la sazón Miguel de Cervantes en la flor de la edad y era atendido y querido por la brillantez de su ingenio y su gentileza.

El visitante llamó a Portugal "tierra de promisión", a Lisboa la "famosa gran ciudad", a la lengua portuguesa "dulce y agradable". Por cierto que hallándose en esta tierra favorecida por la Naturaleza pensó en dejar las armas, que le prometían nada más que heridas y muerte y no le garantizaban un descanso largo y seguro con una simple soldada. En adelante se dedicaría a las letras, a las que, en su lenguaje guerrero, consideraba las letras igualmente poderosas a los fusiles y cañones. Vería, pues, si en las letras encontraría combates de la inteligencia como los de Lepanto y las Islas Terceras, donde su valor mental se pusiera a prueba y por ello recibiera atenciones y parabienes de otros distintos héroes escogidos como don Juan de Austria y don Álvaro de Bazán, Marqués de Santa Cruz, a quien llamaba el primer marino del siglo.

Allí en Portugal, se dice, empezó a escribir La Galatea.

MATRIMONIO

Miguel de Cervantes regresa a Madrid sólo con el convencimiento de haberle dicho adiós a la guerra. En adelante sería hombre de paz. Esto tenía que ser así porque España había cambiado. Según uno de sus biógrafos, había muerto don Juan de Austria, inesperadamente, y no sólo estaba olvidado, sino que su recuerdo parecía no ser oportuno ni grato a las personas que gozaban de poder entonces. Los laureles de Lepanto, cuando Cervantes llegó de nuevo a su país, estaban ya marchitos, estropeados. Además...

Las guerras, las aventuras en el Nuevo Mundo, el cautiverio de los españoles en África, la miseria del país y otra infinidad de circunstancias habían hecho que los heridos, inválidos, antiguos cautivos y demás gente aventurera, verdadera o falsa, fuesen una completa plaga para el país. Indicado queda que no se trataba sólo de aquellos que en realidad por la gloria y por la patria habían sufrido, sino que también caía ya sobre el país y sobre la Corte, sobre todo, una nube de falsos héroes, de cautivos que jamás se habían visto en cautiverio, de matones y valientes cuya única valentía era la de sus pendencias en hosterías y mesones. La gente, la patria, desconfiaba de todo aquél que ostentaba o pretendía ostentar tales títulos. Lo que años antes enardecía y entusiasmaba a las multitudes, ahora las inclinaban a llamarse a engaño y apartar la vista con hastío, con fatiga.

En esta época tan distinta, Miguel de Cervantes, con la ilusión del teatro y para ganarse la vida, estableció contacto con una compañía de comedias que trabajaba en Madrid en el año de 1586. Se supone que allí estableció relaciones con una mujer del grupo, de buen ver pero vulgar, con la que tuvo una hija, única por cierto, que se conoció con el nombre de Isabel de Saavedra. Ana de Rojas, amante de Cervantes y madre de la niña, después contrajo matrimonio con otro de la tropa llamado Alonso Rodríguez.

Dice el biógrafo del Manco de Lepanto: Estos faranduleros, estos comediantes e histriones por aquel entonces constituían casi exclusivamente la sociedad de Miguel de Cervantes, de aquel que un día fue comensal de Julio de Aquaviva y amigo de don Juan de Austria. La condición social de Cervantes va decreciendo, pero como la reñida lucha entre esta condición y el alto ideal de su espíritu continúa cada vez más intensa y más firme, en esta época, precisamente, se asegura para siempre su vocación literaria.

Entre tanto, conviene su hermana Andrea que empeñe algunos bienes de su propiedad para que pueda imprimir La Galatea, y la edita el editor genovés Lomelín, que le resulta un fracaso económico porque el público ya estaba cansado de pastores y pastoras, que corrientemente eran personas principales disfrazadas, pero reconocibles por sus ideas, modo de conducirse y sus inclinaciones. Allí en la novela aparece Cervantes con nombre supuesto y naturalmente la joven que luego será su esposa.

Cervantes se casa con una dama principal de la villa de Esquivias, llamada Catalina de Salazar Palacios y Vozmediano. Ni los familiares de él ni los de ella estuvieron presentes en la boda. Por ambos lados no fue bien recibido el enlace. Pasada la luna de miel, parecía estar escrito que Cervantes no encontrara felicidad ni bienestar en ninguna parte, en ninguna época.

De este matrimonio dice Santos Oliver:

"Lo cierto es que cuando se casó, Miguel se acercaba a los treinta y ocho años, mientras su mujer no contaba sino diez y nueve. Esta desproporción, unida a la del temperamento y las inclinaciones de familia, no prometía una coyunda feliz a ninguno de los contrayentes. Maduro ya Cervantes, aunque de buena estampa y con el cálido incentivo de esas canas prematuras que son como la primera ceniza de una combustión intensa cubriendo las brasas; hidalga de pueblo doña Catalina, criada en ambiente huraño y recluido, con la tiesura y sequedad de la tradición rural, sin más horizonte que su hidalguía y el cuidado de sus huertos, natural es que, desvanecido el encanto con la posesión, surgiese la disparidad entre el artista errabundo y la que hoy llamaríamos una mujer vulgar, una filistea".

De llegar a poner los ojos en esta dama, por muy mujer de Cervantes que fuera, don Ramón del Valle—Inclán la habría llamado en sus Sonatas "una mujeruca".

TEATRO

Ya está dicho que La Galatea, primera obra de Cervantes que contenía sus primeros sueños literarios, significó un fracaso económico. La decepción, sin embargo, no le hizo decaer el entusiasmo por la nueva y ya decidida profesión de las letras. Pensó en el teatro, que a no pocos estaba enriqueciendo, y se metió en él con más esperanzas que posibilidades. La escena española, cuya simplicidad es posible suponer porque hasta entonces empezaba a tomar vuelo, iba adquiriendo una importancia extraordinaria con Juan de la Cueva, Cristóbal de Cirués, Fernán Pérez de Oliva y otros poetas de la época. El público español acudía a los antiguos corrales con verdadera ansia de comedias nuevas. Y Miguel de Cervantes, que desde mozuelo amaba la poesía y casi más que ésta la teatralidad, que desde sus primeros años se sintió arrebatado por la magia de la farsa escénica, encontró en su propia vida y entre las aventuras copiosas que entre moros y cristianos, en paz y en guerra, había vivido, materia suficiente para ser llevada al antiguo tablado.

Por un momento el teatro le hizo conocer el sabor dulce y fugaz del aplauso, y durante algún tiempo fugitivo, le hizo el ídolo de la gente que asistió a los corrales. Él mismo dice que escribió de veinte a treinta comedias, la mayoría de las cuales se han perdido. También se alababa él mismo de haber sido el primero que introdujo o personalizó en el teatro figuras morales o alegóricas, y de haber reducido las comedias a tres jornadas —los tres actos actuales— de cinco que tenían antes. Entre las primeras comedias que entonces se le representaron se sabe de La Gran Turquesa, La Batalla Naval, La Jerusalén, La Amanta, El Bosque Amoroso, La Única y Bizarra Arsinda y La Confusa. De ésta se dice que obtuvo un triunfo rotundo y que se le tuvo como la mejor entre las de capa y espada que hasta entonces se habían representado.

De todas las citadas sólo queda el nombre de ellas, siendo las únicas que han sobrevivido, llegando hasta hoy, las tituladas El Trato de Argel y Numancia. Es la primera un relato de lo que era la vida de los cautivos cristianos en Argel, y se supone que había sido escrita en las propias mazmorras de la cautividad. El mismo Cervantes se retrata en uno de sus personajes, llamándose el cautivo Saavedra. No hay que decir que esta obra es retrato de hechos y costumbres que su autor presenció, siendo en ellas actor de primera línea.

Numancia: La Numancia o El Cerco de Numancia, se basa en la heroica resistencia de los numantinos a las legiones romanas y el asalto de Escipión el Africano, después de una resistencia de catorce años. Hay en esta obra trozos de verdadera inspiración dramática y, sobre todo, de imponente grandeza moral.

Durante el sitio de Zaragoza por los franceses, las autoridades de la noble ciudad hicieron representar la Numancia de Cervantes, largo tiempo hundida en el olvido, sin duda para que los zaragozanos amenazados por Napoleón supieran cómo mueren los héroes.

Goethe consideraba que Numancia era una obra dramática de valor magnífico, mereciendo elogios de otros escritores famosos en los demás países.

Y cosa extraordinaria, en los días de la intervención de las catorce naciones contra la recién fundada República de Obreros y Campesinos de Rusia, Lenin mandó que se representara la Numancia en un teatro de Petrogrado.

Durante la época de referencia, la vida de Cervantes fue azarosa. Su mujer permanecía en Esquivias. Él habitaba en Madrid. Trabajaba en el cuarto que le había dispuesto doña Leonor de Cortinas. Y viajaba por los pueblos acompañando a la farándula. Su nueva profesión le daba más gusto que provecho. Su vida se iba haciendo más dura. El triunfo de sus comedias, que al principio habían obtenido buena aceptación, fue marchitándose. Llegó un momento en que ni los cómicos le pidieron sus obras ni el público las aplaudió.

Fue entonces que declaró Cervantes con la gallardía que le era propia:

"Las comedias tienen sus razones y tiempo", e inmediatamente entró a dominar el teatro el gran Lope de Vega, que se alzó con la monarquía cómica y avasalló y puso bajo su jurisdicción a todos los farsantes, llenando el mundo de comedias propias, felices y bien razonadas.

Esta confesión —dice el biógrafo del Manco— une una nobleza y una claridad de juicio por parte de Cervantes que en ningún otro tiempo se ha visto repetida. Por ella sabemos cómo el éxito de Lope de Vega oscureció con la estrella de los demás autores la del propio Cervantes.

Se queda a muy bajo nivel el biógrafo. Cervantes, hasta para mentir, fue único. Recordemos. No sabemos de nadie otro que, cargado de cadenas y grilletes y con una soga al cuello, le dijera al feroz Azán Bajá:

"Yo y sólo yo soy responsable del plan de fuga de los Baños de Argel. Mis compañeros son inocentes. Ellos iban a saber de la libertad hasta que fueran llevados a los barcos que irían a España..."

LA ARMADA INVENCIBLE

Cervantes había llegado a los cuarenta años. Sus glorias pasadas en la guerra defendiendo el imperio español sólo se testimoniaban en aquella mano inválida de la que nadie hacía caso ni le importaba. Su mujer llegó al punto de no quererlo del todo. Lo aborrecía porque ella quería un esposo que la acompañara en Esquivias y la ayudara a cuidar sus propiedades agrícolas. Ir con él a otro lugar era caso imposible. También se había separado de los cómicos de la lengua porque sus invenciones literarias ya no gustaban al público. La única persona que le acompañaba era su hija Leonor, pero la pobrecita no sabía quién era su padre.

Interesa en el caso la opinión de Miguel Santos Oliver, tomada de Su vida y semblanza de Cervantes:

"No obstante la inmensidad de su decepción, el gran postergado no tomó por caminos de satanismo y venganza, no fue a engrosar la falange de los rencorosos, de los enfurecidos, de los caníbales literarios. Tratándose de un alma sin elevación, de sus desventuras hubiese brotado el más formidable libelista del mundo, azote de príncipes y de naciones. Otro que Cervantes, hubiera devuelto inexorablemente a su nación, en sarcasmos sangrientos y en saetas envenenadas y mortíferas, toda la hiel de sus postergaciones, toda la virulencia de sus agravios... Todo salió, en cambio, del alma de Cervantes, como de un precioso alambique, destilado en benevolencia, en visión cordial de la vida. Y la ley de las compensaciones había de pagar muy pronto su nobleza, un franco brotar del genio y con claros anticipos de la cercana inmortalidad".

Con resistencia vamos a decir que quizás sea cierto lo que dice el señor Miguel Santos Oliver. Porque negamos que haya ser humano que olvide las ingratitudes y las ofensas. Sólo los santos y los que tienen "sangre de horchata", como decimos en América, no piensan en castigar al ingrato y en vengarse del ofensor. Y hay un tercero, que es el caso de Cervantes: que el ofensor sea emperador o rey. En este caso, ¿de qué puede valerse el infeliz para tomar represalias?

Cervantes, sin embargo, las tomó, y es el objetivo principal de este ensayo, siguiendo las investigaciones de notables críticos alemanes y los atisbos de algunos españoles como Américo Castro y José Ortega y Gasset. Con esta constancia: que no faltan españoles ni latinoamericanos que no hayan descubierto el significado del Quijote, y que por honor en unos y discreción en otros se hayan hecho los gansos ante las evidencias. Nadie ha gritado tan alto como Cervantes contra la tiranía coronada.

Dice otro autor cervantista: en estos días Cervantes desempeñaba multitud de empleos para mal vivir. Va a Sevilla, donde se le encarga de recoger en Écija, Espejo, Castro del Río y La Rambla, víveres con destino al aprovisionamiento de la Armada. El cargo es espinoso, pues requiere recorrer los campos entre la hostilidad de los labriegos; entrar, sin ser llamado, en las casas; arrancar a viva fuerza lo que las gentes no quieren dar de buen grado. No se puede respetar a seglar ni clérigo, y esto desata iras, provoca reclamaciones y engendra enemistades. Surgen mil ingratas complicaciones, mil incidentes molestos, que hacen el seguimiento de esta parte de la vida de Cervantes particularmente embrollado y árido. Ya no son las nobles armas ni las altas letras las que ocupan al héroe, sino el trigo y el aceite y la molienda...

Ya no son los rigores del bajá musulmán los que le maltratan, sino la obscuridad de las cuentas, la mala calidad de los víveres, las reclamaciones de los de abajo y de los de arriba. Pero hasta este mísero destino se le acaba al antiguo soldado glorioso. El desastre de la Armada Invencible hace innecesario el aprovisionamiento.

Este desastre sucedió en 1588. Desde entonces España va de mal en peor. Cervantes, pobre recaudador de granos y gran pensador, recoge aquel acontecimiento que le va a servir en sus colosales agudezas políticas. De España no necesitaba más. Su obra inmortal la podría escribir en América. Conste: Cervantes había llegado a tal desarrollo intelectual, que perfectamente sabía separar el poder político de una nación de la nación misma.

Cervantes amaba a España con iguales sentimientos que a su señora madre.

AMÉRICA

América, hemos dicho.

En efecto, Cervantes, que pasa los días más angustiados, busca, husmea cuatro plazas vacantes que hay en las Indias. Su inquietud le dice que acaso, pasando los mares, cese su calvario; saca de nuevo a relucir los mugrientos y empolvados papeles que atestiguan su arrojo, su generosidad, su antigua conducta gloriosa, y recurre, como él mismo dice, "al remedio a que se acogían muchos perdidos en Sevilla, que era el pasarse a las Indias, refugio y amparo de los desesperados de España". A este fin reúne los documentos citados y los envía al Presidente del Consejo de Indias, en compañía de un memorial que dice:

"Señor: Miguel de Cervantes Saavedra dice que ha servido a S. M. muchos años, en las jornadas de mar y tierra que se han ofrecido de veintidós años a esta parte, particularmente en la batalla naval de Lepanto, donde le dieron muchas heridas, de las cuales perdió una mano de un arcabuzazo; y el año siguiente fue a Navarino y después a la de Túnez y a la Goleta; y viniendo a esta Corte con cartas del señor don Juan y del Duque de Sessa para que S. M. le hiciese merced, fue cautivo en la galera del "Sol", él y un hermano suyo, que también ha servido a S. M. en las mismas jornadas; y fueron llevados a Argel, donde gastaron el patrimonio que tenían en rescatarse y toda la hacienda de sus padres y las dotes de dos hermanas doncellas que tenían, las cuales quedaron pobres por rescatar a sus hermanos; y después de libertados fueron a servir a S. M. en el reino de Portugal y a las Terceras con el Marqués de Santa Cruz, y agora están sirviendo y sirven a S. M., el uno de ellos en Flandes, de alférez, y el Miguel de Cervantes fue el que trajo las cartas y avisos del Alcaide de Mostagán y fue a Orán por orden de S. M.; y después ha asistido sirviendo en Sevilla en negocios de la Armada por orden de Antonio de Guevara, como consta de las informaciones que tiene, y en todo este tiempo no se le ha hecho ninguna merced.

Pide y suplica humildemente, cuanto puede, a V. M. sea servido de un oficio en las Indias de los tres o cuatro que al presente están vacantes, que es el uno la contaduría del Nuevo Reino de Granada, o la gobernación de la provincia de Soconusco en Guatemala, o contador de las galeras de Cartagena, o corregidor de la ciudad de La Paz, que con cualquiera de estos oficios que V. M. le haga merced, la recibirá, porque es hombre hábil y suficiente benemérito para que V. M. le haga merced, porque su deseo es continuar siempre en el servicio de V. M. y acabar su vida como lo han hecho sus antepasados, que en ello recibirán muy gran bien y merced".

En el Consejo de Indias leyeron de prisa, sin fijarse en el contenido del memorial. Así lo hacían siempre con otros que se contaban por millares. La respuesta, a las cansadas, fue:

"Busque por acá en qué se le haga merced. En Madrid a 6 de junio de 1590. El doctor Núñez Morquecho. (Relator)".

El autor de Numancia se convenció de su suerte. Permaneció en España sin cesar en sus penas y calamidades. El invierno le sorprendió sin ropas con qué abrigarse; los suyos sufren la misma situación de miseria. Y para que más le duela, sale a luz un viejo asunto de unas fanegas de trigo que se le acusa de haber vendido sin permiso del jefe de granos de Écija. Cervantes va a la cárcel.

No tarda en salir de ella. Porque queda en evidencia la honradez de Cervantes. Y en 1594 pasa a desempeñar el oficio de alcabalero o recaudador de contribuciones en la provincia de Granada. El cargo es más ingrato que el de colector de granos cuando trabajaba en favor de la Armada Invencible. Con repugnancia lo desempeña Cervantes.

Con seguridad, para evitar riesgos y ahorrar gastos de conducción a la Corte de algunas cantidades cobradas, giró Cervantes estas cantidades por medio de una letra de Sevilla a Madrid. Así lo hizo también con una importante suma procedente de lo recaudado en Vélez—Málaga y su partido, y que entregó Cervantes en Sevilla al mercader Simón Freire de Lima, que se comprometió a pagarlas en Madrid. Más tarde, regresando Cervantes a la Corte y no hallando en ella a Simón Freire, le escribió a Sevilla, donde el mercader encargó al portugués Gabriel Rodríguez que hiciera el pago a Cervantes. No lo hizo el portugués; quebró Freire entre tanto y desapareció de España.

Cuando Cervantes llegó a Sevilla para procurar el cobro de la citada cantidad, ya encontró la hacienda de Freire embargada por otros mercaderes. Consecuencia de todo este embrollado asunto fue que Cervantes no pudiera presentar con toda claridad sus cuentas y que se dictara orden a un juez de Sevilla para proceder a su detención y encarcelamiento. En Madrid, según unos, según otros en Sevilla, pasó Cervantes más de tres meses en penumbrosa cárcel. Al salir de ella, quedó para siempre expulsado de los servicios públicos, vivió en los más bajos medios sociales. Arruinado y sin esperanza, triste, enfermo, vivió aún unos años en Sevilla, sin que pueda saberse con qué recursos contaba para medio vivir.

Eso sí, cuando estuvo en la cárcel, para matar aquellas horas infames, sobre el petate en que dormía, desde la mañana le servía de escritorio. Y escribía a toda prisa, riendo suavemente unas veces, a grandes carcajadas en otras. Los demás reos, llenos de curiosidad, se acercaban a él. Le pedían que les leyera lo que estaba escribiendo, y él con mucho gusto lo hacía, llenándose la espaciosa celda de grandes risotadas, que cuando se convertían en gritos hacían venir a los guardias, y al oír lo escrito por Cervantes, que ya estaba de pie, leyendo en voz alta, se sumaban a la zarabanda.

Al salir de la cárcel, había muerto Felipe II. Dibujó una sonrisa, porque de sobra sabía que aquel Habsburgo, por seguir la política aventurera de su padre, se "había paseado en España". Pero no había para qué decirlo en lenguaje directo. Para eso existían los símbolos.

EL QUIJOTE

INTRODUCCIÓN

En 1947 fue celebrado en el mundo, y en especial en los países hispánicos, el cuarto centenario del nacimiento de Miguel de Cervantes Saavedra con actos de espontánea exaltación y reconocimiento para el más calificado escritor de España y América. En aquel centenario brillaron las mejores plumas de la lengua en homenaje al autor del Quijote. También escribieron con regocijo celebrados personajes de Alemania, Francia, Inglaterra, los Estados Unidos y otros países de distintas razas y lenguas. Todos elogiaron sin reserva y a la vez interpretaron a su modo la célebre obra del famoso Manco.

Leímos casi toda aquella producción y hemos seguido leyéndola con atención y curiosidad. Al grado que hasta podemos mencionar las principales corrientes interpretativas del Quijote de la manera siguiente:

– Fue la dolorosa vida del propio Cervantes, quien siempre buscó la rosa para recoger la espina.

– Fue un sarcasmo contra los libros de caballería que formaban plaga en España en el siglo XVI y comienzos del siglo XVII.

– Fue una manera discreta de reír de los escritores españoles coetáneos de Cervantes.

– Fue una censura de las costumbres medievales de España cuando ya había empezado la Edad Moderna.

– Fue una inteligente denuncia del Estado obsoleto y de la Iglesia despótica, el uno incansable en llevar desgraciados a galeras y la otra insaciable en quemar herejes.

– Fue una denuncia de la cultura de España, renuente al Renacimiento, a pesar de los esfuerzos del Cardenal Cisneros, y que con su oscurantismo se había quedado atrás de los reinos y las repúblicas de Italia y atrás de Francia y de Inglaterra.

– Fue el aparecimiento del arma temible de la risa para desacreditar el sistema imperante y empujar a España hacia la renovación social.

– Fue un libro filosófico y sibilino todavía no interpretado como corresponde.

– Fue un intento de interpretación moderna del cristianismo que había caído en la barbarie de los "quemadores" del Santo Oficio.

– Fue un capítulo español del neoplatonismo, que restableció la primacía del amor en las relaciones humanas.

– Fue una salida graciosa que armonizaba con los inventos y descubrimientos de Juan Gutenberg, Cristóbal Colón, Nicolás Copérnico, Kepler y Galileo.

– Fue un medio de situarse arriba de su contrincante Frey Félix Lope de Vega Carpio, quien lo fastidiaba con sus burlas, y una manera de emular a William Shakespeare, sin saberlo.

– Fue una obra de simple diversión, como Bertoldo, Bertoldino y Cacaseno.

– Fue un parto intelectual sin objeto ni sentido que la estupidez humana colocó al lado de las producciones de Homero, Esquilo, Virgilio, Dante, Shakespeare, Goethe, Tolstoi y otros grandes creadores en la historia literaria.

De todo lo que dijeron los intérpretes del cuarto centenario hay en el Quijote, menos de las dos últimas afirmaciones. Pero si de todo ello hay, cada opinión parcializada, individualizada, no encierra la grandeza y la multiplicidad del libro inmortal. Hoy agregamos nuestra opinión que acepta todos los pareceres generosos sobre el libro de Cervantes, sospechando que aún existen otros numerosos porque el libro tiene facetas múltiples. Si con nuestra opinión llegara a resultar que "hemos descubierto la pólvora", rogamos a cuantos nos lean, nos dispensen y nos olviden.

I. EDAD MEDIA

En este estudio se hace indispensable una relación de la Edad Media, valiéndonos de nuestras fuentes en la forma que sigue:

Los historiadores han dividido la historia de la humanidad en tres grandes partes o épocas: Edad Antigua, época medieval, que abarca desde la caída del Imperio Romano hasta los comienzos de la Edad Moderna, en el siglo XV.

Es difícil señalar fechas exactas a una época como la Edad Media. La fecha que se da con más frecuencia como "comienzo" de la Edad Media es el año 476 de la era cristiana, en que fue destronado el último emperador romano, y su terminación se pone en 1453, en que los turcos se apoderaron de Constantinopla, capital del Imperio de Oriente.

La Edad Media presenció el triunfo del cristianismo sobre la Europa pagana, vio el nacimiento, el sumo poderío y la decadencia de los papas como potencia en materias que no tenían que ver con la religión. En la Edad Media apareció y desapareció en Europa el régimen feudal, y se echaron los cimientos de las naciones modernas. Los bárbaros teutones y los civilizados romanos se fundieron en una sociedad poderosa.

Fue la edad de la caballería. Los caballeros mezclaban el alto idealismo con la crueldad. Los señores expresaban sus nobles y románticas creencias en lenguaje florido, pero trataban inhumanamente a sus siervos y esclavos. Fue una edad de fe ciega que produjo bienes y males. Por una parte, las gentes eran incitadas a hermosas fantasías, mientras que por otra caían en bajas necesidades. Se distinguieron aquellos tiempos por una larga lucha entre el mahometismo y el cristianismo, que en parte halló expresión en la guerra de las cruzadas.

Los primeros siglos medievales hicieron pocas aportaciones perdurables a la cultura, debido principalmente a que se estaba realizando un gran proceso de reajuste. La civilización no se detuvo en la Edad Media, porque la historia es un proceso ininterrumpido. Sólo en nuestros días han empezado a comprenderse algunas de las aportaciones importantes que la Edad Media hizo a la civilización.

Característica notable de aquellos tiempos fueron las estrechas relaciones entre la religión y la política. No sólo estaban la Iglesia y el Estado estrechamente vinculados entre sí, sino que muchas veces la Iglesia era el Estado. El vínculo entre ambas esferas no siempre tuvo manifestaciones de armonía. Durante siglos los papas y los emperadores sostuvieron luchas enconadas por la supremacía. La decadencia del poder papal fue uno de los principales acontecimientos que señalaron el fin de la Edad Media.

Toda Europa mostró un profundo espíritu religioso. Se ha llamado a esa época "la Edad de Oro de la Fe". En ningún otro tiempo representó la religión un papel tan importante. El mahometismo, una de las grandes religiones del mundo, fue fundado a principios de la Edad Media. Las poderosas órdenes monásticas cristianas creadas por hombres piadosos, como San Benito y Santo Domingo, comenzaron a existir entonces en Europa. Los monasterios conservaron el saber y la cultura en la llamada "época de la ignorancia" con que comenzó aquella edad. Casi todos los grandes sabios eran monjes o clérigos. En Inglaterra fueron sabios de esa clase el venerable Beda, Alcuino y San Anselmo; Santo Tomás de Aquino trabajó en Italia, Pedro Abelardo en Francia, San Isidoro de Sevilla y Alfonso el Sabio en España, y Alberto Magno en Alemania. Irlanda, llamada "la isla de los santos y los sabios", se hizo famosa por sus muchos hombres ilustres. Árabes como Avicena y Averroes, y judíos como Maimónides (Rabí Moisés ben Maimón), contribuyeron mucho a inspirar a los europeos el amor a la sabiduría.

La ciencia no hizo grandes progresos en la Edad Media, sin embargo, en aquel período de mil años se destacan los nombres de muchos hombres de ciencia. Entre ellos se cuenta Roger Bacon, uno de los más grandes pensadores de todos los tiempos. En literatura fueron dos nombres gloriosos el de Dante en Italia, y el de Godofredo Chaucer en Inglaterra. Otros nombres ilustres fueron Cedmond, que vivió en Inglaterra en el siglo VII, Francisco Petrarca y Juan Boccaccio en Italia, y Juan Froisart en Francia. La mayor parte de la literatura de aquel tiempo trata de hazañas caballerescas y de batallas. Muchos de esos relatos hablan del rey Arturo y de sus caballeros de la Tabla Redonda en Inglaterra; de Carlomagno y sus doce pares en Francia, y del Cid en España; en Escandinavia se produjeron también las sagas, reunidas en las Eddas.

La arquitectura tuvo en la Edad Media su expresión más plena en las magníficas catedrales góticas, de agudas y muy altas torres y de preciosas tracerías. A la arquitectura la habían precedido la bizantina, con las cúpulas características, y la románica, con sus sólidas techumbres abovedadas y sus arcos.

En pintura, los italianos Giotto di Bondone y Juan Cimabue marcaron el camino a los grandes artistas del Renacimiento.

El comercio moderno empezó en la Edad Media, cuando Marco Polo regresó de China y maravilló a los europeos con sus descripciones de las riquezas de Oriente.

Quizás la hazaña de mayor alcance realizada en la Edad Media fue la invención de la imprenta de caracteres movibles, debido a Juan Gutenberg hacia 1450. La invención de la imprenta contribuyó a que los hombres se libraran de depender tan completamente de quienes gozaban de autoridad: surgió el pensamiento científico y este cambio señaló los comienzos de la Edad Moderna.

II. CARLOMAGNO

Al ser Carlomagno la figura mayor de la Edad Media y fuente de inspiración de los juglares y caballeros andantes que soñaban con rehacer su Imperio, es oportuno hacer referencia aquí del "emperador de la barba florida", como rimaba Víctor Hugo en la Leyenda de los Siglos.

Carlomagno (742—814) es el héroe favorito de los juglares de la Edad Media. Fue rey de los francos y emperador del Imperio de Occidente. Fue también el primer emperador del Sacro Imperio Romano. Refieren los juglares en sus cantos cómo pasó los Pirineos sentado en un trono de oro, y cómo su larga barba sembró el terror entre los sarracenos. Su espada, Jovosa, fue afilada con la lanza sagrada que había atravesado el costado de Cristo. Su estandarte, Romaine, era la bandera de San Pedro. Los 12 pares de su corte fueron héroes de muchas leyendas. Los más importantes eran Roldán y Olivero, Ogier el Danés y el belicoso obispo Turpin. Y ahora, dicen los juglares, Carlomagno está sentado en su tumba, bajo una montaña. Su blanca barba sigue creciendo y creciendo. Cuando haya dado tantas veces la vuelta a la mesa de piedra que tiene delante, se acabará el mundo.

¿Qué hay de verdad en todo esto? Muy poco, porque los juglares exageraron los relatos de las guerras de Carlomagno contra los sajones, los lombardos y los daneses, y convirtieron en sarracenos a todos sus enemigos. Además, le atribuyeron algunas de las aventuras de su abuelo Carlos Martel y le inventaron otras.

No obstante, las gentes que vivieron en la época de Carlomagno tenían razón cuando lo consideraban una figura imponente, y no es extraño, pues, que inflamase la imaginación de los juglares en los siglos siguientes.

Carlomagno civilizó y educó a los francos, que originariamente habían sido tribus germánicas del Rin y de las tierras próximas. Echó los cimientos de Europa moderna; impuso a la confusión de tribus guerreras algo del derecho, del orden y de la gloria del Imperio Romano. Luchó por la causa de Cristo contra Mahoma con entero ahínco durante 12 años.

Carlomagno era hijo mayor de Pipino el Breve, rey de los francos. Al morir Pipino, en 768, Carlomagno se coronó rey de los francos del norte. Su hermano Carlomán heredó el reino del sur, pero murió en 771, dejando a Carlomagno como rey único.

Después de haber coronado sucesor suyo a su hijo Luis el Piadoso, Carlomagno murió. Fue enterrado en Aquisgrán. Se dice que el emperador Otón III abrió la tumba en el año 1000 y encontró el cadáver sentado en su trono. Se dice también que el cadáver tenía una corona en la cabeza y un cetro en la mano.

Lo que sí es cierto es que en 1165 Federico Barbarroja desenterró en Aquisgrán los huesos de Carlomagno, que hoy se guardan en la capilla de dicha población.

III. RENACIMIENTO

Las épocas se suceden las unas a las otras y las leyes sociales, afanosas e incansables, que habían trabajado en la Edad Media, material y culturalmente, llegaron al punto de producir el Renacimiento, comienzo de la Edad Moderna.

Pocos períodos en la historia han sido tan ricos en acontecimientos como el de la época del Renacimiento entre los siglos XIV y XV. Europa fue testigo de un renacimiento y resurrección de todo aquello que había estado en el olvido durante la Edad Media.

El comercio, las artes, la música, la literatura y la ciencia volvieron a florecer. Descubrimientos sorprendentes, inventos y la erudición, fomentado todo por hombres cultos, se resolvieron en una transformación de la vida europea.

Antes del Renacimiento la mayoría de las gentes vivía en grandes propiedades llamadas feudos. Estas pequeñas comunidades tenían dentro de sus linderos todo cuanto necesitaban. En consecuencia, había poco comercio e intercambio. Cuando alguien necesitaba alguna mercancía recurría al sistema del trueque, cambiando un artículo por otro. Existían pocos pueblos y ciudades. La vida social se concentraba en el feudo, en el palacio del noble o en la casa señorial del obispo.

Esta manera de vivir cambió radicalmente durante el Renacimiento. El feudo dejó de ser el centro de la vida social. Pueblos y ciudades nacieron rápidamente al irse desarrollando la industria, el comercio y el intercambio. Los fabricantes ricos y los comerciantes fueron acaparando el dominio de la ciudad. Algunos príncipes acrecentaron su poder y se posesionaron de los pequeños Estados. En vez de la infinidad que existía de éstos, surgieron entidades gubernamentales que se convirtieron en naciones. La gente empezó a usar moneda acuñada. Las contribuciones se cobraban en dinero efectivo en lugar de productos agrícolas. Los pueblos y ciudades pagaban fuertes sumas a los gobernantes a cambio de ciertos privilegios. De esta manera los príncipes podían sostener grandes ejércitos y funcionarios que hicieran cumplir las leyes.

El hombre no solamente se percató del cambio en su manera de vivir, sino que empezó a cuidar de sus propias creencias. Inició el análisis de las instituciones universalmente aceptadas, tales como la Iglesia, que durante siglos había sido el lazo de unión en la Europa Occidental. Llegó a tener mayor aprecio por las cosas de este mundo y a preocuparse menos por las del otro. El resultado fue una revolución contra las ideas y costumbres de la Iglesia.

La revolución en cuestión, conocida como la Reforma, trajo consigo el nacimiento de las iglesias protestantes.

La fecha que se cita a veces como el principio del Renacimiento es el año 1453, el año en que Constantinopla cayó en poder de los turcos. Otras citas prefieren el año de la invención de la imprenta, en 1450. En realidad, el Renacimiento no se inició repentinamente. Durante la Edad Media el saber de los antiguos sabios había sido conservado en la mitad oriental del Imperio Romano. La capital de éste era Constantinopla. Las relaciones entre la Europa Occidental y el Imperio Oriental no habían sido pacíficas. A pesar de ello, el saber fue penetrando continuamente en el Occidente. En algunos lugares el estudio siguió su curso no obstante que la mayor parte de Europa se hallaba constantemente envuelta en guerras. Los árabes, que se habían establecido en España a partir del siglo VIII, lograron notables adelantos en las matemáticas, la astronomía y la medicina. Por lo demás, en los monasterios de toda Europa el aprendizaje se había mantenido activo por monjes fervientes.

La invención de la imprenta vulgarizó las obras maestras de los grandes genios de la Antigüedad, y la invención del grabado dio a conocer las obras de arte. En Italia, el Renacimiento tuvo de protectores a los papas Julio II y León X, quienes prodigaron su ayuda a escritores y artistas. Es la época de Ariosto, de Maquiavelo, de Bembo, de Tasso, de Trissino, de Brunelleschi, de Donatello, de Luca Della Robbia, de Fra Angélico, de Leonardo de Vinci, de Rafael de Urbino, de Miguel Ángel Buonarroti, de Bramante, etc.

Este mismo afán de renovación se manifestó en toda Europa, singularmente en Francia, influida por la península a consecuencia de las guerras de Italia. De este período son los famosos castillos del Loire. En las artes se destacan los nombres de Lescot, Delorme, Goujon, Jean Cousin, Germain Pilon, los Clouet, y en las letras los de Rabelais, Ronsard, Du Bellay, la "Pléyade" y Montaigne.

En España, las primeras muestras de la arquitectura renacentista originan el plateresco, para después manifestarse con toda

su pureza en el Palacio de Carlos V en Granada, la catedral de Jaén, la fachada de la Universidad de Salamanca y el monasterio de El Escorial. En la pintura española hay que destacar a Juan de Juanes, Pedro Berruguete, Alejo Fernández y Luis Morales. En la escultura a Diego de Siloé, Damián Forment y Alonso Berruguete. Y escritores eminentes del Renacimiento español son Garcilaso de la Vega y Fray Luis de León.

Debemos terminar citando al cardenal Francisco Jiménez de Cisneros, eminente prelado y político español (1436–1517). Confesor de Isabel la Católica y elevado a cardenal por el papa Julio II, emprendió la reforma de las órdenes religiosas españolas. Regente de Castilla en 1506 y de España en 1516, mostró relevantes dotes de hombre de Estado. Influyó en la reina Isabel para que provocara el despertamiento cultural de España, y así fue que se formó un grupo intelectual en la Corte que trabajó en traducciones, en el conocimiento de los valores culturales de Italia y en la preparación de una Biblia políglota. Por ese tiempo el idioma castellano ya estaba formado. Antonio de Nebrija, uno de los maestros de la reina, había redactado y publicado la Gramática Castellana, justamente, en 1492. Quedaba a los escritores de los siglos XVI y XVII agregarle las elegancias en que abunda. El más diestro en tan hermoso afán fue Miguel de Cervantes Saavedra.

IV. ERASMO EN ESPAÑA

El Elogio de la Locura de Erasmo de Rotterdam, uno de los libros o panfletos que más ha sacudido la conciencia de la humanidad, fue escrito en latín, y en latín llegó a España en 1515, pero como el latín es traducible al castellano, centenares de personas conocieron su contenido; esto quiere decir que fue popular, y lo fue más cuando se supo que el poderoso Carlos, futuro rey de España, a la sazón en Flandes, le guardaba estimación a Erasmo.

¿Pero quién era este personaje célebre? Erasmo fue un humanista holandés, nacido en Rotterdam y muerto en Basilea (1469–1536). Autor de Adagios, Coloquios y Elogio de la Locura. Espíritu enciclopedista, estudió los problemas sociales y religiosos con equilibrio y un ideal puramente ético. Ejerció una influencia considerable en la Europa de su tiempo, singularmente en España.

En latín sólo podían leer el Elogio de la Locura los hombres cultos. Se ganó el odio de los teólogos; pero el pontífice León X lo había festejado con grandes carcajadas. Lo grave, lo terrible, no era decir las cosas; era decirlas de manera que pudieran enardecer al grueso público. Nada del sistema feudal quedaba en pie: papas, emperadores, monjes, clérigos, teólogos, funcionarios feudales, todos recibían los beneficios de la escoba. Pero no se olvide la cautela de Erasmo que se puede medir con lo siguiente: "Cuando los papas y los emperadores actúan bien, los sigo porque es agradable; cuando deciden mal, los soporto porque es necesario". Pero el pensamiento esencial de Erasmo es el humanismo burgués. No se olvide. Cuando escribe en latín no lo molestan; pero al que traduce sus libros al francés lo queman vivo en la plaza de Grève...

Casi en la misma fecha del Elogio de la Locura (1510), Copérnico terminaba su libro sobre las Revoluciones de los orbes celestes, aunque mucho tiempo después habría de publicarlo en latín; lo dedicó al papa Pablo III y no hubo nada. Pero a Galileo, que defenderá en italiano esas mismas doctrinas, la Inquisición lo hará callar en el tormento. De donde se desprende que las lenguas vulgares eran peligrosas.

Las primeras palabras que pronuncia la Locura sitúan al libro en su momento. Son, en efecto, un canto al oro, en el instante mismo en que ese oro, "hirviente de juventud", se desparramaba por el mundo:

"No debo mi nacimiento –dice– ni al Caos, ni a Plutón, ni a Saturno, ni a Júpiter ni a ningún otro de estos dioses podridos de vejez. Me ha engendrado Pluto –Pluto, padre de los dioses y de los hombres, digan lo que quieran Homero, Hesíodo y el mismo Júpiter; Pluto, que hoy como ayer, con un movimiento de cabeza pone patas arriba las cosas sagradas y las profanas; Pluto, que dispone según su capricho, la guerra, la paz, los imperios, los consejos, la justicia, las asambleas populares, los matrimonios, los tratados, las alianzas, las leyes, las artes, lo festivo, lo serio... (¡ay! ¡me ahogo!), en una palabra, todos los negocios públicos y privados de los hombres; Pluto, sin el cual la tropa de los dioses inferiores... ¿qué, los inferiores?... los mismos grandes dioses no existirían o por lo menos no se darían buen trato en casa; Pluto, cuya cólera es tan amable que Palas misma no podría venir en ayuda de quien hubiera incurrido en ella, y cuyo favor es tan poderoso que con él cualquiera puede burlarse de Júpiter y de su rayo..."

"Mirad a vuestro alrededor: los papas, los reyes, los jueces, los magistrados, los amigos, los enemigos, los grandes y los pequeños, todos tienen un solo móvil: la sed de oro".

Se ha de comprender la influencia que ejerció Erasmo en España, hasta el momento en que tiempos en retroceso quemaron el Elogio de la Locura por ser una propaganda muy finamente tejida en favor de Martín Lutero, lo que, dicho sea de paso, no era cierto.

Pero quedaron en el ambiente los pensamientos del Elogio, porque también en España se estaba desarrollando el capitalismo por iniciativa de las comunidades, hasta que endriagos y vestiglos llegaron a impedirlo.

Cervantes fue un erasmista discreto, y por analogía, del nombre y contenido de un libro famoso, pasó a pensar en la desdicha en que había caído España, cosa todavía más grave: la demencia de sus gobernantes, empezando por Juana de Aragón o Juana la Loca.

V. CERVANTES

Miguel de Cervantes Saavedra era un hombre moderno, de los más modernos de España en el siglo XVI, y tan moderno como los científicos y literatos de las repúblicas y los reinos de Italia; de los Países Bajos; de Francia y de Inglaterra. Tenía que ser así porque estaba plenamente informado del sistema solar de Copérnico, que revolucionaba la astronomía, dándole de baja a las concepciones de Tolomeo y a las afirmaciones dogmáticas de la Biblia —testimonio tribal— en que aparece la Tierra como centro del mundo. Estaba informado de la afirmación de Giordano Bruno —quemado vivo por el Santo Oficio— de la infinitud del Universo y de los infinitos mundos que lo poblaban. Estaba informado del movimiento de la Tierra, como planeta, en torno del Sol, tal como lo había expuesto Kepler. Estaba informado de que la Tierra giraba sobre su propio eje, siguiendo a Galileo. Estaba informado de la esferidad de la Tierra, con las comprobaciones de Cristóbal Colón, Fernando de Magallanes y Sebastián Elcano. Estaba informado de que estas afirmaciones científicas y averiguaciones prácticas abrían horizontes inmensos para el desarrollo continuo de la ciencia y para las concepciones filosóficas, que debían ajustarse a realidades comprobadas y poner de lado el vacío teológico de la Edad Media.

Además, Cervantes (no con la claridad de hoy, pero sí con la de su tiempo, erasmiana), siendo constantemente estudioso, viajero incansable en España y fuera de ella, y algunas veces cobrador del Fisco, le entraba por los ojos y las manos que la sociedad tenía base económica. Si no el claro saber, el genio que le asistía le daba la noción de las relaciones de producción, diferenciadas según el desarrollo de los países europeos. Le daba la noción de las fuerzas productivas, las cuales unas seguían atadas a la servidumbre feudal como en España, y otras habían avanzado hacia el capitalismo con el trabajo asalariado, como en los Países Bajos, que habían realizado una revolución capitalista en el siglo XVI, y siguiéndole en esta vía de realizaciones, a no dudarlo, Inglaterra y Francia. Esto, sin decirlo a nadie, porque era discreto, le inspiraba la idea del contraste y le revelaba que en el mundo europeo existían dos modos de producción, uno feudal y otro capitalista, que se generalizaba en el continente y que ascendía con vigoroso impulso. Dos modos de producción —debe haber pensado Cervantes, dándole nombres distintos— que desde antes del siglo XV luchan con encono y ahora lo hacen a muerte.

De los modos de producción a pasar a la política no había más que un paso. ¿Quién, habiendo vivido en Italia, no sabía algo de Maquiavelo, anunciador del Estado moderno? Lo había leído en la biblioteca del cardenal Aquaviva. ¿Quién, viviendo en la escena del siglo XVI y aún en los primeros años del siglo XVII, no pudo percatarse de haber sonado la hora del Estado moderno en forma de monarquía absoluta? Se veían los ejemplos de Francisco I y de Enrique VIII, en cuyos Estados se mezclaban el capitalismo en ascenso y el feudalismo agónico. ¿Y quién, a la hora del Estado moderno, iba a meter las manos en el fuego por esa supervivencia política de la Edad Media que llevaba el nombre de Sacro Imperio Romano Germánico? En ese fantasma blanco, neblinoso, inmenso, a punto de disiparse con los primeros rayos del sol, sólo creían aquellos que les aprovechaba.

Cervantes veía con claridad todo esto, y veía que en la correlación europea, España llevaba las de perder. Era el país más atrasado de Europa, con el aplastamiento de las fuerzas productivas de los judíos y los árabes, realizado por los Reyes Católicos. Y más tarde, por el aplastamiento de las comunidades —exponentes de la legítima burguesía española— perpetrado por Carlos V. Bien pudo Cervantes escribir un tratado de economía política, a la manera del Padre Mariana. Pero esto le habría traído procesos y cárceles. Mejor se decidió por la literatura y escribió El Quijote, que hizo reír a los ingenuos e indocumentados.

El Quijote contiene, con una habilidad suprema que nadie la ha tenido en el mundo, el conflicto del sistema feudal con las nacientes fuerzas capitalistas europeas, lo que indica que el autor del libro sustentaba las ideas más avanzadas de su tiempo, lo que le permitió atacar y hacer sarcasmos del sistema social condenado a desaparecer con su filosofía idealista. Por eso Don Quijote es un calificado platónico y, del principio al fin, se mueve en un mundo imaginario, viendo en un rebaño de carneros a un ejército, y en unos molinos de viento a unos gigantes. Y Sancho, que lo seguía en sus andanzas caballerescas, aunque trotaba en su jumento por los prados del idealismo, producía una música de cascos por los caminos del sueño.

Como los procesos sociales avanzaban, un día saltó la chispa que produjo el incendio. Las monarquías absolutas, apoyándose en la burguesía y el feudalismo —característica histórica de aquellos regímenes— decretaron la muerte del Sacro Imperio Romano Germánico, que venía de Carlomagno y había llegado a las manos de Carlos V, fantasma de la Edad Media en la Edad Moderna.

¿Cuál fue esa chispa? La Reforma.

VI. LA REFORMA

Sobre la Reforma cedamos la palabra a la Enciclopedia Británica, versión española:

Varias naciones se separaban de la Iglesia católica romana en el siglo XVI. Al movimiento correspondiente se le llamó Reforma. Dio origen al protestantismo.

En aquellos tiempos, destacados miembros de la jerarquía eclesiástica eran también príncipes temporales, muchos de ellos aseglarados y mundanos. Numerosos clérigos tomaban tal estado de vida sin vocación y adolecían frecuentemente de ignorancia, codicia e intemperancia. El bajo pueblo sufría la opresión de los pequeños príncipes y estaba sumido en lamentable ignorancia religiosa. Muchos intelectuales habían hecho suyas las ideas paganizantes de un sector del humanismo renacentista y las esparcían.

La filosofía escolástica empezaba a ser menospreciada a causa de las ridiculeces de algunos maestros. La Iglesia necesitaba reforma, y ésta se llevó a cabo en el Concilio de Trento, varios años después.

En estas circunstancias el Papa León X (1513—1521) pidió limosna a sus Estados Pontificios para la reconstrucción de la basílica de San Pedro y concedió indulgencia plenaria con las condiciones acostumbradas a quienes las dieran. La indulgencia plenaria es la remisión de toda la pena temporal debida por los pecados mortales ya perdonados en cuanto a la culpa y a la pena eterna, y es concedida en virtud de los tesoros espirituales satisfactorios de la Iglesia. Las condiciones para ganarlas son: arrepentimiento de los pecados y confesión sacramental, comunión, hacer oración por las intenciones del Papa y llevar a cabo alguna acción piadosa, por ejemplo, rezar el rosario delante del Santísimo Sacramento. En el caso que se trata, dar limosna.

Pronto la concesión de la indulgencia se extendió a otros países. Pero en Alemania fue menos edificante su origen, porque el joven príncipe Alberto de Brandeburgo, arzobispo de Magdeburgo y administrador apostólico de Halberstadt, fue arzobispo de Maguncia y quiso tomar posesión del nuevo arzobispado sin renunciar a los títulos anteriores, por las posesiones temporales que llevaba consigo.

El Papa se opuso, pero al fin cedió, porque consideraba peligroso que Carlos V fuera elegido emperador. Alberto era elector imperial. Exigió, pues, de éste el pago de 10.000 escudos para retener los cargos anteriores, además de los 14.000 que debía dar por el nuevo nombramiento.

Cuando Alberto comprendió que no podía pagar a los banqueros que le adelantaron estas sumas, obtuvo del papa que se predicara la indulgencia en sus Estados y que él conservara la mitad de las limosnas recaudadas. Confió esta predicación a Tetzel, predicador dominico muy popular y dramático, e hizo que funcionarios suyos ayudaran a su propaganda.

Las imprudencias y excesos cometidos en esta predicación escandalizaron a los fieles y dieron ocasión a que el monje Martín Lutero publicara sus 95 tesis en contra de las indulgencias y, más o menos abiertamente, contra la autoridad del papa.

Esto sucedió el 31 de octubre de 1517. El 20 de enero siguiente defendió Tetzel varias tesis contra Lutero en la Universidad de Francfort del Oder, pero ya las tesis de Lutero habían sido traducidas al alemán y se habían esparcido ampliamente con el apoyo de humanistas simpatizantes.

El papa ordenó a Lutero, por conducto de sus superiores agustinos, que se retractara, pero él rehusó, y en junio de 1518 se abrió proceso contra él en Roma y se le mandó a comparecer en el término de 60 días. Federico, príncipe elector de Sajonia, se opuso, por razones políticas, a que Lutero, súbdito suyo, fuera juzgado en Roma.

Entonces el cardenal Cayetano, delegado papal a la dieta del imperio en Augsburgo, trató de persuadirlo durante tres días a que se retractara. Al no conseguirlo, siguió juicio y dictó sentencia en su contra. Pero Federico se opuso nuevamente a la extradición de Lutero. Este, por su parte, negó ya en diciembre la infalibilidad del papa y lo llamó Anticristo.

El 27 de junio de 1518, el teólogo Juan Eck inició, en Leipzig, la defensa de 13 tesis contra Lutero. Al principio contestó Carstadt (Andrés Rodolfo Rodenstein), discípulo de Lutero, y pronto éste mismo. Para defender sus ideas, se vio obligado a negar también la infalibilidad de los concilios y afirmar que sólo la palabra de Dios en la Biblia es infalible.

Por este tiempo publicó tres escritos en que exhortaba a los príncipes a reunir un concilio libre; a suprimir la distinción entre clérigos y seglares; a negar el derecho de la Iglesia para interpretar infaliblemente la Escritura y convocar los concilios; a prohibir las donaciones a Roma; el celibato de los clérigos, las peregrinaciones religiosas, cofradías, misas de difuntos y censuras eclesiásticas; a reducir las fiestas a los domingos, hacer los ayunos facultativos, a modificar o suprimir el derecho canónico, a desterrar de las escuelas la enseñanza de Aristóteles y Pedro Lombardo, y a defender sólo la Biblia.

Además, en ellos niega ya la transubstanciación, también el carácter de sacrificio de la misa; defiende para los seglares la necesidad de la comunión bajo dos aspectos, y reduce a dos los sacramentos verdaderos: el Bautismo y la Cena del Señor. Ataca, finalmente, el que la voluntad sea libre en contra de las pasiones y el mérito de las buenas obras, y defiende como única salvación la fe, o sea, la confianza piadosa en los méritos de Cristo.

El 15 de junio de 1520 condenó el papa 41 afirmaciones de Lutero en la bula, junto con algunos libros de derecho canónico. El 10 de diciembre, el 3 de enero de 1521, en la bula Decet Romanum Pontificem, excomulgó el papa a Lutero y a todos sus seguidores. El 17 de abril de ese año, Carlos V lo manda comparecer ante la dieta de Worms, dándole salvoconducto, y le manda retractarse. Lutero, sumisamente, pide tres días para pensarlo y, al fin, contesta negativamente. El 8 de marzo es condenado como hereje, pero se respeta el salvoconducto y se le permite retirarse. El príncipe Federico lo esconde por 10 meses en el castillo de Wartburgo. Y mientras Lutero traduce allí el Nuevo Testamento al alemán, se ponen en práctica en Alemania las nuevas ideas, produciéndose excesos sangrientos, despojo de bienes eclesiásticos, incendio de iglesias e imágenes, casamiento de sacerdotes y monjas.

Al salir, Lutero tuvo que negar la legitimidad de algunos hechos y permitir la mayoría de ellos. Pronto se vio envuelto en acres discusiones con sus partidarios y, en una disputa con el humanista Erasmo, se vio constreñido a negar totalmente el libre albedrío.

En el verano de 1525 estalló la guerra de los campesinos imbuidos en las ideas de Lutero contra sus príncipes, y lo nombraron su paladín. Pero éste, que necesitaba el apoyo de los príncipes, exhortó a éstos a sojuzgar la rebelión a cualquier precio: "Herid, degollad cara a cara, por la espalda. Si caéis en el combate, seréis mártires". Y aseguró su protección, concediéndoles retener sus dominios eclesiásticos ocupados, porque pertenecían a la comunidad cristiana a la que debían ellos cuidar y gobernar.

Murieron alrededor de 30.000 campesinos en Alsacia y Suabia. Lutero, entre tanto, contraía matrimonio con Ana de Bora, monja salida de su convento, acto con el que escandalizó a sus partidarios, a quienes les había prometido solemnemente no hacerlo.

En 1526, Fernando, hermano de Carlos V, hubo de presidir la dieta de Espira y, angustiado por la cercana amenaza de los turcos, se vio forzado a conceder que cada principado siguiera la religión escogida por su príncipe.

Carlos V revocó en la segunda dieta esta concesión y exigió garantías para los católicos. Pero cuatro de los príncipes y 14 ciudades protestaron contra dichas disposiciones y se retiraron de la dieta.

Esto dio el nombre de protestantes a los seguidores de las nuevas doctrinas. El 20 de junio de 1530, Carlos V, con aprobación del papa Clemente VII, invitó a los jefes del movimiento a la dieta de Augsburgo para preparar un concilio ecuménico de reconciliación. Pero Lutero se presentó en Melanchton, con el código de fe protestante, llamado desde entonces la "Confesión de Augsburgo".

En diciembre de 1530, varios príncipes formaron contra Carlos V la Liga de Esmalcalda, para no obedecer su orden de devolver los bienes eclesiásticos confiscados y los llamaron "Defensa del Evangelio". Pidieron ayuda a los turcos y a Francisco I, adversarios de Carlos V. Este, amenazado por todas partes, publicó el Interim de Núremberg el 23 de junio de 1532, según el cual se toleraba la nueva religión y las confiscaciones hasta la reunión del próximo Concilio Universal.

Ulrico Zwinglio encabezó en Suiza un protestantismo propio, y logró imponerlo en Zúrich, por medios políticos y por la fuerza. Los cinco cantones de la selva formaron la Unión Cristiana y, con la victoria armada de Kappel, donde murió Zuinglio (1531), consiguieron conservar su catolicismo.

En Ginebra organizó Calvino, entre los protestantes divididos, otra innovación religiosa de forma mucho más estricta que la de Lutero, y logró extenderla a Francia, Escocia y los Países Bajos. Inglaterra adoptó más tarde esta forma de protestantismo al lado de su Anglicanismo.

Este empezó cuando Enrique VIII se separó de Roma para poder divorciarse de Catalina de Aragón y casarse con Ana Bolena, y se hizo definitivo con Isabel, después de breve retorno al catolicismo intentado por María Tudor. En los Estados Unidos de América arraigó también el calvinismo traído por los colonizadores europeos.

Los católicos necesitaban que la Iglesia se reformase, y muchos emprendieron la reforma con ardor.

Lutero, Calvino y Zuinglio, etc., pensaron lograrla desconociendo la autoridad religiosa, con una revolución sin precedentes para volver al cristianismo primitivo. Por otra parte, la Iglesia misma la emprendió sistemáticamente en el Concilio de Trento, organizando la severa formación de los hombres que irían a ejercitar después la autoridad religiosa y purificando y reglamentando la dispensación de los Sacramentos. Coadyuvando con el Concilio de Trento, en el que trabajó con tanto empeño Carlos V, apareció el número uno de los adversarios contra los protestantes de Lutero, nos referimos al español Ignacio de Loyola, organizador del ejército de jesuitas, que formando congregación militante, además de los votos de pobreza, obediencia y humildad, agregaba el voto de estar sujeto al Papa para combatir de mil modos la herejía protestante. Y después del Concilio de Trento, fue bajo el concepto de los jesuitas que llegaron a decidir directa e indirectamente en la Iglesia y el Estado, que se iniciaron con más ferocidad los "quemadores" de heterodoxos del Santo Oficio en España. Todo lo que estuviera contra los dogmas de la Iglesia y la autoridad del emperador era herejía y daba lugar a proceso, suplicio y muerte en la hoguera levantada en la plaza pública, a cuyo acto asistían con sumo placer los reyes en persona, la nobleza feudal, el clero y los católicos fanáticos.

Natural: por heterodoxos se tomaban a quienes pedían el cambio del modo de producción feudal por el modo de producción capitalista; el cambio de la cultura feudal por la cultura capitalista; el cambio de la religión feudal—catolicismo—por la religión capitalista—protestantismo—. No obstante la expulsión de los judíos y la dominación de los árabes, en España habían quedado fuerzas capitalistas para entrar con firmeza en la Edad Moderna. América —recién descubierta— era una mina inagotable para impulsar el progreso moderno; pero las toneladas de oro que le daba América a la enloquecida España servían para sostener guerras de religión.

Cervantes, hombre moderno, hermano mental, ya se dijo, de Copérnico, Bruno, Kepler, Galileo, Colón, Magallanes, Bacon, Descartes, y aún de Lutero, Calvino y Zwingli, hermano mental de los empresarios y economistas del mercantilismo italiano, holandés, inglés y francés; y hermano mental ¿por qué no? de Francisco I de Francia, de Enrique VIII de Inglaterra y de los príncipes protestantes de Alemania, quienes luchaban corajudamente en contra de la Edad Media y en favor de la Edad Moderna, ¿cómo iba a estar de acuerdo, y en qué cabeza cabe que iba a estarlo, con las ideas anticientíficas, antieconómicas, antipolíticas, antisociales y antirreformadoras de Carlos V y más tarde de Felipe II? ¿Acaso es posible dudar que Cervantes consideraba antihistórico a este par de personajes? Es más, por ventura, ¿se podría objetar que los consideraba locos y ridículos? La locura la tenían en el ancestro. La ridiculez en la conducta.

Desde luego, estos pensamientos los llevaba Cervantes en lo más profundo de su cerebro y no se los comunicaba a nadie ni en sueños. El terror que flotaba en el ambiente y el recuerdo de los suplicios de Argel le obligaban a ser discreto, más que discreto, discretísimo.

Después de estas realidades profundas que han pasado por los ojos de todos y no las han visto, ¿para qué agregar las informaciones y los detalles de cualquiera biografía vulgar? ¿Y para qué añadir las conjeturas simples o maliciosas de los comentaristas innumerables? Parece mentira, pero Cervantes era el único español, si se quiere, era el único español—europeo que veía la razón del Universo, de la Sociedad, del Hombre, del Pensamiento y del Devenir, de una manera intuitiva, mediante la iluminación del genio. Si los demás claros varones de España, inclinados al "buen vivir" y a la adulación en verso y prosa, tenían ciertas adivinaciones, ellas no llegaban a tanto, como quedaba comprobado en la historia. Viviendo en la costumbre de la Edad Media y en las condiciones de una monarquía absoluta sui generis al carecer del concurso de una burguesía progresista, para ellos todo era "Dios y Rey" en sus comedias y en sus otras creaciones. Sospechamos que Cervantes en el fondo de su corazón odiaba el modo de producción feudal y sus principales imágenes humanas, Carlos V y Felipe II; odiaba a la Iglesia por los "quemadores" del Santo Oficio, y odiaba a la sociedad en que vivía, que si no lo encarcelaba por dudar de su honradez en su papel de cobrador de impuestos, lo encarcelaba por arrimarle un muerto que él no había matado. Y dato importante: fue en la cárcel de Sevilla donde empezó a escribir el Quijote (que Quijote y Quinto, por Carlos el emperador, tiene un vago y lejano parecido). Cervantes, hidalgo venido a menos y, por eso, con más propiedad, hijo del pueblo, sentía en sus espaldas la explotación directa e indirecta de la clase feudal dominante; la opresión de una y otra manera del Estado medieval; y la falta de libertad para decir las cosas por su nombre y asumir una actitud afirmativa en favor de la Edad Moderna que ya imponía sus luces en la mayor parte del mundo. Vivió largo tiempo en Sevilla, porque le gustaba aquella ciudad que ya empezaba a ser una ciudad semi— capitalista y semi—burguesa y porque allí llegaban los barcos que venían del mundo.

Ha habido algo más que deseamos denunciar aquí. Cuando se habla de Cervantes y de su obra El Quijote, se dice más de la obra que del autor, como si la obra hubiera nacido sola, sin haber en ella ningún creador. Esto tiene significado: es que Cervantes aparecía en España como "rara avis in terra", es decir, un personaje sospechoso, a quien de vez en cuando vigilaban los agentes del Santo Oficio y no pocas veces los espías y soplones de la Santa Hermandad. Esta es la falta de muchos intelectuales españoles de fama en el presente siglo, que se han hecho lenguas de Don Quijote y Sancho, no viendo en ellos o no queriendo ver a Carlos V y Felipe II, reducidos a su mínima expresión y hechos una calamidad como personajes de circo. Para esos famosos intelectuales lo que vale es El Quijote, obra imperecedera. Cervantes no es nada. Acaso es un pobre diablo que le "sonó la flauta por casualidad". Y la verdad es que Cervantes es el autor de El Quijote, y esta obra contiene cuanto él quiso decir. Cervantes es el genio y El Quijote su creación genial. Y por eso a Cervantes se le ve a la cabeza de los literatos del "Siglo de Oro", como decir Lope de Vega, Tirso de Molina, Quevedo y Villegas, Góngora y Argote, Santa Teresa de Jesús, San Juan de la Cruz, Fray Luis de León, Fray Luis de Granada, Baltasar Gracián, Juan Ruiz de Alarcón (nacido en México), y Pedro Calderón de la Barca. Y es por eso también que en los pliegos universales se le inscribe al lado de Homero, Hesíodo, Esquilo, Sófocles, Platón, Virgilio, Lucrecio, Dante, Chaucer, Rabelais, Shakespeare, Goethe, Dostoievski, Tolstói, Gorki; creadores, iniciadores literarios de las grandes épocas y no imitadores y seguidores. Lo enorme de Cervantes está en que con su poder de mago, valga el concepto, tiene la capacidad de reducir gigantes en enanos, reales majestades en bufones, empinadas cumbres de la historia en infelices viajeros que hasta que llegan a Barcelona tienen la suerte de conocer la imprenta y de ver cómo se hacen los libros. Con esto más: que todo está en su punto con originalidad genial, porque Cervantes no tuvo necesidad de recordar a Juliano el Apóstata, emperador romano, educado en el cristianismo, y habiendo triunfado la doctrina de Cristo en el mundo antiguo, quiso resucitar a los dioses paganos con sus ritos y solemnidades, habiendo fracasado en su empresa. Tampoco Cervantes quiso anticiparse a las realidades de su tiempo, inventando utopías como Tomás Moro en Inglaterra ni ciudades solares como Tomás Campanella en Italia. Nadie, que sepa —aquí está el genio— ha logrado una metáfora tan única ni una alegoría tan exclusiva como Cervantes en El Quijote.

Convengamos, pues, que Cervantes era un español que estaba adelante de la sociedad atrasada de España en los siglos XVI y XVII, y que se hallaba a tono con la sociedad avanzada de Europa en los mismos siglos. En aquel momento Cervantes no era español, era europeo, aunque sí le satisfizo trabajar su alfarería con barro de España. En este empeño, su genio supo forjar el arma de la risa, que si es propia del hombre como individuo, también es social, y si corrientemente es la sal de la vida, en ciertas ocasiones llega a ser filosófica. Desde que Demócrito lo dijo, la risa ejerce una función histórica. Y si Demócrito reía de cuantos negaban el movimiento, Cervantes aplicó la risa a cuantos negaban el porvenir. Por eso rió de Carlos V al convertirlo en Don Quijote. Rió de Felipe II al volverlo Sancho. Rió del Sacro Imperio Romano Germánico dibujado en la imagen inasible, fantástica, de Dulcinea del Toboso.

Rabelais no tuvo los motivos de risa que le sobraron a Cervantes, aunque ambos rieran del mundo que se estaba pudriendo. Lo singular en el caso es que la risa que despierta Cervantes es tan militante como una organización política progresista o como un ejército revolucionario. La risa de Cervantes fue aliada de todo lo nuevo contra todo lo viejo en España. Y fue aliada de todo lo nuevo contra todo lo viejo en Europa y en América, porque los brazos de sus personajes eran más largos que los mares para alcanzar los continentes.

VII. CARLOS V

Carlos V (1500—1558), heredero lejano del poderío de Carlomagno, reinó sobre uno de los imperios más grandes que el mundo ha conocido. En el Nuevo Mundo comprendía desde México hasta el estrecho de Magallanes, con excepción del Brasil. En Europa: España, el norte de Italia y toda Europa Central entre Polonia y Francia. Su padre, Felipe de Borgoña, que murió cuando Carlos tenía seis años, era hijo del emperador Maximiliano y heredó todos los dominios de los Habsburgo. Su madre, Juana de Aragón (Juana la Loca), era hija de los Reyes Católicos, Fernando e Isabel, y heredera al trono de España; pero como su locura le impidió ocupar el trono a la muerte de Fernando, su hijo Carlos fue coronado rey de España con el nombre de Carlos I.

En 1519 murió Maximiliano y Carlos fue electo emperador del Sacro Imperio Romano y después, emperador de Alemania. Francisco I de Francia, por alguna información del curso de la historia en aquel tiempo, también aspiraba al título de emperador. El triunfo de Carlos creó entre ambos monarcas una enemistad seguida por un estado de guerra que llena casi totalmente la duración de ambos reinados. Posiblemente no fue sólo la derrota lo que provocó la mala voluntad de Francisco I, sino la posición geográfica de sus dominios, cercado desde casi todas sus fronteras por su poderoso rival. La circunstancia de haber nacido en Flandes, su desconocimiento casi completo del idioma castellano y el no haber demostrado mayor interés por radicarse en su reino de la península ibérica hicieron de Carlos, en sus primeros años, un rey impopular en España.

Aunque esta situación no se modificó sustancialmente, los éxitos militares del emperador enorgullecieron a los españoles, nos referimos a los grandes, que llegaron a sentir por Carlos admiración y respeto, especialmente cuando eligió a España para retiro definitivo en sus últimos años.

Las hostilidades contra Francisco I se iniciaron en 1521, por provocación de éste, quien quedó definitivamente derrotado en la batalla de Pavía, en que cayó prisionero de su rival. Para recuperar su libertad suscribió el humillante tratado de Madrid, cuyas cláusulas quebrantó muy pronto, lo que motivó la reiniciación de las hostilidades. El campo de acción volvió a ser Italia, donde Francisco había logrado concertar una alianza con el papa. Esta etapa terminó con la ocupación y saqueo de Roma por las tropas del emperador.

Carlos fue un monarca de varios intereses. En 1532 rechazó a los turcos en el Danubio y en 1535 tomó Túnez. La guerra contra Francisco I continuó prácticamente hasta la muerte de éste en 1547.

Mientras tanto, la Reforma había ganado terreno en Alemania bajo la dirección de Martín Lutero. Los Estados protestantes se rebelaron contra el Imperio católico romano. Carlos sofocó la rebelión y trató de diversos modos que los protestantes volvieran a la Iglesia católica. Los acontecimientos lo convencieron de que una nación debe tener la religión de su rey.

Si los príncipes alemanes que habían ascendido al poder querían ser protestantes, no tenían por qué oponerse a que el pueblo los siguiera; pero en Holanda persiguió cruelmente el protestantismo porque este país le pertenecía por derecho directo, y él era un católico romano.

Aunque Carlos era un magnífico soldado, nunca luchó por alcanzar la gloria; dominaba al papa y a Francisco I, pero nunca intentó arrebatarles sus dominios para agregarlos a su imperio. "No ambicionaba territorios sino paz y tranquilidad", decía él. Su principal objetivo era hacer una especie de confederación o unión europea. Dejó intactos los parlamentos y las leyes de los Estados vasallos.

Su interés por América fue grande, porque previó su futura grandeza. Insistió en que los indios, una vez conquistados, fueran protegidos. Organizó la expedición de Magallanes y descubrió las islas Filipinas. Cortés, Alvarado y los hermanos Pizarro se rebelaron; los dominó tan rápidamente como si hubieran estado en España. Carlos renunció en favor de su hijo Felipe II al reino de los Países Bajos en 1555. Ya en 1555 había concedido a su hermano Fernando plenos poderes de emperador. A instancia de éste demoró la abdicación hasta 1558.

Eso se dice a secas de Carlos porque la historia corriente es descriptiva y no crítica. Sería un dislate poner en entredicho el tamaño de Carlos. Carlos era inmenso por sus dominios imperiales y por el papel que desempeñaba en su tiempo. Si Carlomagno fue emperador de Occidente, es decir, de Europa, en las tierras de Carlos V "no se ponía el sol", frase suya. Era el monarca que más territorio contaba en Europa, y a éste se añadían América y las posesiones de Oriente. Pero Carlos, personalmente, era mediocre. Cuidaba más de fiestas y cacerías con una corte de gandules que de prepararse para desempeñar con juicio el imperio que le estaba destinado. En su palacio no hubo el florecimiento cultural que se vio en la corte de Carlomagno, todo lo contrario. Sólo leyó un libro, los Comentarios de Julio César, bajo la presión de su abuelo Maximiliano. Cuando llegó a rey de España y después emperador de Alemania, quienes pensaban por él eran su ministro Gattinara, su tía Margarita, regente de los Países Bajos, y su hermano Fernando, que reinaba en los Balcanes para detener a los turcos. Le afectaba la herencia maternal de Juana de Aragón, llamada Juana la Loca. Era melancólico, bebía mucha cerveza, y su política se reducía a seguir la costumbre de los enlaces matrimoniales para así extender sus dominios. No es cierto que le interesara América en su gente. Le interesaba con egoísmo el oro y la plata que llegaban de ésta y le servían para pagar deudas pendientes a los banqueros alemanes y proseguir sus guerras medievales. Las Ordenanzas de Barcelona en favor de los indios se las arrancó a viva fuerza Fray Bartolomé de Las Casas, y como no se cumplieran, no ejerció presión en sus vasallos de este continente, que explotaban y oprimían a los indios a más no poder.

Actor en los tiempos modernos, no entendía la Edad Moderna, por el contrario, la combatía con lanza contra metralla. Ganó guerras, pero eso no es novedad que los sistemas agónicos en sus estertores tengan éxitos pasajeros que no hacen sino garantizar la victoria del favorecido por las leyes de la historia. Venció a Francisco I en Pavía, como en el libro de Cervantes Don Quijote vence al Caballero del Bosque. Hasta los mismos papas de Roma, muchos de ellos instruidos en el espíritu del Renacimiento —no faltaron los poetas, los artistas, los filósofos del neoplatonismo y aun los críticos de las esencias eclesiásticas como León X— se extrañaban del medievalismo de Carlos, y este Carlomagno moderno, por el tiempo en que vivía, hasta se lanzaba en contra de ellos. Entre tantas, así fue que se produjo el sacco di Roma, cuando entraron los tercios españoles a la Ciudad Eterna y estuvieron allí cometiendo atropellos. Carlos pedía la reunión de un concilio, que al fin se reunió en Trento, no para modernizar la Iglesia Católica, dejándola en una moral pura tomada del Evangelio, como quería Erasmo de Rotterdam, sino para cargarle más medievalismo, más intolerancia, más barbarie y más militancia contra el protestantismo de Alemania, el anglicanismo de los ingleses, el mahometismo de los turcos y contra todas las expresiones del pensamiento científico y filosófico avanzados. A la espontaneidad religiosa de la Iglesia sucedió la dictadura religiosa de la Iglesia derivada del Concilio de Trento.

Cansado de andar en tantas guerras europeas, el caballero de lanza en ristre volvió a España, que es como decir la Mancha, derrotado por el Caballero de la Blanca Luna, o sea, el devenir histórico. En el monasterio de San Yuste se le iluminó la razón para comprender que en sus años de emperador había nadado contra la corriente. Dio el imperio alemán a su hermano Fernando y entregó el reino de España a su hijo Felipe II. Por andar en aventuras medievalistas, jamás le pasó por la mente la idea de un plan progresista para modernizar su imperio. Es que no sabía qué era economía, industria, agricultura organizada, banca, comercio, amistad pacífica con las naciones en vez de guerra destructora. Pudiera suponerse que exageramos, pero apenas sabía lo que era ciencia moderna, que ya tenía bases en Holanda, Inglaterra y Francia, y menos sabía lo que era filosofía, que confundía con el tomismo. Se encerró en el convento de San Yuste y allí lo sorprendió la muerte. Dejó a España en ruinas, porque sólo sabía decretar impuestos para seguir en sus aventuras inútiles y porque de allí sacaba los famosos tercios que iban a morir a tierras extranjeras.

También las colonias de ultramar conocieron los desatinos de Carlos V, quien sólo sabía exigir contribuciones monetarias, bajo decretos reales. Y los encomenderos, para cumplirle al emperador, hacían silbar los látigos sobre las espaldas desnudas de los indios para que apuraran la faena y extrajeran el oro y la plata que exigía el amo supremo desde España o desde Alemania.

¿Tenía razón Cervantes al hacer burlas y sarcasmos de semejante loco, enamorado como un jovencito del Sacro Imperio Romano Germánico, a quien él llamaba en su jerga caballeresca Dulcinea del Toboso?

VIII. FELIPE II

Ahora vamos con Felipe II (1527—1598), rey de España, hijo de Carlos I (V de Alemania) y de Isabel de Portugal. Recibió desde niño una educación esmerada; tuvo por maestro de humanidades al obispo Juan Martínez Siliceo, y de artes caballerescas y cortesanas, a Juan de Zúñiga. A los 16 años fue por primera vez regente del reino durante uno de los viajes del emperador su padre, y mostró ante sus ministros y consejeros reflexiva inteligencia y su preocupación por los problemas del Estado.

El 15 de noviembre de 1543 se casó con María de Portugal, de la que tuvo un hijo, el desdichado príncipe Carlos, cuyo nacimiento costó la vida de la madre. Poco después, y atento a los consejos de Carlos V, que buscaba el acercamiento con Inglaterra, aceptó las gestiones para un casamiento con María Tudor, hija de Enrique VIII de Inglaterra, el que no se realizó sino hasta el 23 de julio de 1554. Su estancia en Londres fue breve, se trasladó después a Bruselas, y allí se encontraba cuando su padre decidió abdicar, dejándole en 1555 el reino de los Países Bajos y en 1556 el de España y las posesiones de Italia y de ultramar. A su hermano Fernando le dejó el imperio de Alemania.

Se inició así un reinado que habría de prolongarse por más de 40 años y que coincide con una de las épocas de mayor esplendor para España. Felipe II, para reforzar la unidad espiritual frente a protestantes y musulmanes, hizo de la intolerancia religiosa su fuerza.

Fue un monarca activo, inteligente y prudente; acérrimo defensor de la ortodoxia católica, careció en cambio de temple guerrero, y en él se cebó la Leyenda Negra desfigurando su personalidad. Favorecido por Inglaterra, bajo la influencia de María Tudor, llevó un ataque a Francia a la que venció en la batalla de San Quintín (1557), pero el advenimiento de Isabel I y su celo protestante lo privaron de ese apoyo, iniciando una rivalidad que fue una de las causas principales de la decadencia española. Perdió Calais y debió aceptar el desventajoso tratado de Cateau—Cambrésis. Muerta María, se casó en 1559 con Isabel de Valois.

En el mar obtuvo su escuadra, al mando de su hermano el bastardo Juan de Austria, la resonante victoria de Lepanto (1571), pero debió soportar la pérdida de la Armada Invencible (1588), que unos atribuyeron a la inclemencia de los elementos, y otros al vigoroso ataque británico (que esto es lo cierto). Una campaña militar y hábiles gestiones diplomáticas le permitieron incorporar (1581) Portugal a la Corona de España. En el interior, cierto número de personas de elevada posición habían adoptado las ideas religiosas de la Reforma, y Felipe apeló al mayor rigor para perseguir a los heterodoxos, haciendo que la Inquisición extremara su celo. Pudo en esa forma imponer su autoridad y mantener aquellos dilatados dominios en cuyos confines nunca se ponía el sol, pero dejó herida de muerte la monarquía española, la que inició un descenso del que no habría de reaccionar. En 1570, viudo de Isabel de Valois, casó en cuartas nupcias con Ana de Austria. Tuvo su primera esposa el príncipe Carlos, que murió joven. María Tudor no le dio descendencia. Isabel de Valois le dio dos hijas, y Ana de Austria cuatro varones, tres que murieron siendo niños y el cuarto que fue heredero y sucesor.

El texto citado es descriptivo y adulón. A Felipe le asistía una inteligencia medianísima. La educación esmerada de que se habla es la educación medieval. Latín, escolástica, Padres de la Iglesia, Sagradas Escrituras, dogmas eclesiásticos. Buen tino debía tener el maestro (siempre vigilado) de salirse de ese círculo. Por tanto, allí había ignorancia de las conquistas de la ciencia, de lo que eran en realidad el Universo, de la marcha de la Sociedad, del cambio constante del pensamiento. Al joven príncipe se le daba tradición, no se le enseñaba progreso. En cuanto a las artes caballerescas y cortesanas que le servía el otro preceptor, son zarandajas de corte que a nadie interesan hoy. El origen, el temperamento y la escuela dieron y formaron a un Felipe feudal, clerical, fanático, despótico, insensible, cruel. No olvidándose que su abuela paterna fue la trastornada Juana de Aragón, una de sus esposas le dio un hijo loco, que iba a ser el príncipe heredero. Ante lo irremediable, lo mandó a encadenar y sujetar a un poste en una sala apartada del palacio, donde murió. Hasta se dice que, cansado de aquel demente, lo mandó a matar.

A los dieciséis años, Felipe fue gobernante de España por voluntad de Carlos V. Contrajo matrimonio con María Tudor, hija de Enrique VIII, siguiendo la política de los enlaces reales que gustaba al emperador. Así fue regente de una ínsula, caso que no hay que olvidar por ciertas analogías. Fue gobernante de los Países Bajos, por orden de su padre. Y más tarde, cuando Carlos fue al monasterio de San Yuste porque le había llegado la hora de retirarse del mundo, Felipe subió al trono de España con el nombre de Felipe II. Cierta vez Carlos se salió del convento, llegó al palacio, asumió el mando real, lo que significaba una destitución de Felipe, pero luego el hijo de Juana la Loca regresó a San Yuste y Felipe volvió a ser Felipe II. En todo esto resalta el hecho que Carlos siempre cabalgaba adelantado en su rocinante y Felipe le seguía, como el escudero al caballero, montado en burro.

Cuando Carlos murió, Felipe dio a conocer lo que era. No tenía que ir personalmente a guerras de países extraños. Era rey de España, no era emperador. Pero tenía que hacer dentro del territorio español: impedir que fuera totalmente derrotado el sistema feudal, en que descansaba la "gloria" de la Monarquía, el poder de los grandes de España, la influencia decisiva de la Iglesia, y evitar por medio del terror el desarrollo del sistema capitalista. Así España era un país sin industrias, sin mercancías; sin comercio moderno, sin bancos. En cambio, abundaban las iglesias, los conventos, los monasterios, las congregaciones, los sacerdotes, los frailes, los monjes, las monjas, los rezos por todas partes, el interminable son de las campanas, las fiestas religiosas, las marchas funerales, los "quemaderos", el terror que se tocaba y respiraba.

En tales condiciones, a España le tocaba hacer una vida artificial. Los metales preciosos de América que llegaban en barco tras barco, pasaban a Holanda, Inglaterra y Francia. Convertidos en mercancías, regresaban los metales por España con destino a América, que en realidad, por este comercio, iba pasando a nuevas manos. España era una simple aduana de importaciones y exportaciones; pero no lo comprendía ni le importaba al rey. ¿Qué pasó en más de cuarenta años? Que España se volvió un país de mendigos y de salteadores de caminos, y los países europeos del norte con su desarrollo industrial se fueron hacia arriba, al grado que ya en el siglo XVII, Francia se había erigido en la primera potencia de Europa. Trataban de alcanzarla Holanda, que ya tenía colonias en Oriente, y luego Inglaterra que se estaba adueñando de la India y que, bajo el consejo de Thomas Mun, "para cada inglés debían trabajar siete coloniales".

¿Podría Cervantes —hombre de la Edad Moderna, hombre del progreso humano— apreciar en algo a Felipe II, miembro de los Austria, déspota de la Edad Media, limitado de inteligencia, retraído, lleno de prejuicios, fanático hasta la demencia, sin conocimiento de las realidades y menos de las necesidades de su Nación? Cervantes lo despreciaba con todas las fuerzas de su alma, y si no gritó contra él en la plaza pública, lo metió en su libro genial como un simple escudero, glotón, analfabeta, hablador y mentiroso, para que no descubrieran los lectores que se trataba de su Majestad.

IX. EL QUIJOTE

El Quijote, como obra literaria, histórica y filosófica, es un reflejo de la sociedad humana en la época del feudalismo en general, y es un reflejo de la sociedad española feudal en particular. Lo típico de este reflejo es que corresponde al período en que el modo de producción feudal se hallaba en estado agónico, mientras que el modo de producción capitalista pasaba de la etapa mercantil a la correspondiente a la producción industrial. De otro modo, es un reflejo del gran conflicto de la Edad Media que sobrevivía y la Edad Moderna que ocupaba su puesto, que ya había realizado una revolución burguesa (la de los Países Bajos en el siglo XVI) y preparaba otra (la de Inglaterra en el siglo XVII). De allí que el Quijote refleje un conflicto real y objetivo, en el cual los países de capitalismo incipiente de Europa (Holanda, Inglaterra, Francia y los reinos y repúblicas de Italia) hacen ver el atraso feudal de España en los siglos de la infancia del sistema capitalista, como decía Carlos Marx, a pesar de la ayuda que le prestaba América con sus riquezas para poder cambiar su modo de producción.

Con todo, el reflejo del Quijote, por lo mismo que es histórico y objetivo, no llega al punto de extremar el feudalismo español hasta el punto de negar la existencia de algunos asomos del capitalismo. Si el mundo, en su vasta extensión, se capitalizaba (como que el capitalismo inglés estaba llegando a sus colonias de Norteamérica), España, con toda su resistencia feudal, tenía que aceptar siquiera en parte la influencia capitalista mundial moderna. Los judíos primero y los árabes después, sacrificados por los Reyes Católicos, favorecían el desarrollo capitalista. Las célebres Comunidades, aplastadas por Carlos V, eran brotes del capitalismo. Barcelona, vieja ciudad mercantil desde el Renacimiento, era un testimonio capitalista en España. Pero este conflicto de lo viejo y lo nuevo le daba razón de ser al Estado absoluto, asistido de una Iglesia fanática que enjuiciaba, torturaba y quemaba herejes por medio del Santo Oficio. En el reflejo del Quijote se advierte que en la España de Carlos V y Felipe II no hay ni puede haber "Tercer Estado", burguesía con conciencia de clase, y por consiguiente, no puede darse una revolución siquiera aproximadamente capitalista en la crisis que sufría el reinado de Felipe III, en el siglo XVII.

El genio de Cervantes consiste en que tanto hace ver en el Quijote el conflicto en el conjunto de Europa (donde sobresale Carlos V) como el conflicto interno de España (donde actúa Felipe II), y no los desenvuelve como simple cronista que publica los hechos, sino como militante de la causa avanzada, pues de otro modo no habría llegado a observaciones tan agudas y profundas. Por consiguiente, en el reflejo del Quijote se puede estudiar perfectamente la base económica de Europa y la de España, por contraste. La revolución europea y el

Estado feudal, monárquico, absoluto, eclesiástico y contrarrevolucionario español, listo para aplastar cualquier movimiento de avanzada burguesa. Se puede estudiar la cultura oscurantista española contraria al libre examen que había impuesto la Reforma europea. Se puede estudiar la ideología teológica y escolástica prevaleciente en España frente al materialismo burgués de los países progresistas de Europa. Se puede estudiar la Iglesia católica, bajo los mandatos del Concilio de Trento y asistida de un ejército de jesuitas, soplones y provocadores para hacerle la guerra al protestantismo, nuevo cristianismo de la burguesía europea en ascenso. Y también se puede estudiar la vida española, la vida cotidiana, sujeta a mordaza, censura, vigilancia, persecución, proceso, cárcel, tortura, "quemadero", terror, adulación, frivolidad, divagación, ignorancia, pobreza, miseria, mendicidad. Las gentes se entregaban a la pereza, casi no había trabajo, al amor sentimental, al furor sexual en los conventos y fuera de los conventos, a la broma, al chiste, a la comedia del corral, a la devoción religiosa, a la vida monástica, como evasiones de aquel mundo de Carlos V y de Felipe II.

Grandes ingenios son los comediógrafos Lope de Vega, Tirso de Molina y Calderón. Con el mexicano Juan Ruiz de Alarcón y Mendoza, son los cuatro ases del "siglo de oro" en el Teatro. Pero en general ¿cuáles eran los temas de sus comedias? La alabanza de la Monarquía absoluta (coja de una pierna por faltarle la asistencia de un Tercer Estado o Estado llano), la adulación del rey, la exaltación de la Iglesia en los Autos sacramentales, la resurrección del honor caballeresco. Pero no se puede negar que Lope de Vega dejó escrita su repugnancia a la dominación señorial en Fuenteovejuna. Tirso de Molina creó un personaje, Don Juan, en El Burlador de Sevilla, que más tarde se hizo universal. Y Calderón dejó otro héroe, Segismundo, en La vida es sueño, que parado en el centro de aquella celda tenebrosa, pide a gritos libertad:

"...y teniendo yo más alma,

¿tengo menos libertad?".

Eran más peligrosos los místicos españoles. Dispuestos a comunicarse directamente con Dios, sin los auxilios rituales de la Iglesia, estaban creando, queriéndolo o sin quererlo, las posibilidades del deísmo, que fue la creencia religiosa de los Ilustrados del siglo

XVIII. Por tal razón, los místicos se volvieron sospechosos para el Santo Oficio, que si no se los llevó a la hoguera se debió a que era tan grande la popularidad de que gozaban, que el gran Inquisidor tuvo vacilaciones y el rey se opuso al sacrificio de ellos. No obstante, sufrieron castigos menores San Juan de la Cruz, Santa Teresa, que era además una aristócrata, Fray Luis de Granada, y Fray Luis de León, condenado por haber satisfecho el pedido de una monja de que tradujera al castellano El Cantar de los Cantares de Salomón.

Cervantes vive apartado de la vida social. Es pobre, lleva camisa vieja, pantalones remendados, zapatos rotos. Su mundo se reduce a sus libros, a sus hermanas, a su hija Isabel y a uno que otro amigo con quien echar un párrafo —como se dice— en las tardes. No sale. Vive muy ocupado. De vez en cuando le llegan pequeñas remesas de sus publicaciones, con las que sostiene la casa y la familia. Pero Cervantes vive alegre, con una alegría que suele estallar en carcajadas homéricas. Ni su hija ni sus hermanas logran saber de qué ríe con tanta gana y por qué vive tan contento, siendo tan pobre. A veces piensan y murmuran que los tratos de Argel pudieron haberle dejado una veta de locura. Pero sólo Cervantes sabía su cuento. Desde que lo encarcelaron en Sevilla juró vengarse de un emperador y de un rey. Y se vengó con elegancia y gloria. Hoy, Miguel de Cervantes Saavedra quizás tenga mayor fama en el mundo que Carlos V y Felipe II.

Para terminar, copiamos del Diccionario Larousse esta nota del Quijote:

"En 1605, cuando Cervantes tenía cincuenta y ocho años de edad, el librero Francisco de Robles publicaba por su cuenta, en casa del impresor madrileño Juan de la Cuesta, la novela El ingenioso hidalgo Don Quijote de la Mancha, dedicada al Duque de Béjar. La primera parte del Quijote de cincuenta y dos capítulos, en los que se relatan las primeras salidas del protagonista. En sus andanzas manchegas Don Quijote cae frecuentemente en la arbitrariedad, ansioso siempre de hacer justicia. Con su escudero Sancho Panza, que le será inseparable, afronta las más diversas y descabelladas aventuras. Diez años después de publicada la primera parte, tras una versión apócrifa de Avellaneda (1614), aparecía en Madrid en 1615 la segunda, dedicada al Conde de Lemos y compuesta de setenta y cuatro capítulos. En ella realiza Don Quijote su tercera salida".

Ahora vienen las conjeturas del Diccionario:

"Se ha pensado que Cervantes se inspiró en un anónimo Entremés de los Romances para forjar la idea inicial de su relato; en todo caso, si no se conocen bien las fuentes de la novela inmortal, sus derivaciones son múltiples y variadas, y su bibliografía inmensa. Conocidas son las ilustraciones de Doré, Daumier, Moreno Carbonero, Dalí, Picasso y Buffet, y las transposiciones musicales de Falla, Massenet, Ricardo Strauss, Prokofiev y Chapí".

Le hemos dado cabida a una opinión ajena a la nuestra.

X. BASE ECONÓMICA EN EL QUIJOTE

De Castilla se dice que es el nombre que se ha dado a las dos mesetas que ocupan el centro de la Península Ibérica (separadas por las tierras de Gredos y de Guadarrama), limitadas al norte por los montes Cantábricos, al este por las tierras de Moncayo, de la Demanda, de El Barracín y de Cuenca, y al sur por la Sierra Morena. Se divide en dos partes: Castilla la Nueva (Madrid, Toledo, Ciudad Real, Cuenca y Guadalajara) y Castilla la Vieja (Santander, Burgos, Logroño, Soria, Segovia, Ávila, Valladolid y Palencia). Parte de las dos últimas provincias pertenecían al antiguo Reino de León.

Castilla es una región en gran parte árida y seca, contiene algunos valles frondosos que separan zonas casi desérticas, como La Mancha (¡!) y Ávila. Comprende la tercera parte de España y está poblada por unos seis millones de habitantes, haciendo constar con el respaldo de buenos historiadores que en el siglo XVI contaba con más de 7.000.000 de pobladores. Desde el siglo IX, formó un condado independiente y, desde 1035, un reino que compartió con el de Aragón el predominio de la Península.

Castilla quedó definitivamente unida con el reino de León en 1230; más tarde, del matrimonio de Isabel de Castilla con Fernando II de Aragón (1469) salió, en 1479, la unión de Castilla y León con el reino de Aragón.

En el siglo XVI, el territorio de Castilla pertenecía casi en su totalidad a la Mesta, asociación de ganaderos, cuyo origen se remontaba a los últimos tiempos de la monarquía visigótica. Pertenecían a la Mesta los propietarios del ganado trashumante de León, Castilla y Extremadura. Los socios de la Mesta criaban ganado mayor (vacuno, caballar), ganado menor (ovejas, cabras) y ganado de cerda (cerdos). Abastecían de carne a la región; de animales domesticados para el trabajo agrícola (bueyes) y los transportes (caballos, mulas y asnos). Pero el principal negocio de la Mesta era la exportación de lana, especialmente a los Países Bajos y a Inglaterra. A cambio de esta lana importaban mercancías no producidas en España.

Repetimos que la Mesta era una asociación de ganaderos. Cada socio era dueño de una porción territorial de Castilla, pequeña o grande, según su potencia económica. Como la ganadería requiere grandes extensiones territoriales, los ganaderos de Castilla, corrientemente, eran grandes latifundistas, por añadidura con títulos nobiliarios y por ello muy cerca de la corte y el monarca. La demás gente permanecía en el campo y en las pequeñas poblaciones porque las ciudades eran muy pocas. Dicha gente se hallaba en servidumbre, en los latifundios de los ganaderos. Vivían de la fuerza de su trabajo sin percibir ningún salario, que no existía. Trabajaban por la alimentación, por un traje que se les daba cada año y por un alero donde guarnecerse.

Así las cosas, veamos unos acontecimientos muy sonados. Entre los años 1519 y 1523, la lucha entre el absolutismo monárquico y las comunidades asumió caracteres de suma gravedad en Castilla (levantamiento comunero), mientras Valencia y Mallorca experimentaban una profunda convulsión social (guerras de las Germanías). Ambas crisis, simultáneas, se resolvieron con la estrecha alianza de la monarquía y la aristocracia latifundista, que así incrementó su situación privilegiada. Los comuneros representaban los intereses de los grandes municipios castellanos, de la burguesía y de la pequeña nobleza de las ciudades.

José Antonio Maravall, en su libro Las Comunidades de Castilla (1963), considera el movimiento comunero como "una primera revolución moderna", con el propósito de implantar una Constitución "que hubiera llevado el Derecho público castellano por las vías del Derecho inglés, separándose de la evolución del tipo francés de la Monarquía absoluta". Las Comunidades fueron un movimiento urbano, del estado llano, con muy escasa participación del mundo campesino. El erasmismo de Alcalá tuvo claras simpatías por los comuneros, así como la "gente de ordenanza" del cardenal Cisneros y, en definitiva, los que habían sido partidarios del rey católico en sus regencias castellanas, mientras que la oligarquía que rodeó a Felipe el Hermoso se opuso resueltamente a la comunidad.

El grupo comunero de Burgos se caracterizó por su moderación, mientras el de Valladolid extremó la nota radical. La derrota de los comuneros en Villalar, 1521; la ejecución de sus jefes –Padilla, Bravo, Maldonado– implicó crisis del ideal burgués en Castilla, paralela a la estrecha alianza entre la monarquía y la aristocracia. En frase del duque de Maura, ésta usufructuó desde entonces el poder "con riguroso exclusivismo". La represión del movimiento comunero –como ha demostrado F. Arribas– estuvo acompañada por crecidas indemnizaciones a la aristocracia, pagadas por los municipios afectados. El Consejo Real reglamentó dichas indemnizaciones a partir de 1533, lo que demuestra la perduración del estado de cosas creado por la revuelta.

En cuanto a las Germanías valenciana y mallorquina –luchas sociales entre plebeyos, artesanos, clases medias y aristócratas– al frente de las cuales destacaron, respectivamente, Joan Llorens, Guillem Sorolla, Vicente Peris; y Joas Crespí y Joan Colom, desembocaron en un resultado análogo al de las Comunidades de Castilla. La mayoría de los agermanados pertenecieron a la burguesía y casi todos los gremios estuvieron complicados en el movimiento.

La represión se caracterizó, asimismo, por la alianza entre la monarquía y la aristocracia latifundista. En Valencia, el triunfo nobiliario, con el apoyo de los mudéjares, vasallos de los señores, implicó la victoria del campo sobre la ciudad: los agermanados tuvieron que pagar crecidas "composiciones".

La lucha entre el absolutismo y las comunidades terminó, pues, con el triunfo de la monarquía. Sevilla, creación de ésta y emporio del comercio italiano, recogió la herencia de las ciudades castellanas, del mismo modo que, en los Países Bajos, Amberes se demostró superior a las urbes flamencas, una vez yugulada por el mismo Carlos V y la rebelión de Gante, de características semejantes al movimiento comunero de Castilla.

Es claro que Cervantes no iba a escribir un capítulo de economía en su libro célebre. Pero podía valerse del símbolo para decir lo mismo. Después de las Comunidades y las Germanías aplastadas por la monarquía y la aristocracia, España y particularmente Castilla quedó convertida en un desierto, en una aridez angustiosa, en una sequedad que abrazaba la lengua y la garganta. Por eso el genio empieza su obra con estas palabras:

"En un lugar de La Mancha, de cuyo nombre no quiero acordarme..."

XI. EL ESTADO EN EL QUIJOTE

A propósito de Carlos V, Francisco de Cossío, en una obra que escribió en torno al heredero del imperio de Carlomagno, dice esto:

Cuando Carlos V viene a España tiene diecisiete años. Nos hallamos ante un adolescente que va a ser rey de Castilla, de Aragón, de Navarra, de Cataluña, de Mallorca, de Sicilia, de Nápoles, de los Países Bajos, de una parte de África, de todas las tierras descubiertas en el Nuevo Mundo y, por añadidura, Emperador de Alemania. Nunca en la Historia vemos una juventud tan poderosa y tan fuerte. Es como un dios joven, ungido por la gracia del Renacimiento, que posa para el gran retrato del Poder, apoyando la mano abierta, como una garra de águila, sobre una esfera similar. Estamos en esa hora de España en la que todas las sugestiones de dominio vienen de fuera. Un español de entonces tiene que realizar un esfuerzo enorme para darse cuenta de estas lejanías. Los libros de caballería, tan en auge en esta época, incitan a las empresas fabulosas y a los sueños fantásticos, ya que la realidad circundante es pobre y limitada, y el ser caballero andante significa antes que nada andar, es decir, conocer otras tierras, andando. No es posible en este momento un gobierno estático, y Carlos V no sabe ver la realidad en los mapas y planos, necesita andarla. Nos hallamos ante un Poder cinemático, en el que la carroza de viaje es un despacho, y la posada que surge en el recodo de un camino una oficina. El Imperio rueda por los paisajes de Europa, envuelto en una nube de polvo. ¿Qué concepto se tendría entonces de lo vertiginoso? Eran hombres andariegos que sustituían la velocidad por la constancia. Lo importante era llegar.

(Rogamos a los lectores que reparen en lo que va diciendo Cossío y tomen nota de las semejanzas que hay entre Carlos V y el héroe de Cervantes en el Quijote).

Carlos V tuvo un Imperio con ruedas. ¡Qué difícil es, en nuestro tiempo, que un hombre de gobierno tenga tiempo para contemplar un paisaje! Y, sin embargo, un país es esto: un paisaje, y en el país están los paisanos, que es para quienes se hace el gobierno. Carlos V veía cada día en los paisajes al país y a los paisanos. Y lo veían a él, que es lo importante. Era el hombre que pasaba y volvía a pasar, sin que perdiese majestad esta figura que no vivía sino viendo y tocando la realidad de su país. He aquí un Rey que todo lo aprendió en los viajes. Contrasta este dinamismo humano con la vida estática de los pueblos y las ciudades. ¿Qué se hace entonces en España? En España han penetrado aires de fuera. Ha llegado nada menos que el Renacimiento, es decir, los impulsos de la cultura grecorromana. España se llena de extranjeros, que quizá no deben llamarse extranjeros, ya que proceden de los territorios que gobierna el Emperador. Unos han venido con él en su séquito y servicio, otros han venido tras él, portadores de la corriente de la moda. El Emperador no habla aún castellano. Entre las peticiones que los procuradores de Cortes dieron al Rey, recién reunidos en Valladolid a su llegada, se halla la siguiente:

"Suplican a su Alteza les haga merced de querer hablar en castellano, porque haciendo así aprendería más presto la habla y su Alteza podría entender mejor a sus vasallos y servidores, y ellos a él".

He aquí un caso maravilloso de incontaminación. El español respira a pulmón lleno estos aires de fuera y no pierde por ello su personalidad. Es como si las influencias exteriores pasaran por un filtro tan riguroso que no dejara libres sino aquellas que eran compatibles con el espíritu nacional. Han empezado a funcionar las imprentas. Ya los españoles pueden tener en la mano un libro tal como los hombres de hoy entendemos los libros, impresos en caracteres góticos, que son como una expresión gráfica del aliento de nuestras catedrales. En la portada de dos libros podemos ver toda la fuerza de transformación: Las trescientas del famosísimo poeta Juan de Mena, editada en Sevilla, y las obras de Boscán y Garcilaso, editadas en Barcelona. He aquí, en un período breve de años, el paso de lo gótico a lo renaciente. En las ciencias y en las artes se infiltran las penetrantes influencias latinas. Los grandes humanistas que escribían en latín, filósofos como Vives, jurisconsultos como Covarruvias y matemáticos como Hugo de Homerique. Se está fraguando ya el

Diálogo de Juan de Valdés, y Marco Aurelio o Reloj de Príncipes, de fray Antonio de Guevara.

(Seguiremos, porque este discurso de Cossío marca el paso del Poder de manos de los Reyes Católicos, que viven en medio del Renacimiento, a manos de los Austria, que renacentistas al principio o tolerantes con el Renacimiento, echan pie atrás, retroceden, con el estallido de la Reforma en Alemania, en los Países Bajos, en Inglaterra, en Suiza).

Se intensifican los pequeños oficios, iniciándose las grandes dinastías de artesanos. Se han terminado los últimos templos góticos y se empiezan a construir los primeros edificios renacientes. Hay que decorarlos, vestirlos y amueblarlos. Los vidrios, las telas, el hierro, los metales preciosos, la madera... En las ciudades se agrupan los oficios por calles, y ellos dan nombre a cada lugar. Calles de alfareros, libreros y platerías, tejedores y vidrieros... toda una legión de hombres aplicados a la obra pequeña, y entre ellos los que trabajan en los talleres de imaginería, en la iniciación de los grandes retablos. Nos hallamos en un impulso de pasión decorativa. Todas las influencias profanas del Renacimiento se fundan en el sentido cristiano de Castilla, y es Berruguete el hombre representativo del momento, al recubrir el pino de oro, y derramar sobre el oro los granates, los verdes y los azules. Frente a un retablo de Alonso Berruguete comprendemos todo el sentido de elegancia, de mundanidad, de brillantez, de expresión decorativa que tienen entonces las cortes europeas, y lo que en la española había de fuera y de dentro, de propio y de extraño.

¿Podemos imaginarnos la reacción que en un hombre viejo producirían las nuevas ideas y las nuevas costumbres? Quizá nunca como entonces se produce en una sociedad una colisión más fuerte entre los principios tradicionales y los renovadores. Era vivir en instantes decisivos para la cultura, para la política y para la guerra. Se han cambiado radicalmente las formas. En el templo del monasterio de San Benito, de Valladolid, se hacen los más audaces experimentos. La sillería de Andrés San Juan, el retablo mayor de Berruguete, las rejas de Calma... Los frailes no aprueban lo que juzgan verdaderos extravíos. Hay que nombrar peritos para que dictaminen sobre la seriedad de aquellas obras. Hoy, con la debida perspectiva, vemos hasta qué punto el Renacimiento, entre nosotros, se hacía católico. Por esto fuimos invulnerables a los principios de la Reforma.

(¡Vaya jactancia tradicionalista!, decimos nosotros. De una parte, el Renacimiento inclinaba sus banderas renovadoras al servir al catolicismo; de otra parte, una España protestante habría sido mejor que una España católica).

El año 1500, en el que se abre el llamado Siglo de Oro, es un año representativo de la cultura.

—¿A dónde vamos a parar? —decían los viejos—. ¡Si nuestros abuelos levantasen la cabeza!

Lo que ocurre no es en virtud del proceso de una evolución, sino un movimiento inusitado, fuerte y arrollador, y como siempre en estos trances, un movimiento juvenil. En 1500, en el mismo comienzo del Siglo de Oro, nace en Gante el príncipe don Carlos. Los Reyes Católicos ya han realizado su obra. Bien podemos ver en este instante la línea divisoria entre el mundo antiguo y el nuevo. El llamar a las tierras recién descubiertas al otro lado del Atlántico "Nuevo Mundo" no es una pura frase. En estos momentos se ventila en Europa este concepto que entraña la más honda transformación en las costumbres y en la cultura: el de hacer un mundo nuevo. Y esta es la significación más exacta del Imperio español: la de volver nuevo al mundo. En este aspecto, el nacimiento de Carlos V, el 24 de febrero de 1500, tiene todos los caracteres de un anuncio. Nace el día del apóstol San Matías, y la Reina doña Isabel dice al Rey don Fernando:

—Creedme, señor, y no dudéis, que así como sobre aquel apóstol cayó la suerte para ser en el número con los otros apóstoles, así ha caído la suerte sobre este nuestro nieto para heredar nuestro reino.

Fue bautizado el príncipe Carlos por el doctor Villaescusa, a la sazón obispo de Málaga, y hubo grandes fiestas de justas, torneos, cañas y toros en los reinos de España, en Gante, cuya ciudad regaló a doña Juana cuatro paños muy ricos de oro y seda para que sirvieran de pañales, y en la ciudad de Núremberg, donde se hallaba el abuelo del príncipe, el Emperador Maximiliano.

Los Reyes Católicos están liquidando su glorioso reinado. Se acabaron las grandes empresas, y las energías nacionales pasan de la convulsión epiléptica al letargo. Muere en Granada el príncipe don Miguel, y la Reina Isabel envía mensajeros a Flandes al Rey don

Felipe y a su hija la princesa doña Juana, para que vinieran a España lo más pronto posible, porque convenía para su sucesión que fuesen jurados en ellos. En 1501 llegan a Granada el arzobispo de Besanzón, alemán, que había sido maestro del príncipe don Felipe desde que era niño, y un flamenco, señor muy principal, llamado Filiberto, privado del príncipe. Estos embajadores hicieron saber a los Reyes que los flamencos y holandeses y las gentes de los señoríos que en aquellas partes poseía el príncipe don Felipe no consentían que se apartase de ellos, y que la princesa doña Juana de ninguna manera quería venir sin su marido, por lo mucho que le amaba. He aquí la primera vez que el amor de doña Juana tiene un alcance político. Está tan enamorada la Reina, que no puede venir a prestar juramento a los reinos de España por no dejar a su marido. Es como el descubrimiento de un profundo drama conyugal, que había de acabar en la locura.

Las consecuencias de esta pasión, más propia de la Poesía que de la Historia, no fueron ajenas a la muerte de doña Isabel.

¿En qué manos iba a caer el Reino? Vienen, al fin, a España, don Felipe y doña Juana. Y en España se separan por primera vez. En España nace otro hijo de doña Juana, don Fernando, y en 1504, no pudiendo soportar doña Juana la ausencia de su marido, parte para Flandes. Sale de Medina del Campo, camino de Laredo, donde había de embarcar, y no bien llega a Flandes, sobreviene el gran drama de la locura. En este mismo año de 1504, el 23 de noviembre, muere la Reina Isabel. El príncipe don Carlos tiene cuatro años.

Toda su infancia cerca del emperador Maximiliano va a transcurrir entre nieblas familiares.

¿Dónde están sus padres?

¿Cómo fueron sus abuelos maternos?

¿Qué cosa será España?

Vemos al príncipe Carlos como un niño solitario, acechado por pensamientos confusos e imágenes espantosas, entrevistas en sueño. Le llegan libros españoles, pero no los entiende. Sus maestros y amigos no ven en él sino al futuro Emperador de Alemania. Mas en el fondo de su conciencia siente que algo extraño sobrevendrá. Ya se han traído nuevos mapas, y en estos nuevos mapas hay unas nuevas tierras que también son suyas. Correr tierras, he aquí una ambición que va penetrando en él, día a día. Y con esta ambición, la idea del Poder...

Lo dicho por Francisco de Cossío es una versión completa de la influencia del Renacimiento en España; el empeño de Fernando de Aragón y su esposa Isabel de Castilla en crear el Estado nacional español, objetivo que logran; el florecimiento de las ciencias, las letras y las artes en la época de los Reyes Católicos; el descubrimiento del Nuevo Mundo, que es como un regalo de la Edad Moderna, para que el Estado nacional español vaya a la cabeza de las naciones en la era capitalista que comienza, y el acierto de estos gobernadores renacentistas en el manejo de la administración pública.

La vía para fortalecer el Estado nacional recién creado estaba trazada por las leyes de la historia. América colonial era una mina que daba todo el oro que necesitara la acumulación capitalista para que España desarrollara la gran industria que exigía la Edad Moderna. A los Reyes Católicos tocaba estimular la iniciativa privada que podía copiar los métodos de los empresarios y banqueros italianos. Para ello contaba además con un ministro renacentista, inteligente y progresista: el cardenal Cisneros, fundador de la Universidad de Alcalá de Henares.

Cuando el nieto de los Reyes Católicos, el príncipe Carlos, llegó a España, venía con la influencia de los países nórdicos. Era amigo del humanista Erasmo de Rotterdam. Podía fortalecer industrialmente el Estado nacional español y poner a España a la cabeza de las naciones desarrolladas de Europa. Subió al trono como Carlos I de España en 1517. Desgraciadamente, en este mismo año apareció Martín Lutero, reformador religioso de Alemania. Este hecho le trastornó la cabeza y le torció la buena voluntad. De modo que, cuando fue a Alemania a recibir la corona de Carlomagno, aquel nieto de los Reyes Católicos era un conservador tan decidido, que sólo pensaba en aplastar la Reforma luterana que ya se extendía por todo el norte de Europa.

Carlos, pues, sacrificó lo nuevo —el Estado nacional español— en aras de lo viejo —el Imperio antihistórico de Carlomagno—.

¡Viva don Quijote de la Mancha!

Y su hijo Felipe II, heredero del trono de España y de las Indias, tampoco comprendió el valor de los terrenos que había heredado. Al contrario, a tanto llegó su torpeza que se obstinó en que Holanda, Inglaterra y Francia fueran las naciones más desarrolladas de Europa, en perjuicio de España.

¡Viva Sancho Panza!

XII. LA CULTURA EN EL QUIJOTE

Por cultura se entiende el conjunto de valores materiales y espirituales creados por la humanidad en el curso de su historia. La cultura es un fenómeno social que representa el nivel alcanzado por la sociedad en determinada etapa histórica: progreso, técnica, experiencia de producción y de trabajo, instrucción, educación, ciencia, literatura, arte e instituciones que le corresponden. En un sentido más restringido, se comprende bajo el término de cultura el conjunto de formas de la vida espiritual de la sociedad que nacen y se desarrollan sobre la base de un modo de producción de los bienes nacionales históricamente determinado. Así, se entiende por cultura el nivel de desarrollo alcanzado por la sociedad en la instrucción, la ciencia, la literatura, el arte, la filosofía, la moral, etcétera, y las instituciones correspondientes.

La evolución del modo de producción de los bienes materiales condiciona la transición de un orden social dado y de su cultura, a otro orden social superior y a la cultura que le corresponde. Así, la cultura es un fenómeno histórico que se desarrolla. En la base del devenir de la cultura material y espiritual de la sociedad, se hallan las leyes del desarrollo del modo de producción. Son, pues, leyes objetivas las que gobiernan el desarrollo de la cultura, o sea, que ésta no depende del buen deseo de los hombres. Una nueva cultura sólo aparece cuando las nuevas condiciones objetivas de la vida material de la sociedad están maduras. Por otra parte, toda nueva cultura está históricamente ligada a la cultura del pasado. La filiación histórica en el desarrollo de la producción material está en la base del desarrollo de la cultura material y espiritual.

En una sociedad antagónica (caso de España en los siglos apuntados), la cultura dominante es la cultura de la clase dominante (en España tenía que ser la feudal). Al desarrollarse como consecuencia de las contradicciones sociales (en España existían esas contradicciones), es instrumento de la lucha de clases (de ricos y pobres se decía allá, términos tomados del Evangelio). En esta lucha, las diversas clases utilizan medios culturales tales como la escuela, la ciencia, la prensa, las artes, etcétera, para lograr sus objetivos. En tiempo de Carlos V y de Felipe II, la clase alta dispone de maestros, diversos centros escolares y Universidades, no importa que se hallen bajo la vigilancia del Santo Oficio. En el mismo tiempo, la clase baja no tenía medios de instrucción ni de educación. Estaba dedicada al trabajo material, a los oficios, a las labores del campo, y cuando no había trabajo, al pordioseo, al robo, al bandidaje. Pero como convenía hacer olvidar a la clase baja su condición marginada y miserable, el Estado y la Iglesia le daban corridas de toros y "quemaderos", distracciones que hacían delirar a dicha clase.

Por excepción, algunos empresarios de teatro daban comedias de los comediógrafos de la época, a las que asistían separadas, para no confundirse, ambas clases.

Cuando la burguesía española (en el presente caso, entiéndase castellana y aragonesa) tomaba impulso desde el siglo XIV hasta los Reyes Católicos, se produjo el fenómeno cultural del Renacimiento, decidiéndose adoptar el castellano tanto para los actos oficiales como para los literarios. Hablaban el castellano 7.000.000 de habitantes. Después de La Celestina, tomó impulso la novela picaresca, género propio de Castilla, en la que se ve por primera vez el anti—héroe. Y después del Libro del Buen Amor, el romancero castellano tiene su esplendor en el siglo XV y es género de alto aprecio en el "siglo de oro", nombre que se le da a la literatura del Imperio y que termina con Calderón.

Pero al ser reprimida la burguesía española, también se detiene el desarrollo cultural. Muchos escritores dejan la pluma. Otros tuercen el rumbo ascensivo que llevaban con ella. Y otros cantan la palinodia. Es así, por necesidad, que nace el conceptismo de Quevedo. Y es así también, que por conveniencia, aparece el culteranismo de Góngora. Pero todo lo anterior se puede calificar de juego de niños frente al simbolismo sarcástico y sangriento de Cervantes en El Quijote.

No era gran cosa la cultura de la clase dominante española. Si contaba con escuelas preparatorias, allí seguían el "trivium" y el "cuadrivium" de la Edad Media. Si había fundado Universidades, allí se estudiaba latín, teología, cánones, Sagradas Escrituras. Bajo el mandato del Concilio de Trento, se les hacía saber a los jóvenes que habían venido al mundo para servir a la Santa Madre Iglesia y a contrarrestar la acción del Anticristo representado en Martín Lutero y en sus huestes protestantes. A estos legionarios de la religión burguesa del norte de Europa se les llamaba heterodoxos en España. Los soldados de Ignacio de Loyola, los jesuitas, tomaron por su cuenta la instrucción y la educación.

Pero como existía la influencia capitalista europea, no eran pocos los maestros y alumnos que exponían en voz baja las novedades de aquellos siglos. Muchos de ellos, con más resolución, se aventuraban a salir de España para conocer lo nuevo de la cultura. Mas no volvían por temor de ser quemados vivos. Ya dijimos que los místicos fueron vigilados y perseguidos por su pretendida comunicación directa con Dios, sin necesidad de los sacramentos de la Iglesia. Si la Inquisición hubiera sabido en aquel tiempo que los místicos preparaban la religión deísta de Voltaire, los exterminan a pedacitos y después los echan al fuego.

Así queda expuesta la cultura española en tiempo del Imperio, que no pudiendo objetar que la Tierra fuera redonda, negaba que girara sobre sí misma; negaba que volara en torno del Sol; negaba cuanto había descubierto la ciencia moderna. La única verdad se hallaba en las Sagradas Escrituras y en los Padres de la Iglesia, fundadores de la Iglesia Católica.

Desde luego, se debe convenir que a no pocos personajes les daba vergüenza observar una conducta contraria a la razón. Por ejemplo, se sabe de un profesor jesuita que no hallaba cómo explicar las estaciones del año de acuerdo con la letra de la Biblia:

—Bueno, hijos míos —dijo a los alumnos—, no pongan en duda las verdades de las Sagradas Escrituras. Hoy, sin embargo, afirman los sabios ateos que la Tierra da vueltas sobre sí misma, lo que es una torpeza; después afirman que la misma Tierra gira alrededor del Sol, lo que es una estupidez. Pero como siempre es bueno conocer la doctrina contraria y calzar las botas del adversario... ¿qué prueban los giros de referencia? Los solsticios, los equinoccios, las estaciones, primavera, verano, otoño, invierno, y otros fenómenos naturales.

Y termina el jesuita: —Todo esto es contrario a la ley de Dios, pero conviene saberlo...

Eran más ciertas las verdades de los libros de caballerías, y tan ciertas que Carlos V no se despegaba un tomo de las aventuras de Belianís de Grecia. Los libros de caballería andaban en todas partes: en los palacios, en las chozas, en las ventas, en los hatos, donde hubiera uno que leyera a una rueda de atentas personas. A tanto llegaba aquella peste, igual o peor que la peste negra, que por allí se entró Cervantes a hacer la crítica más crítica que conoce la crítica.

XIII. DON QUIJOTE DE LA MANCHA

Vive Dios que en verdad es siempre necio
el que la vida por lo serio toma.
Mejor mil veces es tomarla a broma
y sólo al goce tributarle aprecio.

Del drama y la tragedia tener precio
suele el dolor si embellecido asoma
por el arte; si no, sólo es carcoma
que merece la burla o el desprecio.

Hay que buscar el ridículo de todo:
el que hay en el mundo y en la vida,
pues la alegría no existe de otro modo.

Alabemos la risa hermosa y fuerte
que escuda el corazón de tanta herida
y lleva el entusiasmo hasta la Muerte!

José Antonio Domínguez
(1869—1903)

En Don Quijote de la Mancha y en Carlos V hay un parecido que sorprende. Ambos altos, secos de carnes, amigos de la equitación y de la caza. En el cuadro de Tiziano, ver a uno es ver al otro (forrados de hierro, cubiertos la cabeza con algo que parece yelmo de Mambrino, armados de larga lanza). Ambos atacados de caballería andante, enamorados delirantes (aquél de Dulcinea del Toboso, éste del Imperio de Carlomagno, sin nada de capitalismo mercantil, sin

Francia de Francisco I, sin Inglaterra de Enrique VIII, sin la Alemania de príncipes protestantes, sin la Roma de papas renacentistas, sin turcos que amenazaban a Viena e impedían la expansión al Oriente). Don Quijote y Carlos V eran señores feudales, amigos de salidas y de viajes, de reyertas y guerras caballerescas; siempre estaban abandonando su lugar, el uno por tierras de España, el otro por los ámbitos de Europa.

Don Quijote tenía escudero en Sancho Panza, aldeano rudo y sencillo, seducido con la promesa de ser gobernador o rey algún día. Carlos V tenía el suyo en su hijo Felipe II, que le servía desde que tenía dieciséis años; pretendió para él una "ínsula Barataria", que tal fue el objeto de casarlo con María Tudor y, finalmente, en herencia le dejó a España. Don Quijote, en el símbolo, amaba con todas las veras de su corazón a una dama imaginaria. Carlos V, igualmente, más que a su mujer, belleza sin par, amaba el poder imperial. Por eso, Don Quijote y Carlos V son la misma persona.

Por lo demás, los palos y los reveses que sufrió Don Quijote en sus andanzas, siempre con sentido simbólico, llegan a tantos, que sólo leyendo la primera parte del libro nos damos cuenta de ellos. Todo esto venía de que, siendo un hidalgo de la Edad Media que actuaba en la Edad Moderna, la antihistoria siempre salía vencida por la historia. Por casualidad llegó a obtener uno que otro triunfo sin importancia. Ello sucedió porque la vida a veces regula las menudas compensaciones. Pero al fin, una vez, por arte de sus amigos, el cura, el barbero y el bachiller Sansón Carrasco, regresó a su aldea, metido en una jaula sobre una carreta de bueyes, bajo la promesa de una descomunal aventura. Lo mismo pasaba con Carlos V, otro señor feudal de la Edad Media que actuaba en la Edad Moderna y que representaba la antihistoria contra la historia. Triunfó en la batalla de Pavía sobre Francisco I, quien firmó el tratado de Madrid, pero a la postre lo engañó éste —que estaba edificando un Estado nacional— y siguió la guerra de desgaste del Imperio.

Y frecuentemente, cuando Carlos V sufría reveses políticos, militares y religiosos en Europa, regresaba a España. Después que Don Quijote sufrió la última derrota caballeresca en Barcelona —el lugar es altamente significativo—, fue obligado a regresar a su aldea. En el trayecto le bajó una gran tristeza tan salida de lo común, que cuando llegó a su aldea, ya estaba cuerdo; luego enfermó, hizo testamento, recomendó no leer libros de caballerías y menos montar en Rocinante y salir por los campos de Montiel. De la misma manera, Carlos V, desengañado, se encerró en el convento de San Yuste con ánimo de abandonar las ilusiones del feudalismo, la caballería andante, el incansable paseo por Europa, la política, la guerra, el imperio de Carlomagno extendido ahora a la redondez de la tierra y, haciendo testamento, repartió sus dominios entre sus hermanos Fernando y su hijo Felipe.

Como biógrafo, Cervantes no tiene igual. Nadie lo ha imitado por no comprenderlo. El biógrafo corriente hace del pigmeo gigante; a la medianía, genio; al hombre de poca monta, un semidiós. Don Quijote de la Mancha, Caballero de la Triste Figura, Caballero de los Leones por la locura de meterse en la jaula de unas fieras, Don Alonso Quijano el Bueno, que advirtió el secreto del devenir, reconoció por ello la menuda importancia de la Edad Media, la grandeza vigente de la Edad Moderna y percibió en el momento la iluminación del mediodía. Por eso, cuando se dice Don Quijote, entiéndase Carlos V, y "al buen callar llaman Sancho".

Así como un viejo que quiere hacerla de muchacho produce risa, de la misma manera lo antihistórico que quiere pasar por historia despierta la carcajada. Igualmente, aquel que pretende actualizar lo que ya se fue para siempre, hace el ridículo. Eso fue lo que pretendió Don Quijote queriendo revivir a Amadís de Gaula. Eso fue lo que quiso Carlos Habsburgo, o Carlos I de España, o Carlos V de Alemania, Emperador del Sacro Imperio Romano Germánico.

XIV. SANCHO PANZA

¿Qué da más trabajo, dibujar un Sancho Panza o un Don Quijote de la Mancha? Es más trabajoso hacer un Sancho Panza por muchas razones: una, el personaje por lógica es de segundo plano, y se equivoca cualquiera, porque ocupa este lugar sólo en apariencia; dos, como se le asigna el puesto de escudero, tiene que ser tal en esencia y presencia, y tres, el personaje que representa —nada menos y nada más que un rey muy poderoso— debe estar tan escondido que debe encarnar en un campesino bajo, gordo, glotón, hablador, lleno de refranes, malacrianzas y atrevimientos. Sólo a Cervantes le pudo venir la suerte de crear un Sancho Panza. No queremos ofender ni burlarnos de nadie. Por eso no invitamos a los escritores de novelas de España y de América para que creen un personaje así, aproximado o parecido.

En la primera parte de la obra, Sancho Panza es un rústico que monta en asno, lleva unas alforjas llenas de pan y cebollas y una bota de vino. Come y bebe montado, siguiendo a su señor, que le ha ofrecido un reino. Será rey, y su mujer Mari Gutiérrez será reina y sus hijas infantas. Aquí está el símbolo, y el que quiera dudarlo, vaya al infierno. Tiene mediano juicio, conversa con su señor de igual a igual, y cuando se le vienen encima las pendencias de su amo, se encarga de advertirle que los molinos de viento no son gigantes, ni el vizcaíno un caballero de aventuras, ni las manadas de carneros poderosos ejércitos de pasadas épocas. Pero como Don Quijote ve con ojos de loco las cosas de la vida, ataca con toda la fuerza de su brazo y de su lanza, sucediendo cosas opuestas en las que Sancho sufre mojicones, palos, pedradas, manteaduras y otras desgracias. Con tantas desdichas, bien podía regresar a su aldea, pero ya se le metió en la cabeza la ambición del reino. Y esto es lo que le sucede, punto más punto menos, a Felipe II, sujeto a la obediencia imperial y paternal de Carlos V. Además, como Don Quijote es un señor feudal, Sancho, un campesino con poca tierra o con ninguna, es otro personaje del feudalismo, y ambos, escudero y caballero, están de acuerdo en conservar el feudo de la Edad Media e impedir la empresa de la Edad Moderna. Qué felicidad la de Sancho y el Caballero de la Triste Figura, ambos desocupados, trotando sin rumbo por los caminos polvorosos de Castilla, comiendo lo que se puede y pasando la noche en una venta llena de mugre o bajo las estrellas.

En la segunda parte del Quijote, podríase decir que Sancho domina la escena. Traído a la aldea el caballero andante por sus amigos, es Sancho quien llega, pelea con el ama y la sobrina y después de larga conversación con su amo, le informa que circula un famoso libro titulado El Ingenioso Hidalgo Don Quijote de la Mancha, en el que lo mencionan a él, Sancho, a la señora Dulcinea, así como las hazañas victoriosas del ya conocido y divulgado caballero. Llegó el bachiller Sansón Carrasco y le confirmó la noticia de la circulación de un libro escrito por Cide Hamete Benengeli en que habla de las grandes hazañas de Don Quijote de la Mancha. Y en el conflicto de la familia que desea guardarlo en casa y Sancho Panza que lo empuja a nuevas salidas, triunfa el último, y así tenemos montados en sus cabalgaduras al caballero y al escudero para ver a la nunca bien ponderada Dulcinea.

Sancho ya es otro a fuerza de viajes, palos y trato de gentes nuevas. Deseoso Don Quijote de ver de cerca a la amada de su corazón, manda a Sancho para que le concierte una entrevista con ella y le entregue una carta. En el camino se apea del asno, piensa en voz alta, estima que su amo es un loco, y él, que le acompaña, un mentecato. Así es que lo indicado es volver a Sierra Morena, donde quedó el afligido desequilibrado haciendo zapatetas, con una mentira para salir del paso. Vuelve, le cuenta que vio a Dulcinea, se la describe con las tintas que le da la cabeza. Desconfía el caballero porque el tiempo para ir y regresar resulta corto. Pero al fin aprueba el viaje.

Después de mil peripecias bajan de la montaña, van hacia el Toboso, en el camino encuentran a tres aldeanas montadas en borricas. Sancho expresa alborozado que la que va en medio es Dulcinea y las otras dos son princesas que la acompañan. Don Quijote duda, pero detiene a las rústicas, se arrodilla ante la amada de sus sueños. Pero él mismo trata de convencerse que puede tener razón Sancho porque todo se lo afea el sabio Merlín, el gran encantador, que le tiene ojeriza.

Como nos hallamos a tanta distancia de Don Quijote y Sancho de carne y hueso, es decir, de Carlos y Felipe, no sabemos qué jugarretas había entre estos personajes. Pero Cervantes sí sabía cuáles eran, porque de otro modo no las habría trasladado al papel con tanta vivacidad. Y porque el segundo libro es largo, simbólico en el contenido de los hechos y detallado en los personajes, coloquios y hazañas. El inventor del encantamiento de Dulcinea y las dos princesas transformadas en labradoras y montadas en borricas es Sancho. Con ello, el escudero había triunfado sobre el caballero y le había tomado el pelo.

Mas cuando ambos aventureros, acompañados de un escritor de naderías, llegaron a Montesinos, Don Quijote, bien amarrado de una cuerda larga, muy larga, descendió al antro profundo donde permaneció una hora, después de la cual Sancho y el escritor halaron

la cuerda, sacando a Don Quijote dormido, permaneciendo otra hora en aquel estado. Al despertar, les contó que había visitado el palacio del sabio Merlín. Don Quijote tal vez cree lo que va diciendo y relata, pero Sancho ríe con disimulo y hasta le hace preguntas ligeramente atrevidas. Y la verdad es, o se supone, que si Sancho y Don Quijote se mentían, lo mismo hacían Carlos y Felipe.

Después llegan otros sucesos de misterioso significado y muy alegre enredo. Sancho atrás y Don Quijote adelante, aquél empinando la bota de vino, éste delirando, las aventuras se multiplican. Por ejemplo, los engaños de Maese Pedro con sus títeres, el rebuzno de los alcaldes (que muchos en todas partes y tiempos siguen rebuznando), el rebuzno de Sancho, mejor que el de los alcaldes y quienes lo tomaron a burla, por lo que le dieron una tremenda paliza, la intervención de Don Quijote en favor de su escudero, con la desgracia de que el enemigo era tan numeroso, que el caballero andante salió de huida, caso singular en un señor de la Edad Media, y un motivo más para que Sancho, una vez libre de aquel ejército de malvados, creyera falso el valor absoluto de su señor. ¿Cuándo Carlos V, huyendo como una gacela, dejó en la estacada a su hijo Felipe? Cervantes lo sabe. Y lo sabremos nosotros, cuando el Quijote sea estudiado seriamente.

Es misterioso el significado de los duques que reciben con esplendidez a los viajeros. Sin dejar de burlarse, ellos los retienen un tiempo. Allí, por primera vez, Don Quijote duerme en un lecho para él imperial, y Sancho colma su sueño más deseado: el ser gobernador de un país, pues los duques le han dado este cargo en la Ínsula Barataria. ¿Quiénes son estos duques? Sólo que sean los príncipes alemanes, inclinados al luteranismo y trasladados por Cervantes a España para entrarlos en el símbolo. Los príncipes de la Dieta, encabezados por Federico de Sajonia, se burlaban del emperador católico y lo entretenían con promesas incumplidas.

Al fin los viajeros llegaron a Barcelona, donde fueron ridiculizados de mil modos y donde conocieron una ciudad mercantil que, de repente, no entendieron. Sucedió que Don Quijote fue vencido por el Caballero de la Blanca Luna, con la orden caballeresca de volver a su aldea y permanecer allí durante un año. Así fue derrotado Don Quijote en Barcelona, como Carlos V había sido vencido por los protestantes de Alemania. Y así empezó la declinación de Sancho, como la de Felipe II, dedicado a las últimas a quemar herejes en Madrid.

XV. LA RISA DEL QUIJOTE

En su libro La cultura popular en la Edad Media y el Renacimiento, Miguel Bajtín recuerda un pensamiento de Alejandro Herzen que dice: "Sería muy interesante escribir la historia de la risa". El autor lo hace en su texto con una abundancia de documentos que sorprende.

Hipócrates (460–377), médico griego, teórico de la risa a su modo, cumplía un rol muy importante en su época. No sólo se leían y se comentaban sus observaciones sobre la importancia de la alegría y la vivacidad del médico y los enfermos para el tratamiento de las enfermedades, observaciones que aparecen diseminadas en sus escritos, sino que su figura encarnaba un símbolo de autoridad intelectual.

La risa, según Bajtín, ascendió desde las profundidades del pueblo y de la lengua "vulgar", y penetró decisivamente en el seno de la gran literatura y de la ideología "superior", contribuyendo así a la creación de obras maestras mundiales como el Decamerón de Bocaccio, Gargantúa y Pantagruel de Rabelais, el Quijote de Cervantes y los dramas de Shakespeare.

Seguimos citando a Bajtín:

Ya dijimos que la risa de la Edad Media estaba excluida de las esferas oficiales de la vida y las relaciones humanas. La risa había sido apartada del culto religioso, del ceremonial feudal y estatal, de la etiqueta social y de la ideología elevada. El tono de seriedad exclusiva caracteriza la cultura medieval oficial. El contenido mismo de esta ideología: ascetismo, creencia en la siniestra providencia, el rol dirigente cumplido por categorías tales como el pecado, la redención, el sufrimiento, y el carácter mismo del régimen feudal consagrado por esta ideología: sus formas opresivas e intimidatorias, determinaron ese tono exclusivo, esa seriedad helada y pétrea. El tono serio se impuso como la única forma capaz de expresar la verdad, el bien, y, en general, todo lo que era considerado importante y estimable. El miedo, la veneración, la docilidad, etcétera, constituían a su vez las variantes o matices de ese tono serio.

El cristianismo primitivo (en la época antigua) ya condenaba la risa. Tertuliano, Cipriano y San Juan Crisóstomo atacaron los espectáculos antiguos, especialmente el mimo, la risa mímica y las burlas. San Juan Crisóstomo declara de pronto que las burlas y las risas no vienen de Dios, sino que son emanación del diablo; el cristiano debe conservar una seriedad permanente, el arrepentimiento y el dolor para expiar sus pecados. Al combatir a los arrianistas, les reprocha el haber introducido en el oficio religioso elementos de mimo: canto, gesticulación y risa.

Sin embargo, esta seriedad exclusivista de la ideología defendida por la Iglesia oficial reconocía la necesidad de legalizar en el exterior de la Iglesia, es decir, fuera del culto, del ritual y de las ceremonias oficiales y canónicas, la alegría, la risa y las burlas que se excluían de allí. Esto dio como resultado la aparición de formas cómicas puras al lado de las manifestaciones canónicas.

Cervantes conoce todo lo que lleva escrito Bajtín sobre la historia de la risa, su aparición y papel en la época del Renacimiento y su función y objetivo desde el siglo XVI en adelante. En la biblioteca del cardenal Aquaviva es muy seguro leyó la Novela de Hipócrates, que se refiere a la risa filosófica de Demócrito, el Tratado del alma de Aristóteles, donde se dice que la risa es propia del hombre, las sátiras de Juvenal, los libros de Luciano de Samosata (de moda en el Renacimiento).

No debe haberle sido ajeno el Decamerón de Bocaccio, escrito en la libertad de que se gozaba en Florencia, y por eso saturado de cinismo, de lascivia y de tanta franqueza que llama por su nombre a las cosas.

De Rabelais debe haber sabido que fue un humanista y escritor francés, que dejó la vida cuando él tenía seis años; fue médico y profesor de anatomía, y escribió una obra monumental titulada Gargantúa y Pantagruel, en la que bajo una forma humorística y un estilo robusto y expresivo, expone su filosofía de la naturaleza y su moral epicúrea, encarnando el espíritu humanista del Renacimiento.

Así, pues, conociendo la ferocidad de la Iglesia oficial en la época que se enfrentaba con Lutero y conociendo también la brutalidad del

Estado absoluto con sus enemigos, los políticos de la burguesía revolucionaria, Cervantes acude al mimo, generador de la risa, de la carcajada, para ocultar detrás de él los dos personajes de renombre que, en su concepto, tanto daño le hacían a su patria, España.

José Antonio Domínguez (1869—1903), poeta hondureño que inició el siglo veinte con la poesía social, dedicó en su poemario Últimos versos estas estrofas a Cervantes, comprensivas de su papel exacto en la literatura universal:

Las ceremonias oficiales y canónicas, la alegría, la risa y las burlas que se excluían de allí. Esto dio como resultado la aparición de formas cómicas puras al lado de las manifestaciones canónicas.

Cervantes conoce todo lo que lleva escrito Bajtín sobre la historia de la risa, su aparición y papel en la época del Renacimiento y su función y objetivo desde el siglo XVI en adelante. En la biblioteca del cardenal Aquaviva es muy seguro leyó la Novela de Hipócrates, que se refiere a la risa filosófica de Demócrito, el Tratado del alma de Aristóteles, donde se dice que la risa es propia del hombre, las sátiras de Juvenal, los libros de Luciano de Samosata (de moda en el Renacimiento).

No debe haberle sido ajeno el Decamerón de Bocaccio, escrito en la libertad de que se gozaba en Florencia, y por eso saturado de cinismo, de lascivia y de tanta franqueza que llama por su nombre a las cosas.

De Rabelais debe haber sabido que fue un humanista y escritor francés, que dejó la vida cuando él tenía seis años; fue médico y profesor de anatomía, y escribió una obra monumental titulada Gargantúa y Pantagruel, en la que bajo una forma humorística y un estilo robusto y expresivo, expone su filosofía de la naturaleza y su moral epicúrea, encarnando el espíritu humanista del Renacimiento.

Así, pues, conociendo la ferocidad de la Iglesia oficial en la época que se enfrentaba con Lutero y conociendo también la brutalidad del Estado absoluto con sus enemigos, los políticos de la burguesía revolucionaria, Cervantes acude al mimo, generador de la risa, de la carcajada, para ocultar detrás de él los dos personajes de renombre que, en su concepto, tanto daño le hacían a su patria, España.

José Antonio Domínguez (1869—1903), poeta hondureño que inició el siglo veinte con la poesía social, dedicó en su poemario

Últimos versos estas estrofas a Cervantes, comprensivas de su papel
exacto en la literatura universal:

Varón sin par de numen diamantino,
tu claro nombre el mundo entero aclama;
eterno pedestal te da la fama,
inmarcesibles lauros el destino.

Si la pálida envidia en tu camino
ahogar pretende tu celeste llama,
su ingratitud estéril no te infama,
antes te eleva el estro cristalino.

De cruel adversidad siempre llevaste
el peso abrumador. Mas, entre tanto,
fuiste grande y grandeza demostraste
en la guerra, en las naves de Lepanto...

En las cárceles de Argel, en España
que te negó laurel y te dio azote...
Y tú en respuesta le diste en el Quijote
todo tu genio, tu mayor hazaña.

EL QUIJOTE DE AMÉRICA

XVI: EL QUIJOTE LLEGA A LAS INDIAS ESPAÑOLAS

Los comandantes de las flotas que zarparon de España a las Indias en 1605, una con destino a México y la otra a Tierra Firme, probablemente ignoraban que estaban sirviendo de instrumentos para la introducción en el Nuevo Mundo de una de las obras maestras de la literatura universal: El ingenioso hidalgo Don Quijote de la Mancha, que acababa de salir de prensa. Las dos flotas conducían en sus calas, en sus camarotes y almacenes de cubierta, posiblemente la primera edición entera. Debido al estado actual de los documentos que amparaban la llegada a puerto de estos navíos, y a lo incompleto de sus informaciones, es probable que jamás se sepa cuántos ejemplares llegaron a los promisorios reinos de ultramar en esta ocasión.

Ciertos legajos que se conservan en Sevilla indican que los embarques de 1605 variaban entre "tres libros de Don Quijote de la Mancha impresos en Madrid, por Juan de la Cuesta", que un tal Juan de Saragoza consignó en el Nuestra Señora del Rosario a nombre de Juan de Guevara, de Cartagena, y 262 ejemplares que a bordo del Espíritu Santo se enviaban vía San Juan de Ulúa a Clemente de Valdés, residente en la capital de México. Otro embarque importante fue el que Diego Correa envió de Toro a Cartagena a bordo del Espíritu Santo, probablemente un barco distinto del anterior, consistente en dos bultos de libros que contenían 100 ejemplares de Don Quijote de la Mancha.

No hubo necesidad de que los navíos llegaran a puerto en el Nuevo Mundo para que empezara a producir contentamiento la lectura de la gran obra. Cuando la flota ancló en Veracruz, los empleados aduanales que practicaron su visita como de costumbre, hicieron constar que habían encontrado ejemplares de Don Quijote en los camarotes de los pasajeros; la lectura había empezado en alta mar.

Tal vez nunca se sepa quién tuvo el privilegio de introducir en América el primer ejemplar de esta inmortal obra; mas algunos nombres que figuran en las "visitas" de 1605 en San Juan de Ulúa permiten señalar a varias personas como posibles candidatos a tan involuntario como trascendental honor. El 28 de septiembre de ese año, dos franciscanos, comisarios del Santo Oficio, Fray Francisco Carrasco y Fray Andrés Bravo, requirieron a un notario que venía en uno de los barcos, para practicar el interrogatorio acostumbrado. El hombre dijo llamarse Alonso de Dasa, ser originario de Monte Molina y tener "más o menos" treinta años.

Viajaban en La Encarnación, que mandaba el capitán Gaspar de Maya. La nave tocó Cádiz después de partir de Sevilla; desde el 12 de julio en que se hizo a la vela en el Atlántico no tocó otro puerto que Guadalupe, donde se aprovisionó de agua fresca; durante el viaje no se avistaron barcos amigos ni enemigos. A la sexta pregunta, referente a libros, Alonso de Dasa replicó que "para su propio entretenimiento traía la primera parte del pícaro Don Quijote de la Mancha y Flores y Blancaflor; y para sus oraciones, un devocionario de Fr. Luis, un San Juan Crisóstomo y un Libro de Horas de Nuestra Señora". Prudentemente, manifestó que ignoraba que a bordo hubiese algo de naturaleza prohibida. El capitán Maya, del mismo barco, declaró que tenía cincuenta años, que era originario de Sevilla, y que él también era poseedor de un ejemplar de Don Quijote y de otro Libro de Horas que, según su leal saber y entender, no eran obras prohibidas.

En el Nuestra Señora de los Remedios, Juan Ruiz Gallardo, de veintiséis años de edad y que procedía de la Villa de Ayamonte, admitió que se había distraído a bordo leyendo Don Quijote de la Mancha y Bernardo del Carpio. En el San Cristóbal, otro sevillano, Alonso López de Arze, de veinticinco años, manifestó que traía un ejemplar de la novela de Cervantes y un Romancero, literatura mundana que compaginaba con un devocionario de Fray Luis de Granada. Estos y algunos otros que se incluían entre los efectos personales de los pasajeros de la misma flota fueron los primeros ejemplares del Quijote que llegaron a la Nueva España, y así comenzó el Caballero de la Triste Figura a conquistar el Nuevo Mundo.

Si no cabe duda posible de que estos volúmenes sueltos desembarcaron en las Américas, no existe la misma certeza con respecto al número indeterminado de los que conducían las naves en cajas, porque en aquellos tiempos las embarcaciones sufrían pérdidas bastante severas antes de echar anclas en sus puertos terminales al oeste del Atlántico. Por ejemplo, la pequeña escuadra que partió de Sevilla el 15 de mayo de 1605 con destino a Tierra Firme y Panamá constaba de trece galeones que se dirigían a Cartagena y al Istmo, dos a Santa Margarita y uno a cada uno de los siguientes puertos de destino: Santa Marta, Río de la Hacha, Puerto Rico y Santo Domingo. Uno de los galeones que iban a Panamá naufragó al cruzar la traicionera boca del Guadalquivir; otros cuatro se perdieron cerca de la costa de Santa Margarita con toda su carga que probablemente incluía parte de la preciosa primera edición del Quijote; más tarde se hundió La Trinidad en las cercanías de La Habana, y apenas si se salvaron algunos hombres de la tripulación.

La flota que hizo rumbo a México el 12 de julio también sufrió algunos reveses. De sus treinta y tres naves, veinticinco iban a la Nueva España, tres a Honduras, dos a Campeche, una a Puerto Rico, otra a Santo Domingo y otra a La Habana. A este grupo que salió de Sevilla, se incorporó otro en Cádiz, compuesto de diez naves. Poco después de salir de Sanlúcar de Barrameda y cerca del puerto de Trujillo, cayó un rayo sobre la nave almirante destinada a Honduras; sólo once de las ciento una personas que iban a bordo se salvaron del naufragio. Ya en alta mar, la flota fue atacada por ocho corbetas enemigas; aunque tuvo la suerte de hundir dos de las naves atacantes y de capturar otras dos, se perdió uno de sus mercantes, pesadamente cargado; sólo se salvaron veinte de los hombres de a bordo. Es de presumir que con este barco también se hundieron buen número de ejemplares del Quijote, disminuyendo aun más el volumen que de la primera edición llegó a las Indias ese año.

Por todo esto es difícil determinar cuántos ejemplares de la primera edición del Quijote llegaron hasta los lectores americanos. Aún puede esperarse que, como del Quijote llegaron hasta los archivos del Nuevo Mundo documentos que se pueden cotejar con los "registros" existentes en Sevilla. Por ejemplo, en el Archivo Nacional de El Perú se descubrió hace algunos años un recibo que permite seguir la pista a un embarque de sesenta y dos o más ejemplares de la primera edición del Quijote que cruzó el Atlántico el mismo año de su publicación, desde los depósitos de la Casa de Contratación sevillana hasta la capital del virreinato del Perú. Gracias a este documento se tiene noticia de la llegada del insigne caballero y su escudero a la tierra firme de Sudamérica.

(De "Los Libros del Conquistador", por Irving A. Leonard. Fondo de Cultura Económica. México—Buenos Aires. Primera Edición en Español. 1953.)

XVII. EL QUIJOTE EN LA COLONIA

Dicho que el Quijote empezó a llegar al Nuevo Mundo en los últimos meses de 1605, año de su primera edición, en adelante, y dando por cierto que la cultura americana española empezó a tomar perfiles propios, siempre bajo el régimen colonial, a partir del siglo XVII, los lectores de la citada obra célebre —a lo largo del subcontinente colonial español— fueron los egresados de los colegios tridentinos y de las universidades. Para unos de estos lectores Cervantes fue un escritor festivo y el Quijote obra de divertimiento, y para otros Cervantes fue un moralista recomendable, pues su obra había pasado sin objeciones por la censura eclesiástica y por la vigilancia real de obras destinadas a la imprenta. De esta manera el Quijote era recomendado por las sentencias del caballero andante y los refranes del escudero como un libro tan prudente y tan sabio que, representando lo humano, podía situarse al lado de la Biblia que contenía lo divino.

El Quijote era leído en el palacio obispal, en la casa del corregidor, en el ayuntamiento, en el corrillo estudiantil, en la rueda familiar, y sus sentencias aprendidas de memoria se escuchaban en la plaza mayor, en los mercados, en el cabildo abierto, siendo preferidas éstas:

"—Dios sabe la verdad de todo.

—Pues Dios nos echó al mundo, él sabe por qué, y a su misericordia me atengo.

—Dios es grande, paciencia, y basta.

—Dios, que da la llaga, da la medicina.

—No todos podemos ser frailes, y muchos son los caminos por donde lleva Dios a los suyos al cielo.

—Letras sin virtud son perlas en el muladar.

—Para componer historias y libros de cualquier suerte que sean es menester un gran juicio y un maduro entendimiento.

—Las historias fingidas tanto tienen de bueno y de deleitables cuanto se llegan a la verdad o a la semejanza de ella, y las verdaderas tanto son mejores cuanto son más verdaderas.

—Dos caminos por donde pueden ir los hombres y llegar a ser ricos y honrados, el uno es el de las letras, el otro el de las armas.

—El arte no aventaja a la naturaleza, sino perfecciónala; así que, mezcladas la naturaleza y el arte, y el arte con la naturaleza, sacarán un perfectísimo poeta.

—Ya entre los intensos poetas de nuestra edad se usa que cada uno escriba como quisiere y hurte de quien quisiere, venga o no venga a pelo de su intento, y ya no hay necedad que canten o escriban que no se atribuya a licencia poética.

—Dicen las letras que sin ellas no se podrían sustentar las armas, porque la guerra también tiene sus leyes y está sujeta a ellas, y que las leyes caen debajo de lo que son letras y letrados.

—Uno es escribir como poeta y otro como historiador; el poeta puede contar o cantar las cosas no como fueron, sino como debían ser, y el historiador las ha de describir no como debían ser, sino como fueron, sin añadir ni quitar a la verdad cosa alguna.

—Las cosas de la guerra, más que otras, están sujetas a continua mudanza.

—No es oro todo lo que reluce.

—Pon lo tuyo en consejo, y unos dirán que es blanco, y otros que negro.

—Oficio que no da de comer a su dueño, no vale dos habas.

—Esta que llaman por ahí fortuna, es una mujer borracha y antojadiza; y sobre todo, ciega; y así no ve lo que hace, ni sabe a quién derriba ni a quién ensalza.

—Bien dicen que es menester mucho tiempo para venir a conocer las personas, y que no hay cosa segura en esta vida.

—Las gracias y los donaires no aciertan sobre ingenios torpes.

—Cada día se ven cosas nuevas en el mundo: las burlas se vuelven en veras, y los burladores se hallan burlados.

—El hacer bien a villanos es echar agua en el mar.

—El hombre sin honra es peor que un muerto.

—Donde una puerta se cierra otra se abre.

—Nunca los cetros y coronas de los emperadores y farsantes fueron de oro puro, sino de oropel y hojalata.

—Quien canta, sus males espanta.

—Más sabe el necio en su casa que el cuerdo en la casa ajena.

—El amor no tiene otro mejor ministro para ejecutar lo que desea, que la ocasión; de la ocasión se sirve en todos sus hechos, principalmente en los principios.

—Cuando a Roma fueres, haz lo que vieres.

—Yo he visto ir más de dos asnos a los gobiernos, y que llevase yo el mío no sería cosa nueva.

—Para ganar la voluntad del pueblo que gobiernas, entre otras has de hacer dos cosas: la una, ser bien criado con todos, y la otra, procurar la abundancia de los mantenimientos, que no hay cosa que más fatigue el corazón de los pobres que el hambre y la carestía.

—No todos los que gobiernan vienen de casta de reyes.

—Si alguna mujer hermosa viniera a pedirte justicia, quita los ojos de sus lágrimas y tus oídos de sus gemidos, y considera despacio la sustancia de lo que pide, si no quieres que se anegue tu corazón en su llanto y tu bondad en sus suspiros.

—El que no sabe gobernarse a sí, ¿cómo sabrá gobernar a otros?

—Gobernadores (gobernantes decimos hoy) he visto por ahí que a mi parecer no llegan a la suela de mi zapato, y con todo eso les llaman señoría y se sirven con plata.

—Si acaso abajares la vara de la justicia, no sea con el peso de la dádiva, sino con el de la misericordia".

Dejamos de desgranar tantas perlas porque basta con las vistas para decir que el hombre de bien, el alcalde, el juez, el magistrado, el jefe de provincia, se podían servir de éstas y otras para conducirse correctamente y para administrar justicia.

En concepto de los vecinos y los funcionarios coloniales, Cervantes tenía el mérito de enseñar tantas cosas sabias con tanta alegría que se aprendían entre risas y carcajadas.

XVIII. EL QUIJOTE EN EL REAL DE MINAS DE SAN MIGUEL DE TEGUCIGALPA

Este descolorido ensayo lo redactamos en el mes de septiembre del año que corre, en Tegucigalpa, República de Honduras, Centro

América. Si el Quijote llegó, como queda dicho, a la provincia colonial de Honduras en los comienzos del siglo XVII, es claro que obra de tanta diversión para la gente de poco alcance, debe haber sido leída, a lo largo del citado siglo y en el siguiente, en Trujillo, puerto de importancia y fama, en Comayagua, capital de la provincia, en San Pedro, por lo menos debe haberla leído algún soldado, en Gracias a Dios, donde seguramente hizo el regocijo de algunos cuantos clérigos, que vieron nada más que la superficie de la obra, en Choluteca, por donde transitaban los que iban de Santiago de los Caballeros a León y Granada, o viceversa, y allí los viajeros, hallada la posada que necesitaban, se daban a la lectura del célebre libro, que iba en la mochila de todos, como iba El Príncipe en los baúles de los embajadores que despachaban o recibían los ducados y pequeños reinos de Italia.

Dicen que en este mes, es una suposición de gentes no muy seguras de sus cosas, Tegucigalpa celebra el cuarto centenario de su fundación. Según lo afirmado, fue fundada en 1578. En realidad, Tegucigalpa ya existía en ese año con el nombre de Tisingal. Era un pueblo de mineros toltecas que extraían oro y plata para sus adornos personales y sus ornamentos rituales. Lo que hicieron los españoles en el año citado fue agruparse en Tisingal, hacer que los mismos toltecas trabajaran para ellos y cambiarle el nombre al pueblo por el de Tegucigalpa.

Sin lugar a dudas, el nombre de Tegucigalpa es de origen náhuatl. Nosotros nos atreveríamos a decir lo que significa, haciendo a un lado algunas variaciones que se deben a los españoles. Pero ya existen, si se quiere, significaciones oficiales de la palabra, que vienen de personas "muy" doctas en la lengua de los toltecas, muy doctas en una ciudad capital donde se les ha dicho mil veces que introduzcan en las universidades dos cursos de nuestras lenguas ancestrales, la maya y la náhuatl de los toltecas, sobre todo esta última, que es la que tiene más contacto con nuestro diario hablar, pues empleamos, hasta sin darnos cuenta, numerosas palabras de esta lengua. La sugerencia ha merecido tanta atención "como oír llover" desde un cómodo sillón.

Tiene fundamento la sugerencia porque algunas estaciones radiodifusoras mayores, que se dirigen al mundo hasta en sesenta lenguas, lo hacen en guaraní, en aymará, en quichua y en otras tantas de nuestra América. También, para descender al abismo precolombino en busca de nuestro ombligo prehistórico, necesariamente debemos estudiar las lenguas precolombinas, como lo recomienda el sabio Richet.

Pero ya tenemos fundada a Tegucigalpa en septiembre de 1578. Aunque es el centro poblado de un poderoso centro minero, que halagaba con sus quintos al rey Felipe II, y aquí sólo de minas se hablaba, de rendimiento de las minas, de la caza de indios y la compra de negros, es seguro que alguien debe haber leído el Quijote y que aquí se sembró, sin saberlo nadie, la irritada protesta —así, irritada protesta— contra el emperador Carlos V y el rey Felipe II.

Tres grandes lugares productores de metales preciosos hubo en las Indias españolas, siendo ellos Nueva España (México), El Perú y, en menor grado pero siempre importante, el Real de Minas de San Miguel de Tegucigalpa y Heredia, que contaba con doce minas en producción constante, por lo que venía a ser el centro minero mejor visto por el rey de España, situado más o menos a medio camino viniendo de la ciudad de Cuzco a la de Tenochtitlán. El Real de Minas de Tegucigalpa estaba en la provincia de Honduras, y llama la atención que en el memorándum que tenemos a la vista casi no se habla de otra cosa que no sea extracción de metales preciosos. La minería era lo fundamental, aunque a veces se dieran algunas providencias culturales. Haremos algunas referencias dando saltos en los años del siglo XVII:

1601

"Diciembre 4.—Se pide informe acerca de la conducta del Dean de Comayagua, con motivo de haber entendido S. M. que habiendo ido allí el gobernador de Honduras a juntar gente para la defensa de Truxillo, se lo impidió dicho Dean, dando orden para que se ausentasen algunas personas que habían acudido a la defensa de aquel puerto."

1602

"Septiembre 29.—En que se previene que en la provincia de Honduras se funde una cátedra de Gramática Latina con la dotación de doscientos pesos anuales, de los primeros indios que vacaren, por el tiempo que fuere de la voluntad de S. M."

1610

"En que se previene al Gobernador de la provincia de Honduras que, en cuanto a la entrada y reconocimiento que intentaba hacer por Tegucigalpa, observe la orden general que está dada en materia de descubrimiento y que proceda a tomar la residencia a su antecesor."

1611

"Julio 16.—Para que se informe acerca del estado que tenga el descubrimiento y conversión de los indios de la provincia de Tegucigalpa, procurando que no se deje este negocio de la mano, haciéndolo sólo por medio de ministros del Evangelio, sin armas ni soldados, conforme está mandado."

1614

"Enero 6.—Se acompaña copia de la carta dirigida por el Gobernador de Honduras sobre la reducción de los conventos de religiosos de San Francisco y La Merced de aquella provincia y se pide informe acerca de este particular."

1627

"Se pide informe sobre si convendrá se mude la descarga de las flotas y demás buques del puerto de Santo Tomás de Castilla al de Caballos; y en caso que no, si será bien que los oficiales reales de Honduras asistan en el de Santo Tomás o en otro lugar más cercano del en que se hallan."

1631

"Agosto 19.—Que se deniega el repartimiento de indios de Nicaragua y Choluteca, que se había pedido para los mineros de Honduras; en atención a lo mucho que importa la conservación de estos naturales, y que en cuanto a los dos navíos de esclavos que se pidieron para este reino, se trataría el punto cuando se hiciese de nuevo asiento de ellos."

1645

"Diciembre 30.—Previene que se informe acerca del beneficio y utilidad de las minas de Tegucigalpa, y sobre si será conveniente que haya allí oficial real, por lo que toca al real derecho de quintos."

1647

"Agosto 4.—Previene que evacúe la Audiencia el informe que le está pedido por cédula de 30 de diciembre de 1645, acerca del beneficio y utilidad de las minas de Tegucigalpa, y nombramiento de un oficial real para la cobranza del real derecho de quintos."

1649

"Diciembre 12.—Acusa recibo de la carta y testimonio con que el Presidente dio cuenta del estado de las minas de Tegucigalpa, y aprueba que hubiese dispuesto que para el cobro de los derechos del real quinto pasase uno de los oficiales de Honduras; avisando haberse escrito al virrey de Nueva España para que remita los cuatrocientos o quinientos quintales de azogue que se pidieron a S. M."

1652

"Febrero 18.—Aprueba las providencias tomadas por el Oidor don Francisco López de Solís para que en las minas de Tegucigalpa se comerciase con moneda acuñada, y no con pedazos de plata, en pasta; previniendo que se ejecute así en lo sucesivo."

1670

"Diciembre 9.—Que se ha dado providencia para que de la Casa de Contratación de Sevilla se envíen a este Reino cien quintales de azogue en cada envío que se haga para Honduras."

1674

"Previene al Fiscal de la Audiencia ponga particular cuidado en la cobranza de lo que estuvieren rentando los mineros de Tegucigalpa de los diez mil pesos que se les socorrió; y se le avisa que por despacho de la fecha se manda a la Audiencia que no siendo necesarios los azogues para beneficiar los metales, los envíen a Nueva España, donde es grande su consumo."

1676

"Febrero 3.—Que si los azogues que se esperaban de las minas de Tegucigalpa fuesen pocos, se suspenda el remitirlos a la Nueva España como se había acordado."

1680

"Diciembre 28.—Se aprueba el despacho que libró la Audiencia excitando a los obispos de Nicaragua y Comayagua a la fundación de Seminarios conciliares; y en cuanto a conmutar las cátedras de Gramática y Moral que se habían erigido en las mismas diócesis, se suspende la determinación hasta que informen los referidos prelados."

1686

"Agosto 16.—Previene que inmediatamente se quite la costumbre de obligar a los indios de aquella jurisdicción a que contribuyan de balde con sus oficios para el Alcalde Mayor."

1691

"Noviembre 17.—Que se proceda a la demostración correspondiente sobre la causa del garrote que se hizo dar al Alcalde ordinario de la ciudad de Gracias y a un Tesorero de la Santa Cruzada."

1696

"Febrero 27.—Que la Audiencia esté muy a la mira de cómo proceden los Oficiales Reales de Comayagua contra quienes dio denuncia Juan Casanova."

1699

"Agosto 31.—Se advierte a la Audiencia que en despacho de esta fecha se previene al Gobernador de la provincia de Honduras, deje desembarazada una vivienda suficiente en las casas reales para que la ocupe el Oficial Real más antiguo, como se dispone por la Ley 12, Título 4°, Libro 8° de la Recopilación de Indias."

Hemos visto, a saltos, los años del siglo XVII en Honduras, país minero en grado menor a México y El Perú. Lo que más preocupaba a los españoles como autoridades peninsulares y coloniales, y como propietarios privados, era que en Tegucigalpa no faltara el azogue; tampoco que faltaran los indios y los negros que trabajaban en las minas, y menos que faltaran los cobradores reales de los Reales Quintos.

La cultura (Gramática Latina, Seminarios conciliares, es decir, colegios Tridentinos) se destinaba a la capital de la provincia, a Comayagua.

Pero en el gran siglo de la minería, como fue el siglo XVII, cuando aparecieron los mestizos y los criollos con una conciencia americana que se les empezaba a desarrollar, los famosos artesanos de Tegucigalpa aprendieron a leer por su propia cuenta, y a leer libros publicados en castellano, y muchas veces en latín.

Hacemos esta referencia, muy bien investigada, para hacer la generalización de que posiblemente los mestizos y los criollos del subcontinente colonial español, como los de Tegucigalpa, se interesaban en aprender a leer y a escribir para conocer los libros que venían de España, estudiar las Recopilaciones de Indias y entender por sí mismos los reales mandatos de S. M., porque se ha de saber, que los mestizos y los criollos desde que aparecieron fueron peleadores en la defensa de sus derechos individuales y de sus comunidades. Su arma fue el cabildo abierto. En el cabildo abierto escuchaban las ordenanzas y presentaban sus objeciones. Lo mismo sucedía en las audiencias, donde los juzgadores dictaban sentencias algunas veces torcidas que provocaban el alboroto del vecindario. Se ha creído que la colonia fue un lago de aceite: nada más falto de verdad. La colonia que estableció el Estado colonial, diferenció con ese hecho las clases sociales, las que inmediatamente entraron en pugna. Y también, siendo el Estado colonial un Estado dependiente de una Metrópoli que quedaba al otro lado del mar, aquí hay otra pugna, como ser la del Estado pequeño con el Estado grande, que es el dominador. Total, que la colonia del siglo XVII contiene una sociedad viva, contradictoria y dinámica que ya sospecha que se debe a ella misma, y que no existe simplemente—como es el caso de

Tegucigalpa—para arrancar oro y plata de las raíces de la tierra y despacharlos a España para que lo disfruten otros.

A todo esto, ¿qué hubo del Quijote? Ah, el Quijote es leído por los egresados del Colegio Tridentino de Comayagua y de la Universidad de San Carlos Borromeo de Guatemala, y se distraen de lo lindo con las empresas del caballero andante que siempre resultan coces contra el aguijón. Para éstos Don Quijote es una pobre alma que se lanza a aventuras descabelladas. Y es la lección que les da. Pero para los autodidactas criollos y mestizos, que siempre andan rezando los artículos de las leyes en las audiencias y los cabildos abiertos, don Quijote es realmente un caballero andante, que suele decir:

"La libertad, Sancho, es uno de los más preciosos dones que a los hombres dieron los cielos; con ella no pueden igualarse los tesoros que encierra la tierra ni el mar encubre. Por la libertad, así como por la honra, se puede y debe aventurar la vida."

Si alguien hubiera hecho la investigación de la presencia del Quijote en Tegucigalpa en los años del siglo XVII, como se investigó cuanto se relacionaba con la explotación inhumana de las razas cobrizas y negras que daba el prodigioso resultado de ir a enriquecer el Imperio, satisfechos nos sintiéramos con saber que aquí, en ese tiempo, en el siglo XVII, se había leído la palabra LIBERTAD.

XIX. EL PENSADOR JOSÉ CECILIO DEL VALLE DEFINIÓ A CARLOS V

José Cecilio del Valle (1777–1834) fue uno de los valores excepcionales de la Ilustración americana-española que trabajó en favor de la separación de este subcontinente de la metrópoli peninsular. A tanto llegaban sus conocimientos en las ciencias naturales y sociales, que sus coetáneos le llamaron sabio. Corrientemente se le conocía como el Sabio Valle. En realidad se distinguió por su vasta erudición y por ser uno de los pensadores más vigorosos del Nuevo Mundo. Hacemos esta introducción necesaria porque lo vamos a relacionar con don Miguel de Cervantes Saavedra y su obra imperecedera del Quijote.

Valle veía en Cervantes al más sobresaliente escritor de España y a uno de los mayores escritores del mundo, pues lector como era en varios idiomas y manteniendo constante correspondencia con publicistas y científicos de varios países europeos y americanos, no era ajeno al avance y a las cosechas de la literatura y el arte. En su concepto, Cervantes, que había sufrido tanto en la paz y en la guerra y nuevamente en la paz, había estampado en el Quijote sus esfuerzos burlados, sus esperanzas fallidas y sus numerosos infortunios. No en vano el Quijote es una obra escrita por un viejo desengañado y, a pesar de ello, mantiene el buen humor. Cervantes, pues, es el mismo caballero andante, y Sancho Panza un cualquiera que en el transcurso de los años le acompañó a trechos en su penoso camino. Para qué decir más.

Pero el pensador ilustrado Valle supo quién fue Carlos V, y para hacerlo saber escribió un Diálogo entre Carlos I y Carlos III, que años después publicó en su periódico independentista El Amigo de la Patria. Como es importante conocer este diálogo para tener informes de los inicios de la revolución americana en el territorio dominado por España, lo insertaremos íntegro:

Carlos I (de España y V de Alemania: nota nuestra). Tú admiras las regiones desconocidas del cielo, y yo deseo noticias de la tierra. ¿Cuál es el estado actual de España? ¡Más de dos siglos ha que salí de ella! ¡Cuántos sucesos habrán ocurrido! ¡Cuántas mutaciones se habrán sucedido unas tras otras!

Carlos III. España era un cuerpo lánguido, sin alma que lo animase y diese energía. Era preciso regenerarla; y éste fue el plan de mi reinado. Puse al frente de los negocios a un hombre digno del primer ministerio de la nación: protegí la agricultura, la industria y el comercio: establecí sociedades económicas de amigos de su patria para que diesen luces y premios a los labradores y artesanos: establecí cátedras de agricultura y difundí conocimientos útiles por medio de periódicos agrónomos y mercantiles: fundé poblaciones nuevas en los campos más fértiles: abrí canales que facilitasen el riego y llevasen la fecundidad a las tierras más incultas: erigí el Banco Nacional que da vida a la circulación: establecí la compañía de Filipinas: ajusté con la Puerta Otomana el tratado que abrió el Levante a las especulaciones del español: extendí las relaciones comerciales abriendo doce puertos en España y veinticuatro en América: quité las trabas que le ligaban, y lo declaré libre entre americanos y españoles: di al Jardín Botánico y a la Academia de Pintura, Escultura y Arquitectura toda la protección que merecen unos establecimientos tan importantes: crié y enriquecí el Gabinete de Historia Natural: envié al Nuevo Mundo expediciones científicas que han engrandecido el sistema de los conocimientos humanos: ordené la redacción de un código legislativo digno de los progresos del siglo, y mandé con este fin que se formase una comisión de juristas ilustrados: mejoré la milicia, instruyéndola en la táctica que dio tanta superioridad a las fuerzas de Prusia: reformé los planes de estudios de las universidades: fomenté la ilustración universal: moderé las instituciones severas de la Inquisición: expulsé de todos mis dominios a los jesuitas: y humillé al gobierno británico auxiliando la insurrección de sus colonias y reconociendo su independencia.

Carlos I. ¿Qué has hecho, Carlos? ¿Puedo creer que haya rubricado tales decretos la mano de un rey de España? ¡Ah! Yo debí ser eterno en el trono de Madrid. Se perdió la obra más grande de mis desvelos. ¡Qué trastorno! ¡Qué error! ¡Qué injusticia!

Carlos III. ¿Abrir las fuentes de riqueza será trastorno? ¿Disipar tinieblas será error? ¿Ilustrar a los hombres será injusticia?

Carlos I. Pero ilustrando a los españoles, ¿se conocerán sus derechos? ¿Difundiendo luces en el mundo antiguo no pasarán al Nuevo? ¿Auxiliando la insurrección de las colonias inglesas, no se estará preparando la de las españolas? Tú olvidaste el secreto de los reyes. Yo abrí los cimientos de una monarquía universal, y tú has abierto el abismo a donde irá a hundirse la España. Fomentando la ilustración, los españoles recordarán sus fueros y libertades: habrá entre ellos y sus reyes y señores naturales una lucha peligrosa que al fin hará derramar sangre: pedirán primero corte y querrán después Constitución: se sucederán unas a otras las revoluciones: la América aprovechará los momentos: pasarán a ella las luces odiosas de España: se oirán en aquellas regiones voces que no deben resonar en su atmósfera: se imitará el ejemplo de los angloamericanos: se proclamará independencia; y el mundo viejo quedará separado del nuevo: los soberanos de España no podrán mantenerse en su trono sin el auxilio de los demás soberanos: todos los monarcas de Europa se verán en la necesidad de formar una alianza o santa federación para conservar sus cetros y coronas: los demagogos, tribunos o directores de los pueblos querrán a su vez formar en secreto otra liga horrorosa, y cuando estén acordes los de todas las naciones europeas, habrá una explosión general: temblará la tierra: se abrirán los abismos: caerán en ellos precipitados los unos sobre los otros los reyes y sus cetros: se levantarán repúblicas libres y orgullosas sobre las ruinas de las monarquías. Entonces puedes subir a la altura más elevada de estas regiones y contemplar desde allí la gran obra de tus manos. ¡Qué vocinglería de igualdad y libertad! ¡Qué gritos de derechos imprescriptibles! ¡Qué algarada y confusión de pasiones en las cortes y congresos! No es preocupación. Es arcano de la política suprema, descubierta después de vigilias y meditaciones por la experiencia de los siglos. Para tener paz, silencio y tranquilidad, es preciso jurar reyes absolutos. Para que existan los soberanos dueños de vidas y haciendas, deben ser ignorantes los pueblos; y para conservar la América, debe haber Inquisición en España. La luz es un fluido tan sutil que pasa por los poros más diminutos de los cuerpos más densos. Sólo la mano diestra de los Torquemadas y Mendozas puede impedir que penetren esos rayos peligrosos que alumbran, pero queman y abrasan. No debe haber otra luz que la de las hogueras en la tranquilidad de la noche.

Carlos III. ¿Pero será justo hacer infelices a centenares de pueblos para que sea absoluto un solo individuo?

¿Será justo privar de los bienes de la ilustración y riqueza a doce millones de españoles para mantener sometidas las Indias?

Carlos I. Que renazca, pues, el orgullo aragonés. Que los vasallos digan a su soberano: Nosotros que juntos somos más poderosos que tú, te prometemos obediencia si mantienes nuestros derechos y libertades; pero si no, no. Que se restablezcan antiguas cortes y se arroguen el derecho de dictar leyes, imponer contribuciones, declarar la guerra, hacer la paz, acuñar moneda y observar los pasos del gobierno. Que el rey sea un alguacil mayor sin poder ni autoridad. Que haya revoluciones, sangre y muertes.

Carlos III. Las revoluciones... puedo decirlo sin peligro. Los habitantes de la tierra no oyen lo que se platica en las alturas. Las revoluciones nacen del choque de los gobiernos con los pueblos. Cuando un gobierno es sabio en observar la voluntad de la nación y, antes de conmoverse ésta, manda ejecutar lo que desea ella misma, no hay revoluciones ni muertes ni horrores. Las reformas no parecen obra de los pueblos. Se hacen en paz y sosiego por la mano misma del gobierno. Son una transición moral; no son una reacción física. Lo que hace derramar sangre es la resistencia de los gobiernos obstinados en hacer oposición al voto universal de las naciones. Entonces hay cadáveres, y sobre ellos triunfa por fin lo que es justo.

Carlos I. ¿Y los destinos de América cuáles serían si se volvieran a instalar las Cortes anárquicas de Aragón y Castilla? ¿No resonaría en las Indias el eco de las voces que se diesen en esas Asambleas turbulentas y atrevidas? Diciendo el español: La soberanía reside en la nación. ¿No gritará el americano: La voluntad de la mayoría es la ley: la América es mayor que España; y la América quiere independencia? Se ha olvidado la ciencia de gobernar. España es un volcán, y los reyes están sentados en el cráter. Antes de un siglo vendrá tu hijo o tu nieto con la noticia infausta de revolución en España y de independencia en América.

Carlos III. Las Indias fueron en lo más secreto de mi gabinete el objeto más constante de mis pensamientos y los de Floridablanca. No hay asunto que me haya ocupado más tiempo. Pero es preciso confesarlo. Los intereses de España no pueden conciliarse con los de América. La ilustración es el origen primero de todo bien. Si se protege en España, pasará el Atlántico y hará que los indios vean claros sus derechos. Si se prohíbe en la Península, se hará la infelicidad de los españoles y los americanos. Conozcamos la verdad. Una nación no puede estar sujeta por muchos siglos a un gobierno lejano. Es luchar con la naturaleza que la ha separado por océanos y montañas. Gobernándola con los rigores del despotismo, se irrita y rompe enfurecida las cadenas de la opresión. Administrándola con justicia, se ilustra y proclama su libertad. España gobernó con dureza a las provincias unidas: estableció en ellas la Inquisición: dio el mando al duque de Alba; y al fin gritaron independencia en 1579. Inglaterra dio a sus colonias instituciones liberales: les comunicó luces: les enseñó fueros; y los angloamericanos se proclamaron independientes en 1776. Si es necesaria la separación, debe elegirse el plan más humano y justo. Si no es posible hacer feliz al americano sin hacer desgraciado al español, debe procurarse la felicidad de uno y otro. La independencia no será entonces la reacción del oprimido que se vuelve con saña contra su opresor. Será la emancipación del hijo que, llegando a la edad viril, se aparta de la casa de su padre, reconocido a la beneficencia que supo darle educación y fuerzas.

Aquí termina el diálogo entre Carlos I (de España y V, emperador de Alemania) y Carlos III (de España).

El pensador ilustrado Valle leyó al Quijote. Esto es indudable. Si hubiera tenido tiempo de discurrir sobre su contenido, hubiera identificado al poderoso Carlos V en la rebajada imagen del Caballero de la Triste Figura. Es tan fácil comprenderlo porque en la Colonia americana, como en la Edad Media—tan semejantes la una con la otra—era costumbre tradicional burlarse de los encumbrados personajes, feos y grotescos monigotes.

Como sea, don Miguel de Cervantes a su modo y el americano José Cecilio del Valle al suyo, siglos después, supieron dar su exacto valor al emperador Carlos V, como un personaje ultra reaccionario, de la alta Edad Media, que actuando en los comienzos de la Edad Moderna, la época de los Estados nacionales en forma de monarquías absolutas para someter a los caudillos menores, él quería conservar inamovible el vetusto imperio universal de Carlomagno, agrandado por el descubrimiento y la conquista del Nuevo Mundo.

Las razones que expone Carlos III (de la casa de los Borbones) en su réplica, son las ajustadas al Estado nacional en la crisis que sufre en el siglo XVIII. El despotismo que había dejado Carlos V, más la desvalorización de los metales preciosos en el mercado europeo y, por consiguiente, el colapso de la minería en América, determinaron la revolución de independencia, que empezó a andar con las reformas de Carlos III, a nuestro parecer el único rey inteligente que tuvo España.

La Ilustración del siglo XVIII dio la independencia al Nuevo Mundo.

XX. EL LIBERTADOR BOLÍVAR Y DON QUIJOTE

Simón Bolívar (1783-1830) nació en Caracas, Venezuela. Caudillo de la independencia americana. Iniciado en las lecturas de Rousseau (verdadero promotor del romanticismo) y de los enciclopedistas franceses por su maestro Simón Rodríguez, prosiguió sus estudios en España, cuyas escuelas le desagradaron por su apego a las tradiciones y la forzada convivencia que tuvo en ellas con algunos engreídos jóvenes de la nobleza española. Poco después de su regreso a Venezuela, emprendió un nuevo viaje a Europa, donde asistió a la coronación de Napoleón, y desde allí vio el debilitamiento de España a raíz de la invasión francesa, y juró en Roma dedicar su vida a liberar a América de habla castellana de la dominación imperial de España.

Participó activamente en el movimiento de 1810, que formó la junta de 19 de abril, contraria al Consejo de Regencia de Cádiz. Acompañado de Andrés Bello viajó a Londres con el fin de obtener la ayuda inglesa para impedir desembarcos de los franceses. Ocupada Venezuela de nuevo bajo la dominación española, Bolívar se vio obligado a huir a Curazao. Allí organizó un desembarco en Nueva Granada y, después de varios encuentros con los españoles, entró en Caracas en octubre de 1813, donde el Ayuntamiento le dio en fiesta pública el título de Libertador. A causa de nuevos contratiempos tuvo que refugiarse con su gobierno en Jamaica, donde escribió una célebre carta en la que justificaba las razones de la emancipación americana.

De vuelta al continente, convocó el Congreso de Angostura, ante cuya asamblea presentó un proyecto de Constitución y propugnó la unión de Nueva Granada y Venezuela. Inmediatamente reunió su ejército y se dirigió hacia el territorio colombiano, en cuya marcha tuvo que atravesar la Cordillera de los Andes.

Su resonante victoria sobre las tropas realistas en Boyacá (1819) le abrió las puertas de Bogotá donde, recibido triunfalmente, proclamó la República de Colombia, que comprendía Nueva Granada y Venezuela. Fue elegido primer Presidente, mas nuevas empresas guerreras reclamaban su presencia. El Perú, a su vez, luchaba por liberarse del imperio español. Incorporada la provincia de Quito a la Gran Colombia, Bolívar se entrevistó con San Martín en Guayaquil (1822). El caudillo argentino renunció a sus poderes en favor del Libertador, quien entró en Lima en 1823.

Al frente de su ejército, Bolívar derrotó a los realistas en el combate de Junín (1824). Y su lugarteniente, Antonio José de Sucre, fue al Alto Perú en donde, en la batalla decisiva de Ayacucho, derrotó al ejército español mandado por el virrey (1824), quedando así definitivamente liberada la América española. El Alto Perú quedó constituido en República que tomó el nombre de Bolivia en honor del Libertador.

De regreso a Colombia (1827), Bolívar había de asistir a la guerra civil, cuyo resultado fue la separación de Venezuela y Colombia (1829). Por otra parte, el Perú abolió la Constitución bolivariana y la provincia de Quito se constituyó en República independiente.

Una vez que la parte continental de la América española quedó libre del imperio español, el Libertador Bolívar dirigió desde la ciudad de Lima, capital del Perú, una nota oficial a los gobiernos hispanoamericanos en la que los invitaba a reunirse por medio de diputados en un Congreso en Panamá, provincia de Colombia, para formar una sola República, una federación o una confederación de repúblicas hispanoamericanas, con su hacienda y con su ejército correspondientes para defender el Nuevo Mundo libre de los proyectos de reconquista colonizantes de las grandes naciones reunidas en la Santa Alianza (1815) y de otras que concebían parecidos proyectos. La mayor parte de los gobiernos invitados le respondieron favorablemente a Bolívar.

El Congreso se reunió en Panamá (1826), formó una confederación de repúblicas hispanoamericanas, creó una hacienda común y organizó un ejército común hasta donde esto fue posible. Pero en aquel tiempo la intención de Bolívar no pasó de ser una hermosa utopía, porque Inglaterra, la potencia más poderosa del siglo, que asistió como invitada a las sesiones del Congreso, minó desde adentro el noble proyecto, interesada como estaba en fundar el imperio colonial más poderoso de la tierra y en cuyo imperio debían entrar las naciones recién separadas de España. Y los Estados Unidos, que por esos años ya eran una gran nación, habían publicado la famosa y maquiavélica doctrina de Monroe, por la cual las grandes naciones europeas no debían abrigar proyectos coloniales en el continente americano, porque los Estados Unidos estaban dispuestos a impedirlos. Esto hizo decir a Bolívar que parecía que un dios maléfico hubiera situado a los Estados Unidos en la vecindad de la América Española para frustrarle sus planes de libertad y progreso.

Lleno de amargura, Bolívar renunció al poder de Colombia en 1830 y se retiró a Santa Marta, desde donde pensaba seguir a Jamaica y de allí a Inglaterra para tratarse la dolencia que lo aquejaba, una tuberculosis fulminante, que gracias le dio tiempo para trasladarse a

San Pedro Alejandrino, hacienda situada frente al Mar Caribe, donde murió extenuado, esquelético y delirante.

Decía Bolívar refiriéndose a las naciones que había descolonizado: "He arado en el mar..." Y volvía a decir, haciendo alusión al proyecto de edificar un gran Estado republicano, independiente y libre en la América española: "He pretendido edificar en el viento..." Finalmente decía: "En el mundo ha habido tres majaderos: Jesucristo, Don Quijote y yo..."

Para Bolívar, Don Quijote fue simplemente un personaje literario. Nada más que un loco afiebrado por lograr que se hiciera justicia en el mundo. Y así como Cristóbal Colón no supo a la hora de su muerte que en su viaje sobre el lomo del Atlántico había descubierto un continente nuevo, así Bolívar tampoco supo que le había dado el más duro golpe a los reales herederos de Don Quijote de la Mancha y Sancho Panza, figuras medievales rebajadas que encarnaban a Carlos V y a Felipe II.

El Congreso se reunió en Panamá (1826), formó una confederación de repúblicas hispanoamericanas, creó una hacienda común y organizó un ejército común hasta donde esto fue posible. Pero en aquel tiempo la intención de Bolívar no pasó de ser una hermosa utopía, porque Inglaterra, la potencia más poderosa del siglo, que asistió como invitada a las sesiones del Congreso, minó desde adentro el noble proyecto, interesada como estaba en fundar el imperio colonial más poderoso de la tierra y en cuyo imperio debían entrar las naciones recién separadas de España. Y los Estados Unidos que por esos años ya eran una gran nación, habían publicado la famosa y maquiavélica doctrina de Monroe, por la cual las grandes naciones europeas no debían abrigar proyectos coloniales en el continente americano, porque los Estados Unidos estaban dispuestos a impedirlos. Esto hizo decir a Bolívar que parecía que un dios maléfico hubiera situado a los Estados Unidos en la vecindad de la América Española para frustrarle sus planes de libertad y progreso.

Lleno de amargura, Bolívar renunció al poder de Colombia en 1830 y se retiró a Santa Marta, desde donde pensaba seguir a Jamaica y de allí a Inglaterra para tratarse la dolencia que lo aquejaba, una tuberculosis fulminante, que gracias le dio tiempo para trasladarse a

San Pedro Alejandrino, hacienda situada frente al mar Caribe, donde murió extenuado, esquelético y delirante.

Decía Bolívar refiriéndose a las naciones que había descolonizado: "He arado en el mar..." Y volvía a decir, haciendo alusión al proyecto de edificar un gran Estado republicano, independiente y libre en la América Española: "He pretendido edificar en el viento..." Finalmente decía: "En el mundo ha habido tres majaderos: Jesucristo, Don Quijote y yo..."

Para Bolívar, Don Quijote fue simplemente un personaje literario. Nada más que un loco afiebrado por lograr que se hiciera justicia en el mundo. Y así como Cristóbal Colón no supo a la hora de su muerte que en su viaje sobre el lomo del Atlántico había descubierto un continente nuevo, así Bolívar tampoco supo que le había dado el más duro golpe a los reales herederos de Don Quijote de la Mancha y Sancho Panza, figuras medievales rebajadas que encarnaban a Carlos V y a Felipe II.

XXI. EL NEOCLASICISMO, EL ROMANTICISMO, EL MODERNISMO, EL NEOMODERNISMO Y EL QUIJOTE

En nuestra América independiente, el Quijote fue publicado en imprentas americanas, ya no hubo necesidad de traerlo de la península ibérica, y fue leído con fervor por todas las clases sociales. El libro era misterioso, no se sabía a ciencia cierta lo que contenía en su fondo profundo, pero hacía reír, y la risa, decían los médicos, daba salud, hecho más que suficiente para quererlo como si fuera un tratado de Hipócrates.

Nuestra América se separó de España a fuerza de doctrina francesa, lanza de llanero, metralla de soldado regular y sangre de indio encomendado y africano esclavo. Pero nuestra América no se apartó de la lengua castellana ni de la obra más brillante del "siglo de oro" español, como era el Quijote. Hasta pudo haber sido libro de lectura en las escuelas primarias, del mismo modo que en la Ilíada aprendieron a leer los niños griegos.

Hemos citado la doctrina francesa como motor de la separación americana. En realidad fue europea, pero dominando la francesa, por ser madre de la revolución burguesa mundial. De este hecho se deriva que la América española, lentamente, pero a pie firme, fuera llamándose y haciéndose llamar América Latina. Este nombre es hoy un nombre oficial, con el registro correspondiente en la Organización de las Naciones Unidas (ONU).

Recién lograda la independencia, en la biblioteca de un librepensador latinoamericano era frecuente encontrar los libros de Montesquieu, Voltaire, Rousseau, D'Alembert, Mirabeau el viejo, D'Holbach, Diderot, la Enciclopedia en una palabra, más otros libros modernos de Holanda como Spinoza, de Alemania como Humboldt, de Inglaterra como Adam Smith. De aquella biblioteca habían sido arrojados al corral los libros de la Edad Media, como en otro tiempo los libros de caballería por decisión del cura y el barbero. Sólo un libro como excepción quedaba de la anquilosada España al lado de los enciclopedistas, con gran honor: el Quijote.

Y del Quijote tuvieron varias opiniones los latinoamericanos ilustres, según las escuelas que se fueron sucediendo a lo largo del siglo XIX, hasta la primera mitad del XX, como lo veremos luego, citando sus respectivos nombres:

Andrés Bello (1781-1865). Neoclásico. Nació en Caracas. Fue un adalid de la independencia al lado de Bolívar. Vivió en Londres. Más tarde la inquietud libertadora lo trajo a Venezuela. En 1829 se trasladó a Santiago de Chile, donde años más tarde había de participar en la inauguración de la Universidad chilena (1843), de la que fue su primer rector.

No obstante el fracaso del Congreso bolivariano en Panamá (1826), el ilustre intelectual pensó que algún día se llegaría a la formación de una sola nación en América Latina, y que para ello convenía adelantar algunos trabajos preparatorios de aquel gran acontecimiento.

Con ese pensamiento redactó el Código Civil de Chile (1855), que posteriormente sería modelo de otros códigos continentales. Escribió un Tratado de Derecho de Gentes (Derecho internacional, decimos hoy). Agregó otro titulado La Filosofía del Entendimiento. Y otro más con el nombre de Gramática Castellana, tan famosa que fue objeto de anotaciones del notable filólogo colombiano Rufino José Cuervo.

Además, como don Andrés Bello quería que la independencia fuera completa desde la base hasta la cultura, en cuenta las Bellas Letras, con aquel talento múltiple que le acompañaba, escribió varias composiciones en verso con temas americanos como Alocución a la Poesía, Silva a la Agricultura de la Zona Tórrida y La Oración por Todos, poema en realidad de Víctor Hugo tan bien traducido al castellano por don Andrés que Hugo lo consideró superior a su original en francés y le escribió una carta al traductor diciéndole que la composición era suya y que todo mundo debía tenerla como de Bello.

Para el rector de la Universidad de Chile, don Quijote de la Mancha en el afán de dar a cada uno lo suyo llevó tantos palos, que sólo faltó que lo crucificaran como a Jesucristo. Y en cuanto a la forma, el neoclásico que había en Bello sólo vio en la obra las novedades del Renacimiento español, expresadas en la gracia de la novela picaresca por medio de los anti-héroes: el caballero andante y su escudero.

D. F. Sarmiento (1811-1888). Se le llamó romántico por haberle objetado a don Andrés Bello su rigor académico y su innecesaria erudición. Por eso se le consideró romántico. Pero él objetó el calificativo diciendo:

"La escuela romántica de Europa fue enterrada y sepultada al lado de su antecesor, el clasicismo... Ambos hace diez años que son ánimas del otro mundo, que Dios bendiga... La escuela socialista o progresista se ha posado sobre el pedestal firme y seguro..."

Sí: Sarmiento era socialista. No como pudiera imaginarse, de un socialismo europeo: era del socialismo de Echeverría. De los que pensaban en una noble patria argentina que se levantara otra vez con su bandera azul para dejar atrás a los hombres del Matadero. El dilema era ineludible: o civilización, o barbarie. (Germán Arciniegas: América mágica).

La historia abreviada de Sarmiento es la que sigue: Nació en San Juan y murió en Asunción. En 1831, durante el gobierno de Rosas, se refugió en Chile. Regresó en 1836, pero volvió a emigrar en 1841. Trabajó en empleos humildes y posteriormente obtuvo altos triunfos pedagógicos en Chile y Argentina. Ejerció el periodismo en el diario chileno El Mercurio y sostuvo una polémica con Bello sobre el concepto progresista de la cultura y la imitación de los modelos franceses. Formó parte del ejército de Urquiza (1851), pero, enemistado con éste después de Caseros, tomó de nuevo el camino del destierro. A su vuelta (1855) se puso al lado de Mitre, y después de desempeñar diversos cargos, sustituyó a Mitre en 1868 en la presidencia de la República.

Terminó la guerra con el Paraguay, fundó el Observatorio Astronómico de Córdoba, la Escuela Militar y Naval, fomentó las obras públicas y todo su mandato estuvo animado por un sentido progresista. En 1874 dejó la presidencia a Nicolás Avellaneda, desempeñó otros cargos políticos y se retiró a la capital del Paraguay. Escribió una requisitoria contra el terror en un estudio biográfico sobre Facundo Quiroga, que tituló Facundo o Civilización y Barbarie. Este libro puso de manifiesto su talento literario, la agudeza de observación y su concepción de la filosofía de la historia. Publicó otros escritos, como: Viajes, Recuerdos de provincia, Mi defensa, Campaña en el Ejército Grande, Conflicto y armonía de las razas en América.

"Facundo fue una carta de introducción que convirtió a Sarmiento en ciudadano del mundo. Cuando viajó por Europa, por África, por los Estados Unidos, el hombre que había pintado el duelo argentino entre la civilización y la barbarie tenía estatura universal. La gente se acercaba a este polo opuesto a Rosas, cuyas hazañas de gaucho malo de la mazorca roja también llenaban el mundo."

¿Qué decía del Quijote, al modo de entenderlo recién pasada la independencia y mientras se afanaba en exterminar la tiranía de Rosas? No tenemos a la mano ninguna referencia. Sólo traemos a cuentas que Ricardo Rojas escribió la biografía de Sarmiento, porque si los contemporáneos lo apodaron loco... la crítica póstuma prefiere otorgarle la categoría de genio. Y él mismo se llamaba loco... Al comenzar los trazos de su biografía escribió: "Voy a escribir la historia de un loco, o sea que escribiré sobre nada..."

Quiere decir que, al modo de entenderlo en América en aquel entonces, él mismo fue el Caballero andante.

Juan Montalvo (1832-1889). Romántico. Nació en Ambato, Ecuador; murió en París. Fue uno de los mejores prosistas de la lengua castellana. Enemigo implacable del dictador García Moreno, Montalvo vivió como un héroe romántico, sufrió largos períodos de destierro y luchó activamente contra las fuerzas de la opresión.

Estudió en Quito, en una universidad sabia y maravillosa donde había profesores tan locos como don Simón Rodríguez, el genial y disparatado maestro de Simón Bolívar. Debió brillar tanto en sus primeras escaramuzas literarias que lo hicieron agregado de la Legación de París. Allí hizo hondos aprendizajes de amor, hambre, tuberculosis, letras y arte. Su maestro fue Renán, pero leyó furiosamente a los románticos Byron, Lamartine, Víctor Hugo. De repente abandonó la ciudad Luz para ir a sumergirse en la contemplación de Roma. Intelectualmente se sentía completo.

De regreso, publica El Cosmopolita. De un salto se coloca en primera fila entre los escritores de América. Su pluma es un renacimiento del siglo de oro. A pesar de que El Cosmopolita es de la primera línea a la última un arrebatado canto a la libertad, hasta los godos de Nueva Granada, hasta Miguel Antonio Caro y el sabio Rufino José Cuervo, le escriben para felicitarlo. También lo felicita a su modo el tirano García Moreno, hombre ilustrado y bárbaro, pero más bárbaro que ilustrado, que a veces escribía versos:

¡Oh tiempo mal perdido! ¡Oh desengaños!
Dejar las tunas, el nopal, la sierra
para variar de costumbres y teatro;
y tras tanta fatiga y tantos años,
regresar de cuadrúpedo a su tierra
quién, yéndose en dos pies, volvióse en cuatro.

La enfermedad le mina el organismo. Encuentra un lugar propicio a la salud en Ipiales, un pueblecito colombiano, donde se aloja en casa de un amigo y escribe Los capítulos que se le olvidaron a Cervantes.

El 6 de agosto de 1875, García Moreno es asesinado. Al saber la noticia, Montalvo afirma: "Mi pluma lo mató". En efecto, él había aconsejado el tiranicidio en páginas de fuego. Se quiso en un principio pedir la extradición de Montalvo para seguirle juicio en Quito como promotor de una revolución. Colombia no podía darle ese gusto a sus adversarios. Montalvo era un pedazo de Ipiales.

Montalvo regresó a Quito pero aclamado por la juventud. El Ecuador se había libertado, pero no tomaba forma. Borrero presidía, pero no gobernaba. Montalvo inicia un nuevo periódico: El

Regenerador. En él adopta la actitud del maestro: enseña. Y enseñando estaba cuando en septiembre de 1876 se levantó Veintimilla, desalojó a Borrero de la presidencia, y a los dos meses sacó desterrado a Montalvo.

El combatiente de la pluma se fue a su pueblo Ambato a reunirse con su mujer María Adelaida. Allí escribió Las Catilinarias, en que aparece de cuerpo entero Ignacio Veintimilla, un borracho, un gustador vulgar de la vida. Pero como la vida del panfletista peligraba, fue aconsejado que apurara su viaje para Colombia. Y al llegar a Ipiales fue recibido entre gritos del pueblo en las calles: ¡Viva Juan Montalvo! ¡Abajo Ignacio Veintimilla!

En Ipiales escribió la mayor parte de los Siete Tratados. Pero esta vez no permanecía en Ipiales, donde la primera vez había tenido amores con una hermosa mujer humilde, con la que hubo un hijo. Iba para Europa. En Panamá publicó Las Catilinarias, que le dieron renombre, y llegó a París famoso. Luego publicó los Siete Tratados para afianzar su gloria, y la afianzó. César Cantú, Edmundo D'Amicis le llenaron de elogios. El Buscapié se tradujo al italiano. Don Juan Valera decía: "Es el más complicado, el más raro, el más originalmente inaudito de todos los prosistas del siglo XIX". Y los elogios se prolongaron y continúan vivos. Desde Rubén Darío y José Enrique Rodó hasta Alfonso Reyes, se ha aclamado al ecuatoriano como el gran forjador de la lengua española. Naturalmente... la Academia de Madrid no lo aceptó.

Y en Quito el arzobispo abrió los fuegos contra los Siete Tratados. El arzobispo decía: "Condenamos esa obra porque contiene proposiciones heréticas, máximas escandalosas, principios contrarios a los dogmas revelados; porque acusa de error a la Iglesia católica; porque habla de la eternidad de las penas del infierno de una manera tal, que da a entender muy a las claras que no cree en ese dogma..." La pastoral del arzobispo se leyó en todos los púlpitos del Ecuador en el tiempo de cuaresma, que es tiempo saludable, tiempo de salvación.

Así era el siglo XIX. Siglo de clericales y anticlericales, en que unos y otros luchaban por arrojar a sus adversarios al infierno. En América, en nuestra América al menos, un siglo en que los ateos no dejaban de ser católicos, porque necesitaban del infierno para arrojar a los curas. Montalvo no podía ser una excepción. A la pastoral del arzobispo respondió con La Mercurial Eclesiástica: "Si hubiera infierno común para todos los malos, yo le pediría a Dios un infierno especial para el Obispo Ordóñez y sus clérigos... Nadie más que yo tiene interés en el infierno: ya que en mi vida no puedo reprimir y corregir a los pícaros, tengo necesidad de consolarme con las penas eternas. Eso se quisiera el padre Ordóñez, que no hubiera infierno: así se quedaría riendo de las gracias de su vida, y habría comprado baratas sus impunidades".

Martí encontraba en Montalvo un "gigantesco mestizo con el numen de Cervantes y la maza de Lutero". Exacto. Montalvo había dicho: "El que no tiene nada de don Quijote no merece el aprecio ni el cariño de sus semejantes". Y el arma que llevaba no era la maza de Lutero. Llevaba algo peor: el sarcasmo de Renán.

José Martí (1853-1895). Corrientemente calificado como el último de los románticos y el primero de los modernistas. Apóstol de la independencia de Cuba. Sus actividades revolucionarias le valieron la prisión y el destierro a España (1871), se trasladó a México (1875) y a Guatemala (1877), y regresó a su patria (1878). Volvió a ser expatriado para España, permaneciendo muy poco, y tornó a Nueva York, donde fundó el Partido Revolucionario Cubano, y después pasó a Venezuela con el ansia de conocer siquiera en el bronce al dios inspirador de sus hazañas: el Libertador Bolívar. Viajó por Santo Domingo para entrevistarse con el general Máximo Gómez. Estuvo en Haití, Jamaica, Costa Rica, donde se entrevistó con Maceo. Visitó otros países y fue a desembarcar en Playitas. Empezó la guerra de liberación de Cuba, y en ella, en el primer combate de Dos Ríos, cayó mortalmente herido el 19 de mayo de 1895.

Martí está considerado como el primer modernista de América, con unos versos como éstos:

Cultivo la rosa blanca
en junio como en enero
para el amigo sincero
que me da su mano franca.
Y para el cruel que me arranca
el corazón con que vivo,
cardo ni ortiga cultivo:

cultivo la rosa blanca.

Eso es Martí, en su libro rimado que lleva el nombre de Versos sencillos.

En prosa, con justa razón, se le estimó un joyero del idioma castellano, a tal punto que siempre que se le lee y se le vuelve a leer, por fuerza hay algo nuevo que embelesa.

Y en la tribuna, a tanto llegó el poder de su palabra mágica, que deslumbró al pueblo humilde y deslumbró a Sarmiento y a Rubén Darío que lo escucharon.

Las siguientes palabras son suficientes para querer a Martí: las dijo en Nueva York, recién llegado de España:

"Por grande que esta tierra sea, y por ungida que esté la América en que nació Lincoln, para nosotros, es el secreto de nuestro pecho, sin que nadie pueda tachárnoslo ni nos lo pueda tomar a mal, es más grande, porque es la nuestra y porque ha sido más infeliz, la América en que nació Juárez".

Martí, con su espíritu y con su sangre, puso fin al imperio colonial de España en América al liberar a Cuba. Así terminaban las últimas piltrafas del imperio mundial de Carlos V y de Felipe II, heredadas por sus degenerados descendientes. Don Quijote y Sancho, en nuestra teoría, habían sido derrotados totalmente en las playas caribeñas por el Caballero de la Blanca Luna.

Pero como el romanticismo y el modernismo interpretaban a Don Quijote como el caballero andante de los ideales de libertad, igualdad, fraternidad y justicia, José Martí fue un Quijote excepcional que en su afán quijotesco hizo que allí donde había una colonia de esclavos surgiera una república de hombres libres.

Rubén Darío (1867-1916). Fue el jefe del modernismo que, procedente de América, repercutió en España. Las innovaciones métricas que introdujo y la galanura de su expresión realzaron y transformaron la poesía y la prosa en lengua castellana. Sus libros decisivos fueron: Azul (1888), Prosas profanas (1896), Cantos de Vida y Esperanza (1905), El canto errante (1907), Canto a la Argentina (1910) y Poema del otoño y otros poemas (1910). No solamente invocó el verso sino también la prosa, como puede verse en Azul (1888), Los raros (1896), Peregrinaciones (1901) y La caravana pasa (1902).

Ahora, como jefe de la escuela modernista, diga él lo que pensaba de Cervantes y del Quijote en dos poemas de Cantos de Vida y Esperanza, que es lo más alto de sus colecciones poéticas:

UN SONETO A CERVANTES

Horas de pesadumbre y de tristeza
paso en mi soledad. Pero Cervantes
es un buen amigo. Endulza mis instantes
ásperos, y reposa mi cabeza.

Él es la vida y la naturaleza,
regala un yelmo de oros y diamantes
a mis sueños errantes.
Es para mí: suspira, ríe y reza.

Cristiano y amoroso caballero,
parla como un arroyo cristalino.
Así lo admiro y quiero,

viendo como el destino
hace que regocije al mundo entero
la tristeza inmortal de ser divino.

LETANÍAS DE NUESTRO SEÑOR
DON QUIJOTE

Rey de los hidalgos, señor de los tristes,
que de fuerza alientas y de ensueños vistes,
coronado de áureo yelmo de ilusión:
que nadie ha podido vencer todavía,
por la adarga al brazo, toda fantasía,
y la lanza en ristre, todo corazón.

Noble peregrino de los peregrinos,

que santificaste todos los caminos
con el paso augusto de tu heroicidad,
contra las certezas, contra las conciencias
y contra las leyes y contra las ciencias,
contra la mentira, contra la verdad...

Caballero errante de los caballeros,
varón de varones, príncipe de fieros,
par entre los pares, maestro, ¡salud!
¡Salud, porque juzgo que hoy muy poco tienes,
entre los aplausos o entre los desdenes,
y entre las coronas y los parabienes
y las tonterías de la multitud!

¡Tú, para quien pocas fueron las victorias
antiguas y para quien clásicas glorias
serían apenas de ley y razón,
soportas elogios, memorias, discursos,
resistes certámenes, tarjetas, concursos,
y, teniendo a Orfeo, tienes a orfeón!

Escucha, divino Rolando del sueño,
a un enamorado de tu Clavileño,
y cuyo Pegaso relincha hacia ti;
escucha los versos de estas letanías,
hechas con las cosas de todos los días
y con otras que en lo misterioso vi.

Ruega por nosotros, hambrientos de vida,
con el alma a tientas, con la fe perdida,
llenos de congojas y faltos de sol,
por advenedizas almas de manga ancha,
que ridiculizan el ser de la Mancha,
el ser generoso y el ser español.

Ruega por nosotros, que necesitamos
las mágicas rosas, los sublimes ramos

de laurel. Pro nobis ora, gran señor.
Tiembla la floresta del laurel del mundo,
y antes que tu hermano vago, Segismundo,
el pálido Hamlet te ofrece una flor.

Ruega generoso, piadoso, orgulloso,
ruega casto, puro, celeste, animoso;
por nós intercede, suplica por nós,
pues casi ya estamos sin savia, sin brote,
sin alma, sin vida, sin luz, sin Quijote,
sin pies y sin alas, sin Sancho y sin Dios.

De tantas tristezas, de dolores tantos,
de los superhombres de Nietzsche, de cantos
áfonos, recetas que firma un doctor,
de las epidemias, de horribles blasfemias,
de las Academias,
¡líbranos, Señor!

De rudos malsines,
falsos paladines,
y espíritus finos y blandos y ruines,
del hampa que sacia
su canallocracia
con burlar la gloria, la vida, el honor,
del puñal con gracia,
¡líbranos, Señor!

Noble peregrino de los peregrinos,
que santificaste todos los caminos,
con el paso augusto de tu heroicidad,
contra las certezas, contra las conciencias
y contra las leyes y contra las ciencias,
contra la mentira, contra la verdad...

Ora por nosotros, señor de los tristes,

que de fuerza alientas y de ensueños vistes,
coronado de áureo yelmo de ilusión;
que nadie ha podido vencer todavía,
por la adarga al brazo, toda fantasía,
y la lanza en ristre, todo corazón.

José Enrique Rodó (1871-1917). Escritor, pensador y humanista uruguayo, autor del ensayo Ariel, Los motivos de Proteo, El mirador de Próspero y Hombres de América. Rodó está considerado como el mejor prosista del modernismo y uno de los grandes maestros de la intelectualidad latinoamericana, con su doctrina de la renovación espiritual como deber.

La guerra hispano-americana de 1898, a raíz de la independencia de Cuba, en la que el ejército libertador cubano derrotó a 200.000 soldados españoles mandados por generales diestros, puso en evidencia el contenido de la segunda interpretación de la Doctrina de Monroe, o sea que "América es para los Estados Unidos". En aquel año, en que el gobierno de Washington ayudó interesadamente a los cubanos, al lograrse la victoria se aprestó a ocupar la isla, y al darse Cuba una Constitución republicana, los norteamericanos le impusieron como apéndice la Enmienda Platt, el 21 de febrero de 1901.

Ese hecho ominoso, que tuvo redobles de escándalo continental, fue denunciado en los periódicos de América Latina. Las plumas más brillantes y valientes participaron en la denuncia. Pero no bastaba. Las voces del periodismo son voces que se lleva el viento. Era preciso que un pensador con ribetes de humanista proyectara las bases de la doctrina democrática y antiimperialista que debía normar en lo sucesivo la conducta política de los pueblos latinoamericanos frente a la dominación expansiva de los Estados Unidos de América. Y las bases doctrinarias requeridas las proyectó José Enrique Rodó en su ensayo Ariel, publicado en 1900, divulgado en el continente con la rapidez de la luz.

Al imperio de Carlos V y de Felipe II, que hemos mencionado en nuestra teoría política, venía a sustituirlo el imperio contemporáneo de los monopolios. Y esto fue lo que insinuó en Ariel el gran uruguayo en 1900, aunque no empleara la exactitud y la seguridad con que se dicen las cosas hoy. Aunque no empleara el lenguaje ni la idea de José Ingenieros, de Aníbal Ponce o de José Carlos Mariátegui, luminares del antiimperialismo continental desde 1917 en adelante.

¿Y el neomodernismo qué apreciaciones hace de Miguel de Cervantes Saavedra y de su obra El Ingenioso Hidalgo Don Quijote de la Mancha?

Tenemos a la vista un artículo del escritor hondureño Salatiel Rosales, nacido en San Esteban, Valle de Agalta (1880) y muerto en la ciudad de México (1925), después de haber trabajado en el diario de Félix Palavicini y de haber adquirido fama como polemista en la defensa de Anatole France. Decía este escritor:

"Ya pasó el tiempo en que nos era dado leer el Quijote para morirnos de risa. Hoy el célebre caballero ha perdido a nuestros ojos su encanto de héroe de entremés, para tornarse cada vez más en una realidad dolorosa y trascendental. Alonso Quijano el Bueno ya no es un personaje para divertir a los niños, sino un hombre que ha dejado de ser lo que era en apariencia, para convertirse en un símbolo sobre el cual deben caer las meditaciones del pensador."

No se ha escrito hasta ahora un libro que tenga el alcance del Quijote. No es sólo la caballería andante y el afán del ideal y el sueño encarnado en un hombre. Es algo más; es algo que va más lejos, algo que para ser entrevisto necesita los lentes del meditativo.

¿Os habéis burlado de Don Quijote de la Mancha cuando trueca las ventas por castillos; las manadas de carneros por ejércitos; las bacías de barbero por yelmos de Mambrino? ¿Os habéis reído a mandíbula batiente cuando el pobre caballero endereza su lanza y su caballo contra el molino de viento? ¿Cuándo en sus sueños toman formas de princesas las groseras aldeanas?

Pues sabed que vuestra realidad no es más sólida que la del caballero andante. Vos también, quienquiera que seáis, ignaro o genio, esclavo o príncipe, vais por el mundo engañado, seducido por iguales fantasmas.

Carecemos de la certidumbre de nuestras realidades. La vida es una suerte de sonambulismo que a menudo nos defrauda, y si nos fuera dado despertar por un instante de nuestro sueño, veríamos ¡oh asombro! desvanecerse como a la vez de un ensalmo, todo ese mundo mágico de apariencias que nos rodea. Veríamos que las cosas no son entidades que viven con existencia propia, sino criaturas nacidas en nuestro pensamiento, sin más atributos que los que les ha querido prestar nuestra fantasía.

Las cosas, por lo tanto, son hijas legítimas de nuestro sueño. Como los frutos, se desprenden de nuestra mente. Si somos unos Don Quijote, nos agitaremos en una atmósfera de realidades aromadas y resplandecientes; si somos como Sancho, nuestro miraje será hermano del que se dibujó en la baja mente del escudero.

La humanidad, desde hace muchos siglos, viene siendo víctima de sus propias fantasmagorías, adornando mentiras que se le desvanecen al día siguiente, y arrastrada y embriagada siempre por el doloso fulgor de la ilusión.

"Hay tantas almohadas de ilusión como copos en la nieve. Los juguetes son variados y están graduados en refinamientos, según la cualidad del engaño.

El hombre intelectual requiere un hermoso anzuelo; a los tontos fácilmente se les pesca. Pero todos van arrastrados por su propia fantasía, y la procesión marcha a todas horas con música, banderas y bagajes".

Sí, como en el libro de Cervantes, todo es ilusión, todo es alucinación; todo es encantamiento. El amor, el dolor, el destino, las cosas más graves no son más que ilusiones. El universo, ya lo conciban Spinoza o Ruysbroeck el Admirable, o el patán que pasa por enfrente, es también otra ilusión, la más enorme de las ilusiones.

Esto fue lo que Miguel de Cervantes quiso demostrarnos en su libro imperecedero.

Como se ve, aquí el escritor Rosales no nos habla de un Don Quijote libertador o de un Don Quijote misericordioso, sino de un Don Quijote encantado, que por voluntad de Merlín vive en perpetuo hechizo, siendo así la imagen de la humanidad entera que permanece en un constante embrujo, como si estuviera en la cueva de Montesinos.

En esta concepción desaparece la objetividad del universo, la materialidad de las cosas, todo es idealismo platónico y, si se quiere, idealismo subjetivo del obispo Berkeley.

XXII. EL QUIJOTE Y LA NOVELA LATINOAMERICANA

Hemos dicho que Cervantes escribió su obra inmortal en medio del terror eclesiástico y del despotismo monárquico. Largo tiempo, por largos años, meditó su obra. Tenía que meditarla despacio y profundamente porque en ella no iba a decir cualquier cosa. Además, para ser publicada su obra tenía que pasar por la censura de los terroristas religiosos y los déspotas oficiales. Así es que el Quijote es creación de viejo golpeado por la vida y enseñado por los desengaños. No es creación de muchacho ni de hombre joven, de cuarentón o cincuentón. Un hombre que no hubiera tenido los años otoñales de Cervantes no habría escrito el Quijote. Con el calculado disimulo hasta en los detalles más insignificantes. Con los recursos nunca vistos en aquel momento. Con la filosofía oculta en el diálogo interminable de sus personajes. Con la ingeniosa capacidad de convertir gigantes de la historia en simples enanos grotescos. Con la vivacidad y la alegría del Renacimiento. Y con el arma también renacentista de la risa.

¿De dónde le venía a Cervantes semejante ocurrencia? Del genio que le animaba. Y sólo siendo genio podía alguien reír a carcajadas como lo hizo él de los grandes Habsburgo, de los Austria, de Carlos V y de Felipe II en un libro que se considera inmortal, que ha sido interpretado de mil modos y que hasta ahora empieza a encontrarse la clave de su interpretación exacta. Porque esta es la verdad, aunque les duela a muchos, hasta hoy los comentaristas de Cervantes han andado pajareando, buscando en las nubes lo que está en la tierra. Concretamos para no seguir más: Cervantes fue el mayor crítico que tuvo, y sigue teniendo, el Sacro Imperio Romano Germánico de la Edad Media que pretendía seguir viviendo como imperio universal en los tiempos modernos. Y como a la muerte de aquel imperio, por rotación de la historia, ha aparecido para ocupar su trono otro imperio universal, Cervantes vive para despertar sus legiones miopes o dormidas y obligarlas a que cumplan con su deber. Es en este sentido que Cervantes se ha trasladado a América, se ha naturalizado americano, y como Francisco Javier Mina ayer, lucha por la segunda independencia de la América Hispana.

No se debe olvidar que Cervantes está con nosotros y que el Quijote es nuestro Oráculo.

Establecido el cervantismo en la forma expuesta ¿quiénes siguen en América a Cervantes? ¿El padre de la novela moderna tiene hijos que se le parezcan en este subcontinente? ¿Es cierto que muchos de ellos reconocen la paternidad cervantina, pero la consideran tan desconectada de los hechos de la actualidad que mejor dan en olvidarla?

En el siglo pasado, en los comienzos del siglo XIX, el interés mayor de los hispanoamericanos fue su separación de España, y en este afán formaron un frente nacional que iba desde Argentina y Chile y llegaba hasta México. Como la unión hace la fuerza, los hispanoamericanos lograron lo que deseaban, su independencia. Mas, no conservaron la unidad política que les había sido impuesta en la Colonia, y al ser libres pensaron con alguna torpeza constituirse en repúblicas independientes, lo que hicieron. Pero luego, con el resplandor que proyectaba Bolívar, los hispanoamericanos consideraron que, para defenderse de sus enemigos internos y externos, debían anudar la unión que hace la fuerza, y lo intentaron en el Congreso de Panamá en 1826, propósito que terminó en un tremendo fracaso. Los enemigos externos, Inglaterra en primera línea, y los Estados Unidos en segunda, salieron con la suya. Entonces, los enemigos internos, los grandes hacendados conservadores, los militares de montonera y la jerarquía de los clérigos, desfiguraron los ideales que inspiraron a los libertadores y a los promotores de la confederación hispanoamericana, para montar dictaduras bárbaras que explotaban a los indios, perseguían a los patriotas y encompadraban con los ingleses y los norteamericanos que poco a poco se iban adueñando de estos países.

Frente a aquella situación, escribieron cartas y memorias de resonancia histórica los patriotas, publicaron ensayos famosos los escritores, compusieron versos indignados o sentidos los poetas, y aquellos que tenían habilidades de novelistas quedaron mudos, con excepción de José Mármol (1818-1871), autor de Amalia (1852), en la que describe la ciudad de Buenos Aires durante la dictadura de Juan Manuel Rosas.

Pero sin pasar mucho tiempo, "Jorge Isaacs (1837-1895), colombiano, publicó la novela romántica María (1867), muy leída en Hispanoamérica y en cuyo relato se mezclan en perfecta conjunción las notas costumbristas e idílicas y trata con gran sensibilidad los temas del amor y de la muerte". Muy bella obra, es indudable, con el objeto tal vez impensado de apartar la mente de los hispanoamericanos de su tarea principal, luchar contra sus enemigos internos (las fuentes dictatoriales y las mismas dictaduras) y sus enemigos externos (los imperios colonizantes anglosajones).

Jorge Isaacs con su María hizo escuela romántica en Hispanoamérica. El tema con numerosas variaciones cubrió la geografía hispanoamericana.

Al acercarse el siglo XX, José Martí dio a conocer la novelita Amistad Funesta (1885). Es la primera novela modernista que se escribió en estas tierras, y fue la semilla que hizo aparecer otras muchas. Honradamente, no conocemos esa novela. Pero confiamos en la palabra del escritor Manuel Pedro González, con quien simpatizamos por cierta semejanza de criterio, y a quien seguimos en este estudio más que a otro, hasta donde existan las coincidencias.

El mismo Martí hacía estas recomendaciones: "Injértese en América el mundo, pero el tronco debe ser americano". Hacía esta advertencia a los ciegos imitadores de los novelistas franceses en aquel tiempo, que ya empezaban a recargar el mercado de libros con sus imitaciones serviles.

Agregaba el Apóstol: "Lamentémonos ahora de que la gran obra nos falte, no porque nos falte ella, sino porque esa es la señal de que nos falta aún el pueblo magno de que ha de ser reflejo". Clarísimo. El asunto capital en América Latina estaba en hacer el pueblo magno y en eso debía empeñarse la intelectualidad latinoamericana que en aquel tiempo constituía la vanguardia del subcontinente. Pero no, en la vasta extensión territorial, el frente intelectual estaba dividido en liberales y conservadores que se disputaban por las canonjías del Poder, y así no podía haber pueblo magno.

Decía más: "Sólo lo genuino es fructífero. Sólo lo directo es poderoso. Lo que otro nos lega es como manjar recalentado". Eso es. En tiempo del afrancesamiento literario, nadie hizo caso a los primeros consejos. Y todos los platos servidos contuvieron manjares recalentados.

Y para terminar, escribía el Mayor General del Ejército libertador cubano: "De qué nace, sino de desatentada coquetería, ese callar o desfigurar lo que se ve por sí propio, en el afán de demostrar que se está en cuenta de lo que otros dijeron? Bueno es saberlo y aprovecharlo, pero con ser índice de su tiempo, no se pasará a los venideros. Mire cada uno por sí, y escriba por sí, y entre en sí por luz, y palpe en sí y en su torno la naturaleza".

¿Para qué más citas de Martí, si con las que van está dicho todo para aquel tiempo en que estaba bosquejando el siglo diecinueve?

Rufino Blanco Fombona (1874-1944), historiador, novelista y poeta venezolano. Autor de Cuentos americanos y de las novelas El hombre de hierro y El hombre de oro, dura sátira de las costumbres de su país, escribió también distintos trabajos sobre la vida de Bolívar y fue crítico literario agudo y apasionado. Tuvo además actividades políticas y sus libros lo sirvieron para exponer sus ideas.

Conocido Blanco Fombona, en lo que va dicho, tomó de El modernismo y los poetas modernistas (1929) lo que sigue:

"No somos creadores. Poseemos espíritu femenino. Nos cositamos de fecundación para parir. Somos poetas fecundados. Carecemos de la viril virtud de enseñar. Así como importamos de Europa machos de selección para que infundan su viripotencia a nuestras hembras de cría, nosotros mismos corremos a mendigar el cruzamiento con espíritus viriles y acogemos con pasividad de marranas, burras, ovejas y yeguas, la cópula de berracos, garañones, morucos y sementales. (p. 30).

Hay que conocer, y no sólo conocer, sino estudiar todo lo extranjero; todo, para no imitarlo. Podemos admirar un traje de la Rue de la Paix y aun comprárselo a nuestra esposa; pero no podemos ir de gabán de pieles en nuestras ardientes playas porque en Londres o en Hamburgo haga frío. Conocerlo todo, para aprovecharlo sin seguirlo. Para ser los amos y no los siervos. Para ser señores y no simios. Para enriquecer nuestro espíritu y que sea más libre y no, como hasta ahora, más esclavo. (p. 46)".

Tal vez se salven del aguacero de Blanco Fombona los escritores de novelas enmarcados en las décadas del veinte al cuarenta.

Rómulo Gallegos (1884-1969). Venezolano. Puede considerarse como uno de los más grandes novelistas de Hispanoamérica. Describe los llanos de Venezuela y la vida de sus moradores con marcado acento realista. Autor de El Último Solar, La Trepadora, Doña Bárbara, Cantaclaro, Pobre Negro, Sobre la misma tierra, y La Brizna de paja en el viento, cuya acción transcurre en Cuba. Las opiniones se han inclinado en favor de Doña Bárbara al creer que es la novela cumbre de Gallegos. Quizá sería mejor considerar excelente toda la novelística galleguense. Admirable narrador de cosas vistas en su tierra, no se ven atisbos de renovación rodasiana.

Martín Luis Guzmán (1887-1977). Mexicano. Actor de la revolución mexicana de 1910 a 1917, comprendió que se trataba de liberar a su país de la dictadura feudal y entreguista de Porfirio Díaz y abolir la influencia de los grandes hacendados millonarios mexicanos y de los concesionarios extranjeros. La promotora de la revolución era la burguesía mexicana contando con la ayuda del proletariado y del pueblo. Las novelas de Guzmán se llaman El águila y la serpiente, La sombra del caudillo y Memorias de Pancho Villa.

Miguel Ángel Asturias (1899-1974). Premio Nobel. Graduado abogado en Guatemala, agregó la profesión de Letras de la Universidad de París. Se asomó a la fama con sus Leyendas de Guatemala, celebradas en los círculos franceses porque iba América a enseñar sus cosas a la culta Europa. Acabó de darle renombre El Señor Presidente, en la que aparece la imagen diabólica de Manuel Estrada Cabrera, dictador de Guatemala durante un cuarto de siglo. Finalizó denunciando la acción de la United Fruit Co. en su país en las novelas Hombres de maíz, Viento fuerte, El papá verde, Los ojos de los enterrados y Weekend en Guatemala. Miguel Ángel Asturias con sus libros documentaba la revolución social de su país y Centroamérica. Fue un escritor que sirvió para algo. No fue un inútil deleitador de círculos selectos de salón.

En la década cuarenta aparecen dos novelistas, surgidos de la entraña del proletariado, denunciando al monopolio frutero: Carlos Luis Fallas con Mamita Yunai en Costa Rica y Ramón Amaya Amador con Prisión Verde en Honduras. Estos novelistas poco mencionados por su procedencia y su ideología, forman con Miguel

Ángel Asturias la tríada fundamental de la novela de denuncia en Centroamérica.

Y abajo está otro novelista que no se puede olvidar. Se trata de César Vallejo (1892-1938), peruano que en poesía, a pesar de viajar, vivir y morir en España, la Unión Soviética y Francia, jamás se apartó de las faldas, las cumbres, los ventisqueros y las gentes de los Andes, externando en sus versos el pensamiento de los nativos de aquellos empinados lugares solitarios. Los imitadores de Vallejo, que abundan, no han comprendido este aspecto. Y es el mismo tema de su novela Tungsteno, en la que brilla al sol la espalda negra y desnuda del esclavo y baila en la mano del capataz el látigo que desgarra la piel. Más o menos, tomando en cuenta las variaciones.

La sociedad latinoamericana siempre estuvo y está dividida en clases. La clase dominante se encarga de guardar el orden por medio del Estado para impedir que se rompa la alianza sellada entre la oligarquía nacional y el poder supremo del imperialismo para oprimir y explotar al pueblo trabajador, que no tiene más medio de vida que la venta de la fuerza de su trabajo. Y la clase dominada, ya sea que carezca de organización, ya sea que se halle organizada, siempre mantiene viva la protesta, silenciosa o hablada, contra la oligarquía nacional y contra el imperialismo. Esto se sabe desde que fue publicado el Manifiesto Comunista en 1848. Pero como las ideas suelen olvidarse o silenciarse a garrotazos y balazos, en cárceles y en Islas del Diablo o en destierros de por vida, siempre es bueno recordarlas de cuando en cuando. Hoy la lucha de clases latinoamericana es más aguda que en cualquier otro tiempo. Y es tan aguda que no se da punto de reposo en huelgas parciales, huelgas generales económicas, huelgas generales políticas, insurrecciones armadas, guerras de guerrillas, en fin. Tan cierto es todo esto, que ya existe una República socialista en Cuba, a noventa millas de distancia de la base fundamental del imperialismo, de los Estados Unidos. Hace poco (17 de septiembre) en el centro de América, en Nicaragua, hubo un levantamiento popular vanguardizado por los guerrilleros sandinistas contra la dictadura personal de Anastasio Somoza, jefe de la dinastía Somoza, la cual retiene el poder político desde el año que asesinaron al general Augusto César Sandino en 1934. El imperialismo ha corrido a salvar a su fantoche con mercenarios de

Corea y de Vietnam y con asistencia financiera bajo capa, haciéndole facilidades para que cometa el más repugnante genocidio registrado en los últimos tiempos, y luego en la Organización de Estados Americanos (OEA) ha declarado oficialmente la no intervención por respeto al derecho de autodeterminación de los pueblos. El imperialismo yanqui con sus muñecos panamericanos pudo haber condenado el genocidio de Somoza, sin herir el principio de no intervención, y al no hacerlo quedan con las manos sueltas los demás genocidas potenciales de América Latina, lo que es más que correcto en el irracionalismo imperialista.

La verdad es la siguiente: los resplandores de la Segunda Guerra Mundial o, con más exactitud, los fogonazos de la guerra de la humanidad contra el fascismo (1939-1945), produjeron en América Latina el comienzo de su revolución social y nacional, que marcha hacia sus objetivos a paso de vencedores, y no se detendrá en ningún punto hasta que los haya logrado. Esta situación conflictiva hace que todo mundo tome filas, no habiendo zonas neutrales para nadie. De esta manera, las políticas y las ideologías de antes de la guerra de la humanidad contra el fascismo se borran en la sombra y sólo quedan en el cuadrilátero de los púgiles el comunismo y el anticomunismo dándose golpes mortales. Pero ya se sabe anticipadamente de quién será la victoria y quién saldrá derrotado. La "guerra a muerte" de Bolívar ha vuelto a las proclamas, y esta vez con más contenido, seriedad y decisión.

¿De qué lado está Cervantes con su Quijote? Del lado del proletariado, del pueblo trabajador latinoamericano. No puede negarse ni traicionarse al ponerse al lado de los ricos y del imperio contemporáneo. En este sentido, Cervantes, el maestro, está con los novelistas proletarios o proletarizados que tienen una doctrina clara y definida y una meta brillante. Y así tiene que suceder porque la revolución latinoamericana, que cada día se agiganta más, no insinúa o sugiere o invita a sus militantes, les ordena, les manda, les impone que escriban novelas que sean como leña seca que acrecienta la llama revolucionaria. En cuanto al arte o técnica a seguir, como se dice hoy, quedan en completa libertad de adoptar la que consideren más oportuna.

En respuesta, la contrarrevolución latinoamericana espolea a sus novelistas y les manda que hagan cercos, que pongan alambradas, que tiendan talanqueras, que levanten muros. De paso, la palabra muro la puso de moda Jean-Paul Sartre, y por ello hay tantos muristas que, de seguir, van a construir una muralla china. Y los novelistas contrarrevolucionarios obedecen y escriben libros bárbaros, ya por su contenido, ya por su forma, o por su forma y contenido. Nos atenemos al hacer esta afirmación a la supuesta conveniencia del imperialismo que sus amanuenses, de otro modo escritores, se ajusten en sus obras al irracionalismo, a la antihistoria y al arte deshumanizado. Como siempre son necesarios los puntos de referencia, los pueden hallar en las ruinas del fascismo alemán. Y si no les bastan, pueden encontrarlos en los arsenales atómicos, en la bomba de neutrones con que amenaza James Carter y en la posibilidad de una tercera guerra mundial, que en todo caso sería una bárbara guerra termonuclear.

En el coloquio sobre la novela hispanoamericana sostenido por Iván A. Schulman, Manuel Pedro González, Juan Loveluck y Fernando Alegría, críticos todos ellos, en la Universidad de Washington en 1966, estuvieron perfectamente de acuerdo en que la narrativa novelada de este subcontinente se hallaba en crisis.

En sus exposiciones, siguieron a Martí cuando afirmaba que "sólo lo genuino es fructífero" y "sólo lo directo es poderoso". Pero nos parece que el más apegado al pensamiento martiano fue Manuel Pedro González, por haber puesto en claro, como nadie lo había hecho con el valor y la franqueza que requería el caso, la obediencia, la supeditación, el servilismo, la esclavitud mental a que están sujetos los novelistas hispanoamericanos que se renuncian definitivamente, que se olvidan de sus obligaciones americanas fundamentales, para seguir modelos extranjeros, los cuales a su vez, en tiempos anteriores, cumplieron consignas imperialistas, escribiendo libros de distracción para que los pueblos no se fijaran en el ensayo revolucionario en que se empeñaba la Unión Soviética. Parece que no es verdad lo que se dice aquí y es totalmente cierto. Esos grandes escritores, que dicen las gentes desprevenidas, le tenían un miedo pánico al futuro y trataban con sus medios literarios de impedir la revolución mundial.

Aclara el crítico mexicano Manuel Pedro González:

"Estimo que de todos los novelistas europeos y norteamericanos que en nuestra América han sido imitados y hasta plagiados en el procedimiento durante los últimos tres o cuatro lustros, los que más prosélitos han hecho y más aptitudes han vulnerado han sido James Joyce y su más eminente secuaz norteamericano, William Faulkner. El influjo de Joyce pesa sobre Leopoldo Marechal, Julio Cortázar, Agustín Yáñez, Carlos Fuentes, Alejo Carpentier, etc., y el de Faulkner sobre Juan Rulfo, Manuel Rojas, Mario Vargas Llosa, José Revueltas, L. Novás Calvo, y Fuentes, para citar sólo nombres bien conocidos" (Acotaciones a la muerte de Artemio Cruz).

En otro estudio agrega el crítico González, refiriéndose a Julio Cortázar, Mario Vargas Llosa y Carlos Fuentes:

"Ninguno de los tres parece haber encontrado todavía su auténtico 'Camino de Damasco', su técnica o procedimiento personal. Sus sendas novelas más exaltadas revelan más talento y cultura que originalidad, más ingenio y aptitud mimética que autarquía artística. Los tres parecen más interesados en 'ponerse al día' remedando trucos técnicos y puerilidades de léxico, puntuación y estilo ya viejos en otras lenguas que en crear obra de raigal legitimidad. De ahí que hasta ahora no hayan rebasado el rango de neófitos de Joyce, Faulkner, Malcolm Lowry, Aldous Huxley, Henry Miller y Eugene Ionesco — que varios de ellos marchan de la mano en algunas de estas novelas... La impresión que deja la lectura de Rayuela es la de una gran inteligencia todavía desorientada o extraviada que busca su personal expresión por rutas equivocadas, la de la emulación de modelos que devinieron moda hace años" (Reparos a ciertos aspectos de Rayuela).

En otra parte agrega González:

"A mi entender, la generación que Juan Rulfo, Carlos Fuentes, Mario Vargas Llosa, José Revueltas, Julio Cortázar, Lino Novás Calvo y algún otro representante ha ido demasiado lejos en el empeño de renovar la técnica, y varios de ellos han dado en un mimetismo que resta originalidad y rigor a sus obras...

"Otra novela mexicana que ha merecido también lisonjeras aclamaciones en el Continente, es Pedro Páramo (1955), cuyo prestigio ha decaído. Esta obra representa la más lograda aplicación de la enrevesada técnica faulkneriana que en México se ha escrito, y es muy superior al que de ella había hecho José Revueltas en El luto humano (1943) y en Los días terrenales (1949). En mi opinión, tanto Rulfo como Revueltas ponen demasiado énfasis en la técnica y se mantienen demasiado adheridos a los procedimientos de Faulkner. Esta lealtad excesiva al narrador yanqui los daña porque merma la originalidad de su obra y la convierte en charada que el lector debe descifrar" (La novela hispanoamericana en el contexto de la internacional).

Hemos usado —mejor dicho, abusado— de los textos del crítico mexicano Manuel Pedro González. Le rogamos perdonarnos. Vivimos en un país donde la policía confisca los libros que traen los viajeros y el correo los amontona y los quema, en cumplimiento de una vieja ley fascista vigente. Por esa razón desconocemos las novedades del mundo, y cuando queremos escribir algo, vemos que en nuestra mesa escasean los textos de consulta.

En cuanto a lo que dice González, sobre las novelas policíacas y pornográficas, es evidente que ésta es la literatura oficializada por el amo imperialista. Con esta literatura la gente torpe se vuelve bruta, y la que es bruta para en imbécil. Todos

los países de América Latina son atrasados porque son dependientes. Pero en unos el atraso es menor y en otros es mayor. En estos últimos no hay librerías sino almacenes de porquerías pornográficas y policíacas. Si a lo dicho se agregan las salas de cine que sirven vulgaridad por toneladas, el plan educativo imperialista logra sus objetivos.

La lectura de Rayuela es la de una gran inteligencia todavía desorientada o extraviada que busca su personal expresión por rutas equivocadas, la de la emulación de modelos que devinieron moda hace años... (Reparos a ciertos aspectos de Rayuela).

En otra parte agrega González:

"A mi entender, la generación que Juan Rulfo, Carlos Fuentes, Mario Vargas Llosa, José Revueltas, Julio Cortázar, Lino Novás Calvo y algún otro representante ha ido demasiado lejos en el empeño de renovar la técnica, y varios de ellos han dado en un mimetismo que resta originalidad y rigor a sus obras..."

"Otra novela mexicana que ha merecido también lisonjeras aclamaciones en el Continente, es Pedro Páramo (1955), cuyo prestigio ha decaído. Esta obra representa la más lograda aplicación de la enrevesada técnica faulkneriana que en México se ha escrito, y es muy superior al que de ella había hecho José Revueltas en El luto humano (1943) y en Los días terrenales (1949). En mi opinión, tanto Rulfo como Revueltas ponen demasiado énfasis en la técnica y se mantienen demasiado adheridos a los procedimientos de Faulkner. Esta lealtad excesiva al narrador yanqui los daña porque merma la originalidad de su obra y la convierte en charada que el lector debe descifrar". (La novela hispanoamericana en el contexto de la internacional).

Hemos usado —mejor dicho abusado— de los textos del crítico mexicano Manuel Pedro González. Le rogamos perdonarnos. Vivimos en un país donde la policía confisca los libros que traen los viajeros y el correo los amontona y los quema, en cumplimiento de una vieja ley fascista vigente. Por esa razón desconocemos las novedades del mundo, y cuando queremos escribir algo, vemos que en nuestra mesa escasean los textos de consulta.

En cuanto a lo que dice González sobre las novelas policíacas y pornográficas, es evidente que ésta es la literatura oficializada por el amo imperialista. Con esta literatura la gente torpe se vuelve bruta, y la que es bruta para en imbécil. Todos los países de América Latina son atrasados porque son dependientes. Pero en unos el atraso es menor y en otros es mayor. En estos últimos no hay librerías sino almacenes de porquerías pornográficas y policíacas. Si a lo dicho se agregan las salas de cine que sirven vulgaridad por toneladas, el plan educativo imperialista logra sus objetivos.

Los participantes en el coloquio sobre la novela hispanoamericana hablaron de la "crisis" que afecta a dicha novela. Para hacer tal afirmación y probarla, la tomaron globalmente, lo que nos parece un criterio idealista, metafísico, porque estando la América Latina dividida en clases, y teniendo cada clase una ideología y un miraje, también hay que admitir que existen dos literaturas de clase y por tanto dos novelas de clase, que no están en crisis a la vez, sino una de ellas.

Cuando hablan de crisis de la novela ¿de cuál, exactamente, se refieren los críticos del coloquio en la Universidad de Washington? Lo vamos a decir sin rodeos. Se refieren a la novela hispanoamericana que se escribe al terminar la Segunda Guerra Mundial hacia acá. Se refieren a la novela que escriben los intelectuales pequeño-burgueses que imitan a Joyce, Faulkner, Huxley y otros enrevesados escritores de Europa y los Estados Unidos. Se refieren concretamente a los novelistas del llamado "boom", que con la propaganda que se hacen y los bombos mutuos en que han vivido, le han hecho un daño incalificable a la juventud universitaria del subcontinente, que poco informada de las imitaciones y de los objetivos novelísticos, creyó sin reservas en estos adalides de la narrativa hispanoamericana. Y habría seguido creyendo en ellos, si no se produce el affaire de Heberto Padilla en la Casa de las Américas.

Ahora, la otra novela de clase, la que corresponde al proletariado y al pueblo, se gesta y se produce en las condiciones de la Segunda Guerra Mundial. Quiere decir que está en la infancia. Pero llegará a la juventud y después a su plenitud. De modo que la crisis de esta otra novela se halla en el porvenir incalculable.

Que llegue a producirse, lo dudamos, por animarle el encendido espíritu del Ingenioso Hidalgo Don Quijote de la Mancha, escrito por don Miguel de Cervantes Saavedra, para más señas.

XXIII. AMÉRICA LATINA, UNA SOLA NACIÓN Y UN SOLO ESTADO NACIONAL PARA EL SIGLO XXI

El mejor estudio para los americanos es América. —José Cecilio del Valle.

En 1605, Don Quijote de la Mancha encontró que los habitantes de las Indias Occidentales hablaban el idioma castellano, y aquellos que no lo sabían lo estaban aprendiendo porque así convenía a sus relaciones sociales y de trabajo. Encontró que dichos habitantes ocupaban un vasto territorio del Nuevo Mundo que iba en el norte desde California, Nuevo México y Tejas hasta el lejano sur que confina con la Antártida. Encontró la misma vida económica, en la que los habitantes se dedicaban a las actividades fundamentales de la minería, la agricultura y la ganadería y agregaban a éstas otras menores. Encontró, por consiguiente, que los habitantes americanos ofrecían la misma psicología, con algunas diferencias de poca monta determinadas por las regiones de tan vasto país. Y encontró, por último, que todo esto se manifestaba en la comunidad de cultura que caracterizaba a las Indias Occidentales. Lo anterior significa que Don Quijote al desembarcar en estas costas descubrió que aquí se estaba formando una nación, o sea, una comunidad estable, con idioma, territorio, vida económica y psicología, que se manifestaba en una comunidad de cultura hispanoamericana.

Como cosa superpuesta, encontró además un Estado colonial dividido en virreinatos y capitanías generales y supeditado éste a un Estado absoluto que quedaba en ultramar, en España.

Una vez realizada la separación de América Hispana de la Metrópoli española con la batalla de Ayacucho en 1824, Bolívar pensó en la idea fundamental de unir en una sola nación los anteriores virreinatos y capitanías generales. En la América Hispana debía haber una sola nación y un solo Estado nacional. Para ello, convocó a los gobiernos recién establecidos a un Congreso que tuvo lugar en Panamá en 1826. La idea bolivariana quedó en simple proyecto por las intrigas de los diplomáticos de Inglaterra y los Estados Unidos.

Pero como las realidades históricas son invencibles, la nación que existe en la América Hispana no puede ser abatida por ningún imperio. La Gran Bretaña dominó a esta nación en potencia en el siglo XIX. De Londres vinieron las órdenes para muchos países. Sin embargo, el poder imperial de la Gran Bretaña se fue de la América Hispana. Vino después la dominación de los Estados Unidos armados de la Doctrina de Monroe. Pero la América Hispana, dividida artificialmente en varios países, explotada en sus masas humanas y en sus riquezas naturales, y sometida a los dictados absurdos del "panamericanismo", sigue siendo una sola nación que reclama un solo Estado nacional.

Actualmente, la revolución que se gestó en las condiciones de la Segunda Guerra Mundial impulsa con más fuerza el desarrollo de la nación hispanoamericana. El idioma de Cervantes, que en este subcontinente desempeña una esclarecida militancia antiimperialista y anticonservadora, ha adquirido tal riqueza que ha dejado atrás al castellano de España, sin jactancias de ningún género. Y este acaudalado y combatiente idioma cervantino de América Hispana empieza a llevar el nombre de idioma hispano en la literatura, el periodismo, la diplomacia y en los círculos internacionales, lo que indica que debajo de este fenómeno lingüístico existen los dictados de la nación hispanoamericana.

También esta nación quiere entrar en plena posesión de su vasto territorio, de su vida económica, de su psicología, para manifestar con toda eficiencia la comunidad de su cultura. Para lograr los resultados que se apuntan, la América Hispana está formando un frente, que empezó teóricamente con la celebración de un centenario más de la batalla de Ayacucho, en 1824, que puso fin a la dominación española en el continente. De aquella concurrencia de los gobernantes de las naciones libertadas por Bolívar, nació la idea del Pacto Andino, que ha unido en un solo haz a Venezuela, Colombia, Ecuador, Perú y Bolivia. Este grupo de naciones iniciará la acción unificadora en condiciones cien veces más ventajosas que las que se le ofrecieron al Libertador en 1826.

Existe el capítulo del Brasil, nación fundada por portugueses, cuyas diferencias son poquísimas con Hispanoamérica. La ciencia política sabrá encontrar los procedimientos para que el Brasil se integre plena y firmemente con sus hermanas continentales. La unión brasileño-hispanoamericana siempre ha sido necesaria. Pero hoy se vuelve más urgente porque el destino de América Latina ya se está revelando como una gran nación formada y consolidada para el siglo XXI.

Finalmente, existe el capítulo del Caribe. En las Antillas Mayores y Menores existen diferencias con sus hermanas del continente impuestas por las naciones que las colonizaron: España, Portugal, Francia, Inglaterra. Destruyeron los indios que las poblaban y trajeron negros africanos. Estos pobladores, diferenciados por el mestizaje, no hablan los idiomas de Tierra Firme. Hablan francés e inglés. Pero no hay aquí ningún impedimento, porque sienten el mismo dolor y abrigan la misma aspiración libertadora. Los pueblos oprimidos y explotados son hermanos en la redondez del mundo, y por consiguiente, en América Latina.

Con Miguel de Cervantes, que nos presta su habla, su inspiración y su ideal, digamos nosotros:

—¡No más reyes y emperadores de las viejas castas y de las nuevas, que perfilados en monopolios internacionales conforman el imperialismo contemporáneo!

BIBLIOGRAFÍA

- Miguel de Cervantes Saavedra. Obras completas. Recopilación. Estudio preliminar, prólogos y notas por Ángel Balbuena. Editorial Prat Aguilar.

- Cervantes. Dirección literaria de J. García Pérez, Licenciado en Filosofía y Letras. Prólogo de Tomás Salvador. Editorial Perma, Barcelona - Buenos Aires.

- Cervantes. María Luz Morales. Editora Nacional Edinal, S. de R. L., México, D.F., 1951.

- Carlos V. Francisco de Cossío. Editora Nacional Edinal, S. de R. L., México, D.F., 1959.

- La cultura en la Edad Media y Renacimiento. Mijail Bajtín. Traducción de Julio Forcat y César Conroy. Barral Editores, S. A., 1971. México, D.F., 1974.

- Enciclopedia Universal Ilustrada. Tomo 21, España. Espasa Calpe, S. A., Barcelona.

- Enciclopedia Británica. Traducción al castellano. Espasa Calpe, S. A., Barcelona.

- Introducción a la Historia de España. Antonio Ubieto, Juan Reglá, José María Jover, Carlos Seco. Editorial Teide, Barcelona.

- La Literatura Occidental. Segundo Serrano Poncela. Universidad Central de Venezuela. Ediciones de la Biblioteca de Caracas, 1971.

- Formas de la conciencia social. V. Kelle, M. Kobalzón. Editorial Lautaro. Sánchez de Bustamante 68, Buenos Aires.

- América mágica. Germán Arciniegas. Editorial Sudamericana, Buenos Aires.
- De Erasmo a Romain Rolland. Humanismo burgués y humanismo proletario.

- Aníbal Ponce. Editorial Futuro. Sarmiento 2390, Buenos Aires.

- Los autores y los libros. Aníbal Ponce. Ediciones al Viento en el Mundo, Buenos Aires, 1970.

- Cantos de Vida y Esperanza. Rubén Darío. Editorial Austral, Santiago, Chile.

- Obras completas. José Cecilio del Valle. Edición bajo la dirección de Jorge Valle Matheu.

- Últimos Versos. José Antonio Domínguez. Publicados en la revista Ariel. Tegucigalpa, Honduras, C.A. 1964–1976.

- El Éxodo. Salatiel Rosales. Colección de artículos. Revista Ariel, Tegucigalpa, Honduras, C.A.

- Coloquio sobre la novela hispanoamericana.

- Schuman / González / Loveluck / Alegría. Publicado en Tezontle, México, D.F.

- Elogio de la locura. Erasmo de Rotterdam. México, D.F., 1975.

CUENTOS COMPLETOS

EL DÍA DE LA MAMISACA

A veces un cuerazo bien dado del padre o un tirón de mechas de las madres decide que los adolescentes abandonen el hogar, y al cabo del tiempo vuelvan a él cargados de penas o no vuelvan, sin quedarse a saber a dónde se fueron. Si son varoncitos, se pegan a los arrieros como tayacanes de mulas y así van conociendo Guata, Comayagüela, la montaña de Pacaya, Botaderos, Esquipulas del Norte, la Sebadilla, Olanchito, la cuesta del Arrayán, Yaruca, el Río Cobija, hasta llegar a La Ceiba, donde se hacen fogoneros, maquinistas o brequeros. Y si son hembritas se van con sus novios, más corriendo que andando, pero sorbiendo las mieles del amor en cada posada, en los corredores o a cielo raso, en las subidas de las cuestas o a orilla de las quebradas, porque así es en los comienzos, hasta que se borran en los campos de las compañías fruteras.

Pues por esos años y parecidas causas, Martincito Guifarro dejó su hogar de Mamisaca, aldea de pocos habitantes, de origen indeterminado, de presente lleno de pobreza, y de futuro declinante al verse que algunas casas se iban de boca y otras de lado, quedando firmes algunas, alegradas por el canto de los gallos aquí y allá.

Los vecinos de Mamisaca se dedicaban a la actividad agrícola en pedacitos de vega, en falditas, en zarzalitos, y las cosechas eran míseras. Se ha de comprender por qué era así. Cuidaban la vaquita de ordeño, el caballito de ir al pueblo, engordaban el chanchito del hilo, la manta, el dril, la sal y los tres aceites. Después de esto sobraba el tiempo para sentarse en los corredores, beber café negro, fumar y ver jugar a los muchachos en la sabana.

En la parte norte de la aldea había un estanco de aguardiente que permanecía sin clientela. Llegaban a él los que venían de Juticalpa y se encaminaban al Rincón o más allá. Los mamisaca no eran inclinados a la bebida alcohólica, no por temor al Auxiliar o a los Inspectores de Policía que pasaban persiguiendo vagos y maleantes, sino por respeto a don Jorge, Mr. George Jackson, un distinguido ciudadano de color, de origen beliceño, que tenía años de haberse avecindado en la aldea, era de costumbres ejemplares y era médico por afición, consejero, moralista, amigable componedor, leía las cartas que llegaban a ciertas personas y siempre andaba en provechosa actividad como herrero, carpintero, mecánico, tejero, adobero, zapatero, talabartero, sastre, otros oficios, pues no había nada que escapara a su fecunda habilidad.

Cuando pasaban gringos buscadores de minas, se entendían en inglés con don Jorge, quien lo hacía regocijado al hablar en su lengua nativa, y los vecinos jóvenes y ciertos viejos rodeaban a los disertantes para ver el pelo rubio y los ojos azules de los mineros y enorgullecerse de don Jorge al oírlo hablar en aquella monserga incomprensible. Pasada la entrevista era corriente oír hablar en inglés a los pequeños diciendo unos: "Rap, re, jau du du", contestando otros "yes", y ambos se reían de su sapiencia.

Martincito Guifarro, hijo de Perfecto Guifarro y de Fidelia Meza, se ilusionó con el idioma inglés y como creyó que era cosa de inventarlo, ponía nombres enredados a lo que veía y todo lo fue bautizando con vocablos extraídos de su imaginación. Como vivía en un mundo distinto al corriente, olvidaba sus obligaciones caseras y al hacerle recuerdo de ellas, las hacía con tardanza. Decía Fidelia: "Este muchacho se ha arruinado, quién sabe qué le pasa". Y aclaraba el hermano mayor de Martincito: "Se está volviendo loco; viera cómo habla solo cuando va para el río".

Aquel constante olvido y aquel ir y venir tan despacio, alborotó las pulgas de Perfecto, que lo tomó del pelo mechudo, lo arrastró al caidizo y le aplicó tres riendazos que lo hicieron orinarse.

Martincito no amaneció al día siguiente. Lo buscaron los padres de casa en casa. Lo sabanearon los hermanos en la finca, en la milpa, en el frijolar. Todos los vecinos se movieron para encontrarlo. Y nada. En Mamisaca los muchachos no tenían la costumbre de abandonar el hogar. Pero Martincito se había ido con tanta habilidad que parecía que la tierra se lo había tragado. Los afligidos padres, aconsejados por don Jorge, fueron a Juticalpa a pedir a las autoridades que lo exhortaran una y más veces, y al cabo de las semanas, los meses y los años, la respuesta fue el silencio.

Mamisaca se conmovió con la desaparición de Martincito. El comentario en los corredores fue que Perfecto se había vuelto tirano con sus hijos y que había llegado a darle pescozadas a Fidelia por pequeñeces. En los caseríos cercanos decían que unos cazadores habían encontrado en la montaña un sombrerito de palma y unos pantaloncitos desgarrados, señal inequívoca de que a Martincito se lo había comido el tigre. Pasó el tiempo. La apesarada familia Guifarro-Meza se fue resignando. Los mamisacas olvidaron la desgracia. Y nuevos inviernos y veranos borraron hasta el nombre del muchacho.

Un día, Perfecto Guifarro apareció corriendo en la sabana de Mamisaca, llamando a gritos a don Jorge. Temblaba el caballo que montaba, bañado en sudor. De su casa salió don Jorge con una sierra en la mano, y Perfecto le informó a grandes voces para que oyeran los vecinos que había estallado "un guerrón de once mil diablos"; que el general Manuel Bonilla había tomado la Costa Norte, y que el general Melchor Fornells, parapetado con sus overoles en la Cuesta del Quebrancho, había rodado grandes piedras que exterminaron la tropa del general Cástulo Zapata que iba de Juticalpa al Valle Arriba, quedando de la gente y de las bestias masas informes en el farallón, y que después el triunfador había tomado la plaza departamental.

Dijo don Jorge: "Yo voy a comprobar esos desastres. Me van a acompañar tres de ustedes. No tengan miedo que soy amigo del general Fornells". Con esta seguridad lo acompañaron tres mamisacas resueltos. Los cuatro averiguadores estuvieron ausentes dos días y regresaron a informar la verdad a los aldeanos ansiosos. Misteriosamente, el presidente Miguel R. Dávila había dejado el gobierno, abandonando la lucha. El general Bonilla marchaba con suma facilidad hacia Tegucigalpa, donde lo esperaba con el poder en bandeja de plata. El general Fornells ya era Comandante de Armas de Olancho. Pero era mentira, y lo repetía con su acento inglés, pura mentira el desastre que sufriera el general Zapata en el despeñadero de la cuesta del Quebrancho.

Lo peor —agregaba don Jorge lleno de cólera— es que los mentirosos, los farsantes, los serviles, han inventado canciones con letra y música para quedar bien con el general Fornells, en que hablan de centenares de hombres y caballos que quedaron despeñados en las profundidades de la Cuesta del Quebrancho. "Y pensar que esta mentira —agregaba don Jorge— pasará a la historia de mi amigo

Félix Salgado, no por culpa de él sino de los inventores de batallas encarnizadas", y echó un inglesazo que debe haber sido mala palabra.

Mamisaca quedó en la tranquilidad de siempre hasta que un día pasó un enganchador de trabajadores que ganarían buenos salarios en una mina. Don Felipe Cálix Matute descubrió en su posesión de Canaán, camino de Playa Grande, una californiana veta de oro. De verbo convincente, don Felipe entusiasmó a los ricos ganaderos de la comarca con el negocio minero. La mina de Canaán atraería ferrocarriles, canales fluviales, inmigrantes, nuevos cultivos, fábricas, comercio en gran escala. El poder económico de Olancho sería tan crecido, que se extendería al resto de la República, y dominando los negocios del país, Honduras terminaría por renunciar su nombre para llamarse Olancho. Las acciones de la sociedad minera valían cien pesos, que se agotaron en la primera sesión, porque muchos ganaderos compraron hasta veinte acciones.

Una madrugada salieron de Juticalpa los trabajadores mineros rumbo a Canaán. Una bomba de varias libras de pólvora anunció la marcha del verdadero progreso olanchano. El retumbo que produjo la bomba fue como de varios cañones disparados al mismo tiempo. Cayeron tejas mal puestas y se abrieron las paredes de algunas casas. Se asustaron las gentes que no sabían nada de la marcha, saliendo a las calles envueltas en sábanas. Pero al asomarse el sol fue todo alegría en Juticalpa. En la fila de trabajadores mineros iba uno que otro mamisaca, más que por el salario, por curiosidad, para saber cómo se explotaba una mina y tener qué contar después en la aldea.

Martincito no amaneció al día siguiente. Lo buscaron los padres de casa en casa. Lo sabanearon los hermanos en la finca, en la milpa, en el frijolar. Todos los vecinos se movieron para encontrarlo. Y nada. En Mamisaca los muchachos no tenían la costumbre de abandonar el hogar. Pero Martincito se había ido con tanta habilidad que parecía que la tierra se lo había tragado. Los afligidos padres, aconsejados por don Jorge, fueron a Juticalpa a pedir a las autoridades que lo exhortaran una y más veces, y al cabo de las semanas, los meses y los años, la respuesta fue el silencio.

Mamisaca se conmovió con la desaparición de Martincito. El comentario en los corredores fue que Perfecto se había vuelto tirano con sus hijos y que había llegado a darle pescozadas a Fidelia por pequeñeces. En los caseríos cercanos decían que unos cazadores habían encontrado en la montaña un sombrerito de palma y unos pantaloncitos desgarrados, señal inequívoca de que a Martincito se lo había comido el tigre. Pasó el tiempo. La apesarada familia Guifarro-Meza se fue resignando. Los mamisacas olvidaron la desgracia. Y nuevos inviernos y veranos borraron hasta el nombre del muchacho.

Un día, Perfecto Guifarro apareció corriendo en la sabana de Mamisaca, llamando a gritos a don Jorge. Temblaba el caballo que montaba, bañado en sudor. De su casa salió don Jorge con una sierra en la mano, y Perfecto le informó a grandes voces para que oyeran los vecinos que había estallado "un guerrón de once mil diablos"; que el general Manuel Bonilla había tomado la Costa Norte, y que el general Melchor Fornells, parapetado con sus overoles en la Cuesta del Quebrancho, había rodado grandes piedras que exterminaron la tropa del general Cástulo Zapata que iba de Juticalpa al Valle Arriba, quedando de la gente y de las bestias masas informes en el farallón, y que después el triunfador había tomado la plaza departamental.

Dijo don Jorge: "Yo voy a comprobar esos desastres. Me van a acompañar tres de ustedes. No tengan miedo que soy amigo del general Fornells". Con esta seguridad lo acompañaron tres mamisacas resueltos. Los cuatro averiguadores estuvieron ausentes dos días y regresaron a informar la verdad a los aldeanos ansiosos. Misteriosamente, el presidente Miguel R. Dávila había dejado el gobierno, abandonando la lucha. El general Bonilla marchaba con suma facilidad hacia Tegucigalpa, donde lo esperaba con el poder en bandeja de plata. El general Fornells ya era Comandante de Armas de Olancho. Pero era mentira, y lo repetía con su acento inglés, pura mentira el desastre que sufriera el general Zapata en el despeñadero de la cuesta del Quebrancho.

Lo peor —agregaba don Jorge lleno de cólera— es que los mentirosos, los farsantes, los serviles, han inventado canciones con letra y música para quedar bien con el general Fornells, en que hablan de centenares de hombres y caballos que quedaron despeñados en las profundidades de la Cuesta del Quebrancho. "Y pensar que esta mentira —agregaba don Jorge— pasará a la historia de mi amigo Félix Salgado, no por culpa de él sino de los inventores de batallas encarnizadas", y echó un inglesazo que debe haber sido mala palabra.

Mamisaca quedó en la tranquilidad de siempre hasta que un día pasó un enganchador de trabajadores que ganarían buenos salarios en una mina. Don Felipe Cálix Matute descubrió en su posesión de Canaán, camino de Playa Grande, una californiana veta de oro. De verbo convincente, don Felipe entusiasmó a los ricos ganaderos de la comarca con el negocio minero. La mina de Canaán atraería ferrocarriles, canales fluviales, inmigrantes, nuevos cultivos, fábricas, comercio en gran escala. El poder económico de Olancho sería tan crecido, que se extendería al resto de la República, y dominando los negocios del país, Honduras terminaría por renunciar su nombre para llamarse Olancho. Las acciones de la sociedad minera valían cien pesos, que se agotaron en la primera sesión, porque muchos ganaderos compraron hasta veinte acciones.

Una madrugada salieron de Juticalpa los trabajadores mineros rumbo a Canaán. Una bomba de varias libras de pólvora anunció la marcha del verdadero progreso olanchano. El retumbo que produjo la bomba fue como de varios cañones disparados al mismo tiempo. Cayeron tejas mal puestas y se abrieron las paredes de algunas casas. Se asustaron las gentes que no sabían nada de la marcha, saliendo a las calles envueltas en sábanas. Pero al asomarse el sol fue todo alegría en Juticalpa. En la fila de trabajadores mineros iba uno que otro mamisaca, más que por el salario, por curiosidad, para saber cómo se explotaba una mina y tener qué contar después en la aldea.

"Una mina exige otra mina", dicho olanchano. Los primeros fondos se fueron en las instalaciones de madera, bomba de agua, perforadoras, un laboratorio, víveres y salarios. A requerimiento de don Felipe, algunos interesados compraron más acciones para importar máquinas de varias clases por medio de la Casa Siercke. Y a la tercera solicitud del gerente, nadie quiso dar un centavo más. En voz baja se habló de la quiebra de la empresa minera. Empezaron a moverse en el mercado de valores juticalpense las acciones depreciadas. Y a los pocos días se supo que había estallado una huelga por falta de pago de los salarios. De más está decir que don Felipe tuvo que esconderse, y el cajero y el pagador, amenazados de muerte, huyeron a altas horas de la noche en dirección de Iriona. Días después contaba un mamisaca en su aldea: "El placer que me queda es que al arrojarle una barra de hierro al pagador, le alcancé un ojo y lo dejé tuerto".

Al cabo del tiempo los tejados de Mamisaca se fueron cubriendo de una lama verde, señal de haberse iniciado otra época vacía de guerras y de empresas mineras. Las gentes se sentían aburridas y bostezaban con una lamentación. Prudencio Guifarro, Fidelia Meza y los hijos de ambos habían muerto. Asimismo, habían muerto otras personas queridas y útiles. Abundaba el luto expresado con unas cortinitas negras puestas en las puertas de las casas de los difuntos.

Pero hubo un día en Mamisaca que inesperadamente llegó un patacho de más de cien mulas cargadas, conducidas por más de cien individuos, cubiertos la cabeza con unos turbantes, usando unas camisas de cuello abierto, pantalones cortos, descalzos. Los conductores eran trigueños, de ojos chispeantes, de facciones finas. No eran de raza negra, pero no eran blancos. Aquella visita extraña produjo sorpresa, y más cuando aparecieron los dueños del mulerío, montados en hermosos caballos blancos, negros y retintos, luciendo vistosos turbantes, con trajes de finas sedas, con sandalias de raso que brillaban al darles el sol. Se pudo distinguir que en los jinetes había hombres y mujeres, y que los montados en caballos blancos eran los patrones. No se pudo ver más porque los muleros llenaron la escena descargando y desensillando las bestias y plantando con rapidez varias tiendas en el corazón de la plaza. Las tiendas fueron sembradas en torno de una grande, formando círculos concéntricos, dejando amplias avenidas para transitar y comunicarse con el exterior.

Los mamisacas habían formado grupos para presenciar la pacífica invasión de su aldea. En la casa de don Jorge se había reunido uno para saber la opinión del honrado beliceño, quien sin anticipar juicios dijo que tal vez se trataba de un circo de calidad que iba a la Costa Norte. La versión de don Jorge voló a los demás grupos que aceptaron se trataba de un circo muy importante que no daría función ni en Juticalpa. Pero los pequeños, metidos entre los extraños que hablaban un idioma incomprensible, trataban de conocer los payasos y los alambristas.

Llegó la noche. Los candiles se encendieron en las casuchas y las chimeneas de ocote alumbraron los patios. A esto, unos potentes reflectores iluminaron las tiendas, la aldea y los picos de los cerros próximos. Acto seguido se oyó el sonido de unos instrumentos raros, y luego un coro de voces melodiosas y litúrgicas. A la curiosidad inicial de los mamisacas, siguió en unos el temor por considerar que aquello podía ser cosa del diablo, y en otros afloró un suave sentimiento religioso, con la música y los cantos. Los vecinos más audaces se aproximaron a la tienda principal, y allí vieron a un señor y a una señora vestidos con riqueza, recostados en unos lujosos almohadones, bebiendo en unas copas que despedían chispazos y viendo la danza de unas señoritas de cabellos largos y trajes blancos. El señor y la señora parecían príncipes de los cuentos.

Al día siguiente en las primeras horas, don Jorge recibió una atenta invitación para que pasara a la tienda principal donde sería recibido por los ilustres viajeros. La invitación iba escrita en inglés sobre una cartulina primorosa. A toda prisa cambió sus ropas de trabajo don Jorge y se puso el traje de ir a Juticalpa.

Al llegar a la tienda principal, los viajeros se identificaron como los príncipes de Alahabad de la India. Le dijeron que, hastiados de la vida cómoda de los multimillonarios del Oriente, habían querido conocer las asperezas de un largo viaje por América, desembarcando en el Pacífico y que se reembarcarían en el Atlántico. Obsequiaron a don Jorge con suaves vinos pérsicos en copas consteladas de brillantes. Mientras duraba la entrevista, don Jorge dirigía miradas circulares para ver regadas y al descuido cajas abiertas llenas de piedras preciosas, de monedas de oro, de telas de incalculable valor y de frascos de perfumes.

Dijo el príncipe: "Por donde paso regalo a los pueblos. Quiero dejar esos diamantes y esas perlas a los vecinos de este lugarcito". Don Jorge agradeció la buena voluntad a nombre propio y de todos los mamisacas, pero agregó que siendo éstos seres sencillos e ignorantes, creerían que se les regalaban simples vidrios de colores pedaceados, que guardarían como recuerdo en el fondo de sus baúles, y con los años arrojarían a la basura. Pero si por suerte llegaban a saber que el regalo era de piedras valiosas, al llevarlas al comercio sufrirían robos y engaños, llegando con ello a perder la paz dichosa de buenos campesinos. Sonrieron los príncipes, llenos de comprensión, y terminó la entrevista con inclinaciones orientales.

Al día siguiente, los muleros convertidos en constructores levantaron una pequeña casa de madera con una sola ventana. Un personaje que operaría en la caseta explicó a don Jorge en perfecto inglés, para que éste lo hiciera saber a los vecinos, que su amo y señor daría dinero del país a los aldeanos para que atendieran algunas necesidades importantes, con la condición que lo hicieran bajo promesa solemne. El mismo don Jorge organizaría en fila a los campesinos, haciéndolos pasar ordenadamente por la ventanilla donde recibirían bolsas de dinero. Le dio otras explicaciones precisas, y al rato los mamisacas, hombres y mujeres, llenos de expectación, formaron una larga y oscura hilera en la plaza.

Gritaba don Jorge:

—Señoras y señores, ¡pasen por la ventanilla a recibir dinero para que paguen sus deudas por grandes que sean y sin olvidar una!

La hilera larga y oscura se puso en movimiento, y después de una hora nadie estaba en condiciones de deber un centavo. La alegría de los aldeanos no tenía nombre.

Don Jorge volvió a formar la fila, con menos trabajo, y gritó de nuevo:

—Señoras y señores, ¡repitan el paso por la ventanilla a recibir dinero para que compren tierras, yuntas de bueyes, aperos de labranza, semillas, trastos de cocina, vestidos, medicamentos y otras cositas indispensables!

Se repitió el movimiento, y al cabo de dos horas los mamisacas, como si soñaran, tenían en sus manos el material monetario con que realizar sus más acariciadas esperanzas.

En medio del tumulto delirante se levantó una voz juvenil que dijo:

—¡Estos maromeros sí son ricos de verdá y no papadas como los de Juticalpa!

Una voz chillona de mujer sumó:

—¡Qué generosidad de gente, que está a mil leguas de la mezquindad de los que servimos desde que nacemos hasta que morimos!

Y una tercera voz de viejo gritó:

—¡Muchachos, ya lo saben, en las primeras a los potentados de este lugar hay que beberles la sangre!

Aclaró don Jorge que los generosos señores no eran maromeros sino los príncipes de Alahabad de la India.

En la tarde levantaron tiendas, cargaron mulas y se pusieron en movimiento los viajeros. Don Jorge, agitando los brazos, decía en voces altas que debían encaminarlos. Y en efecto, los siguieron en masa informe y oscura desde Mamisaca hasta El Barrero, sin descalzarse los calzados en los pasos del río. Al llegar al punto de la despedida, los príncipes de Alahabad, desde sus briosos caballos blancos, movían las manos enguantadas diciendo adiós a los mamisacas. Y los mamisacas varones, no pudiendo expresarse de otro modo, dieron vivas a los viajeros y las mujeres les echaron bendiciones.

Al regresar a la aldea, en el centro de la plaza esperaba a la concurrencia Bruna Casco, una anciana que pasaba del siglo. La anciana, de buena estatura en otro tiempo, se había reducido al tamaño de una niña de ocho años. Y con sus ropas viejas y raídas, vista de lejos no se averiguaba si se trataba de una persona o era un zarandajo para espantar sanates en el frijolar. Alzó la mano para indicar que deseaba decir algo y al ser rodeada por los vecinos dijo:

—Como mamó de mis tetas el sinvergüenza, fue a verme cuando todos ustedes estaban dormidos. Me hizo mil preguntas. Yo se las contesté. Encendí el fogón y le di una taza de café con mascadura. Qué alegre se puso. Lo que quiero decirles es que el príncipe que ustedes vieron es el hijo de Perfecto Guifarro y Fidelia Meza, que Dios los tenga en su reino. Es el mismo Martín Guifarro que se perdió de Mamisaca hace años, diciendo los venaderos que se lo había comido el tigre. Por si dudan mis palabras, aquí está la prueba.

Alzó la mano la vieja y le brilló en el dedo un anillo coronado con un diamante de Golconda que saludaba a los curiosos con cambiantes luces orientales.

LA HONDUREÑA FIGURA DE DON CIRIACO TAPIA

Es frecuente que cuando uno ve un individuo bajo, fornido, de grandes entradas en la cabeza, de nariz como pico de águila y de mirada que traspasa a la manera de un acero, diga para sus adentros:

—¡Qué hombre para parecerse con el general Bonaparte...! Así debe haber sido el genial conquistador de Josefina, hecho más importante que la conquista de Italia... Porque la querida de Barras fue el hada que facilitó a su dueño último las resonantes conquistas napoleónicas.

Tal vez el individuo que tiene tanto parecido con el Cabito es el carnicero del barrio de La Hoya con traje de dominguear.

¿En razón de qué mi distinguido y buen amigo el doctor Ciriaco Tapia, como suelen decir los politiqueros del lugar cuando andan ganando votos, se parece tanto no en el físico sino en la multiplicidad de aptitudes con el ya lejano en el tiempo pero siempre inmortal Leonardo de Vinci?

Del célebre artista de la escuela florentina se dice que fue pintor de genio, autor de la Gioconda, La Virgen de las Rocas, La Última Cena, y fue además escultor, arquitecto, físico, ingeniero, escritor, músico, poeta, inventor, a tal grado que hoy, siempre para ingeniar nuevos aparatos aéreos y cósmicos, los modelistas tienen que partir de los diseños que dejara Leonardo de Vinci, personaje del Renacimiento. No sólo eso tan visible fue Leonardo. También fue fundidor, herrero, mecánico, tornero, carpintero, adobero, tejero, hilandero, tejedor, manufacturero de pastas, sastre, farmacéutico, anatomista, médico, cirujano, armador, todo para cuanto le alcanzaron las manos, porque Leonardo sabía que las manos son los órganos de la voluntad creadora del hombre y que los demás órganos, desde el cerebro hasta los dedos de los pies, son, como en los sistemas planetarios, satélites de las manos. No importa que detrás estén las ideas, las concepciones grandiosas, los proyectos, si faltan las manos firmes y hábiles, llenas de maestría en el afán de crear pirámides de

Egipto, murallas de China, santuarios del sol y los planetas de Copán, Partenones, Coliseos Romanos, barcos, aviones, computadoras, cohetes, naves espaciales.

A propósito, en Honduras faltan manos creadoras, sobrando manos tullidas en hombres y mujeres, y da lástima, o pena, o asco, o indignación que cuando uno tiende la diestra fraternal en el saludo le ofrezcan un trapo inservible y helado que, con su blandura y sin pedirle cuentas, ya refiera que nunca ha torcido una cabuya, o tomado la cacha de un machete, o agarrado el mango de una hacha, o manejado un azadón, o conducido una carretila, o enyugado un par de bueyes, o cargado una mula, o palanqueado una troza para subirla a un camión, o descuartizado un chancho, o cocido unos nacatamales, o palmeado unas tortillas, o sembrado ajos, o arrancado cebollas, o hecho cosas por el estilo que dan roble al varón y moldura a la hembra. Y lo peor es que no les da vergüenza al extenderle a uno tan triste desperdicio que niega el mandato del Génesis:

—¡Ganarás el pan con el sudor de tu frente!

Y también niega la orden del Evangelio en la Epístola de San Pablo:

—¡El que no trabaje, que no coma!

Decía que mi distinguido y buen amigo don Ciriaco Tapia es tan diligente y múltiple, tan arrollador y ubicuo como fuera en los viejos siglos el genial Leonardo de Vinci, y más, todavía más, aquí está lo extraordinario, porque este hombre teniendo manos se podría decir que no las tiene, pero sí tiene lengua. Afirman los antropólogos que a lo largo de millones de años las garras se fueron transformando en manos; que en otros millones de años las manos diligentes fueron impulsando el desarrollo del cerebro, del que empezaron a saltar las primeras chispas de las ideas primitivas; y que a saber en cuántos otros millones de años las fuerzas de las ideas dieron movimiento a la mandíbula para que pudiera agitarse libremente la lengua, órgano de la palabra. Cuando decimos que la naturaleza es sabia, afirmamos poco, porque es más. La corriente natural va de las manos al cerebro y del cerebro a la lengua, y existe una corriente inversa, de modo que, oída la palabra, se conmueven los centros nerviosos de la cabeza que ordenan la acción creadora de las manos.

No sé cómo, y esto es lo extraordinario, mi amigo Tapia paraliza las corrientes directas e indirectas, según el punto donde esté el observador, y mueve, diría con anormalidad, pero debe ser talento sumo, la lengua, el órgano de la palabra. Tapia habla, habla, habla y habla. No deja de hablar ni de día ni de noche, ni despierto ni dormido, según declaración confidencial de su mujer. Los psiquiatras le llaman logorrea al caso, donde no hay participación de la inteligencia y la voluntad, pero no les creo, porque para mí lo que hay en Tapia es singularidad, y de repente cuasi genialidad.

El hecho concreto, digno de alabanza, laurel y gloria, es el siguiente: mi amigo Tapia, sin manos ni para espantarse una mosca y sin recurrir al órgano del pensamiento que para él está de más, lucha, proclama, reclama, aclama con la lengua, rompiendo muros, destruyendo rascacielos, despertando muchedumbres y levantando revueltas o moviendo brisas perfumadas, trayendo celajes, abriendo brasavolas o volando coloreadas mariposas. ¡Qué hombre! Esto le permite ser profesional de varias profesiones liberales, paralelas, derivadas y anexas, de donde le llega el título resumido de doctor. Así es abogado, notario, economista, capitán de empresa, banquero, periodista, tribuno, crítico de arte, ensayista, clubman, conferencista, político liberal, nacionalista o ninguna cosa según el viento, diputado, magistrado, ministro, embajador, enviado en misión especial a San José de Costa Rica, a Guatemala, a Washington, agente secreto ante el Pentágono, amigo de la tetilla izquierdista de la CIA, consejero en las reuniones de la Organización de Estados Americanos. No falta en esos lugares, viaja, vuela, vuelve, da entrevistas, frases en la HRN, aparece en televisión, en fin. Y es catedrático en varios colegios de la capital y en la Universidad Autónoma, y en este ir y venir a la carrera se encuentra y se dice adiós, y en la Universidad sirve clases conocidas y recónditas, desde filosofía con el texto del Padre Balmes, pasando por un reguero de materias que escuchan alelados los mocosos de la preuniversitaria y los peludos de varias carreras, hasta llegar a las ciencias ocultas de Ana Petrovna Blavatsky y a las investigaciones audaces de los rosacruz, donde afirma, sin volver a ver a los lados, que mantiene relaciones mentales con los lejanos, remotos, inalcanzables habitantes de los planetas de la constelación de Toro.

Después de una larga y recargada disertación, en la que entran frases de idiomas terrestres y celestes, algún muchacho de provincia suele preguntar: "¿Qué dijo...?" "–Ah, ¿no entendiste?", le contesta el compañero, "es que vos sos papo..."

Mi amigo Tapia siempre está parado, paseándose, disertando como ausente, oyéndose con encanto el florilegio, dictando a sus secretarias, hablando, hablando, hablando. No tocando nada, aunque tiene manos que gracias le sirven para alisarse la cabellera florecida. Cuando hay algo que firmar, le ordena a la muchacha que escribe que firme por él. Y vive tan ocupado que cuando se le acerca un cliente de Cerro Grande con la solicitud que le habilite una escritura, le hace esperar porque en aquel momento le ha bajado la inspiración y está dictando un soneto.

Y es rico el doctor Tapia, sin tocar un alfiler, sin derramar una perla de sudor, porque la elocuencia y las altas relaciones sociales le atraen montañas de billetes. Y no da un centavo a nadie porque el menesteroso es más acaudalado que él, y el pariente que lo molesta con necesidad se cree "muy vivo" y siempre tiene modos para eludir el pago de los impuestos, y quién sabe cómo le hace para que los impuestos arrienden el camino de la Tesorería de la República a las arcas particulares de su palacio de príncipe de Irán, donde el curioso puede conocer lo soñado del "árbol que canta, el pájaro que habla y el agua dorada".

El otro día fui a visitar a tan dichosa eminencia. Al acercarme oí voces alteradas. Me detuve atento:

—¡Fenómeno! —chillaba una voz de mujer—. ¡Siquiera abre la boca! ¡Si supieran que este hombre no sirve para nada!

Y oí clara la voz sentenciosa de mi buen amigo el doctor Ciriaco Tapia:

—¡Je! Así le decía el ama de llaves a Manuel Kant, filósofo de la Crítica de la Razón Pura: "Qué hombre, que ni los pañuelos recoge, y luego dicen que es sabio".

Entré sigiloso y vi a mi amigo Tapia junto a la rica mesa de comer con un babero prendido al cuello. Su mujer le estaba dando la sopa.

DOÑA APOLINARIA

Dicen los sabidos que en el principio de la sociedad humana mandó la mujer por una razón aceptable. Quedándose en su cueva, choza o casa, empezó a cultivar rudimentariamente una huerta, que a fuerza de experimentos dio con el tiempo buena variedad de tubérculos, hierbas y semillas comestibles. Y posteriormente formó un corral de gallinas, patos y gansos. Así aseguró la alimentación del grupo gentilicio.

En tanto, el hombre que se hallaba en el período de la pesca y la caza, se acompañaba de un anzuelo y un rejón para ir al río y al monte con la esperanza de regresar cargado de hermosos guapotes y jabalíes. Desde aquel tiempo le acompañaba un perro que solía llamarle Tutirais. A veces el hombre volvía con pesada carga, y a veces regresaba con las manos vacías.

En el caso último no se afligía, porque en la casa, choza o cueva estaba la mujer que había preparado una abundante olla, y comía el desdichado hasta decir ya no. Pero esta situación tenía que pagarla el hombre con obediencia. Si la mujer gritaba y pataleaba, como una furia, él debía guardar silencio. Si alzaba un leño con ánimo de pegarle, él debía resignarse a recibir los golpes, de lo contrario no había comida ni dulce amor.

El poder de la mujer duró miles de años y tantos que, comparando el tiempo del matriarcado con el del patriarcado, éste empezó ayer. Apenas ayer, razón por la cual la dominación imperiosa o astuta de la mujer sigue en pie, y el mando del hombre, por mucha arrogancia que use, es blando como la cuajada. Extendiendo el tema, podemos fiar de la libre determinación del hombre soltero. Estemos seguros que lo que dice y hace es suyo. Pero si es hombre con mujer, legítima o como sea, por muy hombrón que se presente nos hallamos ante un simple delegado. Con seguridad que en sus palabras suena la flauta de su consejera y mandante. Y hasta en sus hechos se advierte, fijándose bien, cierto revoloteo de faldas invisibles.

Doña Apolinaria Vásquez fue la esposa de don Felipe Bustillo, gran ganadero olanchano, Vicepresidente en el gobierno del doctor Juan Fernández Lindo y Zelaya, Presidente unos meses por receso del Ejecutivo, y Diputado por Olancho al Congreso Federal reunido en Tegucigalpa en el gobierno del General Cabañas. Don Felipe fue un señor personaje. Basta fijarse en los tiempos que actuó y con quiénes. Decir don Juan Lindo y el general Trinidad Cabañas en aquellos lustros era decir luz, heroísmo, ideal.

Pero detrás de don Felipe estaba doña Apolinaria. O sea que detrás del patriarcado estaba el matriarcado. Don Felipe aparecía en escena pública por voluntad de doña Apolinaria. Don Felipe regresaba a la vida privada por mandato de doña Apolinaria. En la vida privada aquel hombre manso y bueno cuidaba sus haciendas y llevaba en persona grandes partidas de ganado a Guatemala. Allá lo esperaba don Alfonso Asturias, su leal amigo, con los negocios hechos en las ferias de Jocotenango.

Eso sí. Cuando don Felipe se desprendía de los brazos de doña Apolinaria, triste por fuera, regocijado por dentro, picaba su mula y respiraba a pulmón pleno, porque gozaría de libertad un par de meses. La fuerza o la debilidad de don Felipe era el amor. Como era don Felipe, no había para él cielo inasible ni abismo insondable. Regocijado volaba en su cabalgadura y hasta cantaba canciones del lugar. En algunas posadas dormía acompañado, y en otras, donde había conquista pendiente, ponía baile hasta por tres días y tres noches. En aquel ir y venir de Guatemala, don Felipe iba llenando el camino de Felipitos. A veces pensaba en doña Apolinaria, pero sacudía la cabeza y se le iba aquel mal pensamiento. Y doña Apolinaria, aún no se ha averiguado de qué medios se valía, siempre estaba informada de la conducta de don Felipe, a veces aproximada a la virtud, a veces untada de pecado. Y según el caso, así era el recibimiento que le hacía a su regreso.

Cuando se portaba bien, se notaba a la legua. Doña Apolinaria, sentada en una silla alta que parecía trono, ordenaba que adornaran la casa con las mejores galas. Que se mataran reses, chanchos, carneros, gallinas, patos, jolotes. Que se prepararan bailes en Juticalpa y en las haciendas. Que se hiciera cuanto fuera posible en homenaje de los guatemalas. Y cuando sonaban los cascos de mula de don Felipe en el corredor de la casa, doña Apolinaria desde su silla alta como trono ordenaba:

—¡Que rompa el acordeón por la llegada de Felipe!

Don Felipe iba como a adorarla. Ella le tendía la mano para que la besara y volvía a ordenar:

—¡Preparen el baño de Felipe para que se bañe con jabón de olor!

Se bañaba don Felipe, saliendo alegre y perfumado, mientras doña Apolinaria volvía a gritar:

—¡Traigan los potajes a la mesa, que voy a comer con Felipe!

La fiesta en obsequio de don Felipe duraba tres días y tres noches.

Pero en otro viaje a Guatemala, doña Apolinaria recibía noticias de que don Felipe se había portado mal. Esperaba con paciencia en su silla alta como trono el regreso del mal portado, que tardaba meses, señal incuestionable que en cualquiera posada del camino estaba pasando una de sus tantas lunas de miel. Porque dígase en abono o mengua de don Felipe que mejor se hubiera llamado don Juan, por sus incontables aventuras amorosas, y agréguese en honor y gracia de doña Apolinaria que todos los descendientes conocidos de don Felipe los mandaba a recoger y los criaba en su casa como si fueran hijos nacidos de su vientre.

Pero decíamos que cuando regresaba el mal portado de don Felipe, doña Apolinaria, desde su silla alta como trono, ordenaba con voz aguda y seca:

—¡Baño con jabón de chancho para Felipe!

Don Felipe iba a bañarse, rápido, como en puntillas. Y al regresar, todavía goteando el agua, escuchaba la nueva orden de doña Apolinaria:

—¡Tortilla y frijoles para Felipe!

Comía el supliciado, con los ojos sobre el plato, atento para oír la orden siguiente de la matrona:

—¡Tiendan un cuero de res para que se acueste Felipe!

Como la historia es, corrientemente, un producto elaborado con malicia por los hombres, en ella no aparece, quizás por vergüenza, la temible dominación del matriarcado, que en la sombra o a la luz del día determina las acciones públicas y privadas de ciertos personajes célebres que solemos rodear de admiración.

LA SILLA VIEJA

El portón estaba cerrado. La puerta de la sala que daba a la calle estaba cerrada. La ventana frontal estaba cerrada. Había una completa cerrazón.

En el interior de la casa reinaba un silencio grande, grandísimo. A tal grado que dejaba oír el claveteo de una polilla en un libro descuadernado. En medio de aquel silencio grande, grandísimo, las moscas estaban muy contentas, retozaban del gusto y hablaban de política. Habían firmado un pacto, realizado elecciones y constituido un gobierno unitario para reducir a los terratenientes feudales a los límites que indicaban sus títulos de dominio originales y para entregar los excesos a los campesinos. Todo iba bien en la república, pero en eso una mosca latifundista, parada en el borde de una tinaja, vomitó improperios contra la tímida reforma agraria que proponía el gobierno. Gritaba:

—¡Ya imaginaba en qué iba a parar este gobierno! ¡Véanlo atacando la propiedad privada, esencia de la Constitución! ¡Véanlo sirviendo a los extremistas y atentando contra las mejores instituciones de la república!

Con tales gritos el gobierno moscoso entró en miedo, y despachó un boletín para decir:

—No más reforma agraria, y al que la proponga lo fundo.

Se sublevaron las moscas campesinas, hubo un revoloteo con amagos de revuelta y a la vez un desprendimiento de terrones de una pared desnivelada para aniquilar la revuelta. Volvió a reinar el silencio para dejar oír el claveteo de la polilla en el libro descuadernado.

Al final del portón, en el corredor frontal, destinado a comedor por los inquilinos de la casa, había seis sillas, de las cuales tres eran fijas y tres mecedoras. Entre las mecedoras estaba una bastante vieja, amplia como para señora gorda, recién barnizada, pero algo renca con motivo de un golpe. Las cinco sillas restantes, tres fijas y dos mecedoras, habían llegado esa tarde del mercado; estaban en lugar desconocido; aún exhibían la desnudez del ocote y sentían humillación por la pobreza de su precio, dos lempiras cada una, diez las cinco. No hablaban.

Las seis sillas guardaban un silencio largo. Pero las cinco de ocote observaban con rapidez a la silla vieja. La silla vieja les echaba un ganchazo y se hacía la disimulada. Habían entablado un combate. De ambos lados estaban a la ofensiva. Las campesinas observaban las arrugas de la vieja. Por su parte, la vieja apreciaba la pobreza de las rústicas. De repente, las seis volvieron a sus propias miserias. Tocaron fuego en retirada. La vieja tomó en cuenta sus años. Las campesinas, su madera común y corriente. De ambos lados empezaron a sentir vergüenza. Las aldeanas trataban de esconder los pies. Y la setentona de ocultar su rencura. Era mejor la amistad. Y empezaron a hablar en el idioma de las sillas, que es monosilábico y canturreado como algunas lenguas asiáticas.

—¿Vienen a servir...? —preguntó la vieja.

—Sí, señora... —contestaron en coro las de ocote.

—¿Cuánto van a ganar?

—Por agora no sabemos.

—¿Van a vivir aquí o van a dormir afuera?

—No los han dicho.

—¿Son solteras o casadas?

—Solteras. ¡Ni quiera Dios!... —contestaron con requiebros.

—Aquí abundan los choferes.

—Así dicen, como es tan grande la suidad... —contestaron sin comprender la fisga.

En ese momento empezó el interrogatorio de las de ocote:

—¿Y usté es la patrona?

Pujó la vieja y contestó con desprecio:

—No, mijitas. Fui patrona, es verdá; pero hoy caí en lo de ustedes.

—No parece. El traje es de señora de casa.

Atajó la vieja:

—Las apariencias engañan.

—¿Y el patrón es bueno?

—Tan bueno que sólo me da vacaciones cuando se levanta a beber agua.

—¿Vive sentado?

—Ojalá sentado. La palabra es entortado.

—¿Y usté solita...?

—Yo solita para tres, para el viejo y dos hijos que tiene, que viven jineteándome y pateándome. Mi calvario es estar desde la mañana hasta la noche: run, run, run, run, run, run. Y que ya viene el uno diciendo: se levantó el buey y se sienta el rey. Y que ya viene el otro gritando: se levantó el rey y se sienta el buey.

Sonrieron las de ocote y siguieron preguntando:

—Pero le pagan bien.

—Muy bien. Llevo tres meses y no me ha dicho ni tus ni mus. Como fue empleado de gobierno, es haragán y tramposo. Y ya estoy cavilando que no quiere pagarme, tomando en cuenta que ha empezado a decir tamañas palabrotas en mi presencia, señal muy conocida. Y es tan grosero que el otro día me sacó al patio, y allá se estuvo con un libro toda la tarde. Al empezar la noche hizo que me había olvidado y me cayó un aguacero. A causa del agua sigo acatarrada. ¿Han notado que estoy gangosa?

Sonrieron las de ocote y siguió la vieja:

—Lo peor es que ese viejo es medio loco. Temo que de repente le entre el diablo, me raje y me arroje al fuego, porque oyeran las cosas que dice: que él es capaz de quitarle la vida a cualquiera y que si se la quitan a él no le importa. A cada rato grita que no le teme a la muerte, y que en eso está su fuerza sobre los demás, que viven enamorados de la canoa como los cerdos. Sí, mijitas, yo le temo a ese condenado; hace cualquier brutada y queda frío.

Asumadas, las campesinas observaron:

—Cómo venimos a caer en este infierno...

Claramente ya están en "allá".

—Si yo pudiera mandarle una misiva a mi dueña de antes, se la mandaba. Pero también pienso que allá voy a seguir en la misma, olvidada en un rincón del traspatio, lejos, arrinconada al patio, sujeta a la intemperie. Porque, hijitas, en ninguna parte se puede escapar. Como yo soy obra de carpintero, allá todas las atenciones son con las sillas de ebanistería, alineadas en la sala, viendo televisión y oyendo radio.

Dijo una de las cinco:

—Las sillas de ebanistería son sillas ricas.

Agregó otra:

—Nosotras somos sillas pobres.

Sumó otra:

—Qué lujosas son las sillas de los palacios...

Sugirió otra:

—Doña, ¿cómo será la silla presidencial?

—No hablemos de política —cortó la vieja.

—Es que nosotras somos coloradas —aclaró la quinta.

—Pues como yo soy azul, dejemos eso —subrayó la vieja, llena de ira.

—No se enoje, doñita —declaró una mecedora—, pues podemos firmar un pacto.

—Y a usté —agregó otra mecedora—, la elegimos silla mandataria.

—Mejor ofíjanme silla eléctrica, para carbonizar al viejo, los hijos y unos nalgones que vienen a visitarlo —(pensó un poco)—. Ah, cuántas cosas haría si llegara a ser silla eléctrica, llena de adornos caros, para que vinieran a sentarse los abyectos.

—Eso se llama tiranía, doñita.

—Es mejor decir extirpación de la esclavitud, porque nosotras somos esclavas.

—De veras —dijo una de ocote—, no habíamos reparado. Somos esclavas. Es la suerte de la madera.

—La madera es esclava de las tripas —añadió otra.

Quedaron en silencio un rato. Luego dijo la vieja:

—A todo esto, no nos hemos presentado...

—¿Cómo es su gracia? —preguntó una fija.

—Pedorrina Garratazu —declaró la señora.

—Bonito nombre —le dijo otra fija.

—Y raro —completó una tercera.

—Qué va a ser. Es feo. ¿Y ustedes cómo se llaman?

—A todas nos dicen Las de Abajo.

—¿Las de Abajo?

—Sí, Las de Abajo.

Entró una llave en la cerradura del portón.

Avanzaron en tropel los inquilinos, más una señora y un señor de rango. Dijo el viejo a gritos:

—Esperamos los muebles apropiados de la ebanistería. Así es que van a perdonar la improvisación. Siéntese doña Perpera en esta mecedora de ocote. Usted, don Filisteo, en esta otra. Da pena sentar a la presidenta de las grandes damas leonas y al gerente del banco Este País es Mío en despreciables sillas de ocote. Nosotros nos sentamos en estas otras.

En fin, ve vos, Penicilina, andá a poner el cántaro en la hornilla para ofrecer café a los visitantes, y vos, Rayo Bax, llevá la silla vieja al patio y le metés hacha para encender el fuego.

—Qué bonitos nombres tienen sus hijos, don Esqueleto.

—Son nombres neocolonialistas, doña Perpera. Hay que estar a la moda.

—¿En qué banco los adquirió? —fue la pregunta de don Filisteo—. Mi banco los ofrece a muy bajo interés.

—¿Con hipoteca? —inquirió el viejo.

—Se comprende —aclaró el banquero.

En el patio sonaban unos hachazos. Rayo Bax estaba asesinando a la silla vieja.

Las de Abajo temblaban de miedo.

Las moscas revolucionarias, después de la masacre inicial, habían derribado al gobierno de las moscas latifundistas y a sus anchas realizaban la reforma agraria democrática.

EL ENTIERRO

Don Miguel Henríquez era dueño de ganadales, de grandes hatajos de yeguas, de fincas de plátanos, de fincas de caña con trapiche, de casas en los despoblados y casas en el pueblo. Era un provinciano rico sin ninguna duda. Pero la fama de riquísimo se la daba un entierro que —decían sus familiares— tenía en alguna parte sin decirle a nadie.

Los hijos, hermanos y hermanas, principalmente hermanas, sobrinos y ahijados eran numerosos. Pero en caso fatal de don Miguel todos podían quedar en muy buenas condiciones, y más si lograban el reparto del famoso entierro en joyas, onzas españolas, águilas americanas, pepitas de oro del Guayape, pesos mexicanos y chilenos y soles del Perú en volcanadas.

Un día amaneció enfermo don Miguel. Otro día, más enfermo. Y al tercero, grave de muerte. Las hermanas le trajeron el sacerdote, que rechazó porque nada tenía que confesar; los hermanos vinieron con el notario, y a este sí lo aceptó para mandar su testamento.

Dijo:

—A Miguelito le dejo la hacienda de Las Majadas... A Pedro, las yeguas de El Chagüite... A Josefa, la casa de El Tejar con todo lo que tiene... A Timotea, el cañal y el trapiche de La Vega...

Y así, con monotonía y dolor, fue don Miguel separándose de los bienes que había sudado en largos años. A todos les dejó, pero en efectivo, nada.

Los herederos se mostraban satisfechos y esperaban ansiosos que llegara al punto del entierro. Con señas le decían al notario que le preguntara dónde estaba y cómo iba a ser repartido. El notario, también interesado en el caso, le preguntó:

—Ya todo está testado, don Miguel. Ahora pasemos al entierro...

Don Miguel quedó callado.

Volvió a decir el notario:

—Véame con la pluma levantada sobre el papel para escribir el lugar en que se encuentra, la cantidad que contiene y el reparto del mismo.

Don Miguel siguió mudo.

—Don Miguel, por favor, ¿dónde está el entierro...?

Don Miguel alzó a ver al notario para decirle con voz resuelta:

—El que lo encuentre se encaba.

Y ¡pum! se murió.

LOLIÉ

Yo creía en la existencia de las hadas. Las imaginaba llenas de juventud, blancas, finas, angelicales, amistosas. Cuando menos lo esperaba uno, aparecían, hablaban con la música de las arpas y desaparecían en el aire. Me habían dicho que las hadas hacían regalos a las personas que amaban, como sortijas de virtud, que daban lo que se les pidiera, y varitas mágicas, que al sacudirlas hacían huir a las serpientes venenosas y a los gigantes que arrojaban piedras de varias toneladas sobre los caminos.

Como estaba pequeño, acaso era un niño de siete años, deseaba que me salieran las hadas para pedirles una sortija milagrosa que, con sólo decirle:

"Sortijita, sortijita, por la virtud que tienes y la que Dios te ha dado, quiero que me des tal y cual cosa."

Anhelaba aquella prenda para recuperar la dicha familiar. Mi mamá estaba enferma. Yo no sabía qué dolencia tenía, pero la oía quejarse, y así andaba de la artesa al fogón y del fogón al guardaplatos, siempre en vueltas, haciendo la comida nuestra, una prole menuda de cuatro unidades.

Pensaba que el hada que me saliera —más bonita que Genoveva Castro, la hija de Isidora Castro— no me asustaría, así fuera en lugar apartado, lleno de silencios extraños y de ruidos misteriosos, porque sería como encontrarme con Genoveva, a quien solía acompañar a la finca cuando iba a dejar el almuerzo a los trabajadores. Y en vez de jugar con los demás pequeños del vecindario o de aprender a leer en la cartilla que me había regalado mi tío Ladislao, soñaba en mi encuentro con las hadas, y muy especialmente con mi predilecta Lolié, nombre que me gustaba por llamarse así una flor blanca de las montañas. Y de tanto soñar en el hada de mis amores, decidí obligarla a que se me apareciera en el carbonal de Los Compadres, situado al sur y no muy lejos de mi preciosa aldea.

El carbonal de Los Compadres debe haber sido un llano de varias millas cuadradas, cubierto de grama. Con el tiempo se fue poblando de la planta espinosa que llaman carbón, hasta llegar a ser un inmenso carbonal. Y el nombre de Los Compadres tal vez le viniera de la creencia demoníaca de que los fuegos fatuos que se veían en determinados meses del año en la serranía eran compadres ante Dios que se habían dado muerte y seguían peleando en las dos bolas de fuego con furia: echaban un chisperío y se alejaban para volver a encontrarse con más fuerza.

¿Se imaginan a un niño dispuesto a atravesar un carbonal enorme? Yo era aquel niño con la cabeza llena de hermosas fantasías y tiernos sentimientos. Vi aquella selva color de ceniza, baja, reseca, espinosa, respetable. Empezaría el viaje desde la quebrada de Los Horcones y lo terminaría en el camino del Ojo de Agua, a la altura de los Gualiquemes. Me persigné como buen cristiano y empecé a rezar el Padre Nuestro, pero no lo concluí porque no lo había aprendido bien.

Anduve con resolución en aquella tierra arcillosa, rajada a veces, con profundas aberturas, llena de hormigas negras, sobrepoblada de arbustos agresivos que herían las manos, la cara y hacían difícil la marcha. Apartando ramas, viendo a dónde daba el paso, fui avanzando, avanzando, avanzando, sin pensar en nada distinto a la aparición del hada Lolié, que casi veía a trechos: a veces el rostro seráfico, a veces parte del traje talar blanquísimo, ya una mano de lirios, ya un delicado pie de rosas. Y en aquel deslumbramiento hasta llegué a sentir como un fino perfume celestial.

Mi pensamiento, silencioso al principio, adquirió una fuerza tal que me movió los labios con palabras que se atropellaban. Decía, delirando:

"Lolié, encantadora princesa de países desconocidos, mi mamá está enferma, cada día que pasa la veo más triste, le he visto lágrimas en los ojos que se limpia cuando nos acercamos a ella, y entonces hace que sonríe, pero tiene los labios muy pálidos. Dame, encantadora Lolié, la sortija con que aliviar de su enfermedad a mi mamá, hacerla dichosa y lograr la felicidad de todos nosotros."

Más o menos ya estaba en pleno corazón del carbonal de Los Compadres y había llegado a una cueva grande como una casa. De una roca salía un grueso chorro de agua fresca para los sedientos, y la sombra era grata para que descansaran los fatigados. Yo no tenía sed ni sentía cansancio, sólo deseos de gritar a mi anhelada protectora. Y al gritar ¡Lolié! ¡Lolié! ¡Lolié!, con ruido salieron de un rincón de la cueva unos cachorritos que huyeron hacia escondrijos más profundos. Entonces, con pánico indescriptible, advertí que me hallaba en la famosa madriguera de coyotes del carbonal de Los Compadres, y di en correr con el corazón en la boca.

Oía el aullido de los coyotes en la serranía, en el carbonal, a pocos pasos. Veía coyotes en acecho a todos lados, con unos ojos encendidos como fogatas. A medida que corría, los coyotes me iban estrechando con anillos fatales. Y ya sentía sus hociqueos en las pantorrillas y sus narizazos en las orejas. Corría, corría y corría, y lloraba, lloraba y lloraba, hasta llegar el vértigo, pues notaba que el carbonal daba vueltas y vueltas y vueltas. Entraba ya en la zona de la demencia, cuando escuché gritos con mi nombre:

¡Lucrecio!, ¡te habla tu mamá!, ¡Lucrecio!, ¡Lucrecio!

Desgarrado, sangrando, salí por fin al camino del Ojo de Agua, a la altura de los Gualiquemes, y la primera persona que vi fue a mi madre, que me recibió en sus brazos, llorando de alegría.

¡Ah!, pero desde entonces se dice en mi aldea que conozco las hadas, y que hay una de ellas, Lolié, que me protege.

AQUÍ ASÍ ES...

Don Efraín Zamora tuvo una belleza moral que le vino de sí, de su buena crianza, de sus lecturas escogidas y de la práctica del bien.

En el gobierno del doctor Francisco Bertrand fue con un empleo consular a los Estados Unidos, y terminado aquel gobierno trabajó como agente de negocios, recorriendo la Unión.

Vivió cerca de treinta años en aquel país hasta el día que recibió un mensaje de sus familiares en que le comunicaban la muerte de su hermano Julio Zamora en Danlí.

Saturado de civilización norteamericana de aquel tiempo, casi por humo recordaba las costumbres de Honduras, y con su parsimonia y suavidad tomó un barco de la Flota Blanca que lo trajo a La Ceiba.

Se hospedó en el Hotel París, y al sentirse descansado salió a reconocer la ciudad. ¡Qué bonita! En Solares Nuevos encontró a un viejo amigo que gritó al verlo:

—¡Efraín!

Y él, en tono menor, respondió:

—¡Jorge!

Se abrazaron y entablaron plática.

Conversando estaban cuando varios hombres armados de revólveres les apuntaban y disparaban. Don Efraín, inquieto, le dijo al amigo:

—Es con nosotros. Quieren matarnos.

—Hacete para acá. Están blanqueando. Mirá la tabla. Es que aquí así es...

Al día siguiente tomó el tren de pasajeros para Tela. No hubo novedad en el trayecto. Notó la amabilidad de la gente. Al llegar a la estación, el jefe de una escolta se le acercó para preguntarle:

—¿Vos sos Efraín Zamora?

—Sí, señor; yo soy.

—Me vas a acompañar.

Don Efraín, llevando sus valijas, entre soldados de antes, no fue al hotel sino a la cárcel: un cuartucho oscuro, de calor infernal, hediondo a orines. El carcelero cerró la pesada puerta de rejas con una gran llave y el reo se atrevió a preguntar:

—Quisiera saber por qué me encierran.

—Precauciones, y no pregunte más si quiere evitar lo peor. Es que aquí así es...

Al día siguiente, muy de mañana, lo sacaron para llevarlo a la estación; lo subieron al tren, siempre entre soldados. Sin comer ni beber, llegó a San Pedro Sula y una nueva escolta lo recibió para conducirlo al presidio.

Escoltado fue buen trecho de la ciudad. Las gentes se detenían a verlo, diciendo:

—Es un pastor protestante...

Entró al recinto y lo metieron en una celda sin indagatorias.

Al rato se acercó el jefe del penal:

—¿Vos te llamás Efraín Zamora?

—Sí, señor.

—¿Tenés conocidos en San Pedro?

—El general Francisco Martínez Fúnez es mi viejo amigo. Me gustaría hablarle para que me arregle esto.

—Es difícil ver al general. Anda en Choluteca. Mejor callate para evitar que te arrojen con un peso al Ulúa. Es que aquí así es...

Al día siguiente, con ruido de fusiles y salbeques, lo llevaron al campo de aviación. En el campo, el coronel de la escolta conversó en voz baja con el gringo aviador, quien dirigió una mirada inexpresiva al reo.

Cuántas cosas imaginó don Efraín en aquel momento. Lo empujaron al avión. La escolta quedó en tierra. En el vuelo, sólo él venía de pasajero. Vio el valle de Sula, el de Comayagua y las serranías de Tegucigalpa. No le llamaron la atención por la inquietud que le embargaba.

Descendió el avión en Toncontín. Salió don Efraín con su talante de profesor de altos estudios, dirigiendo la vista a todas partes. No había un alma nacida en el campo. Lleno de dudas se paró entre sus dos valijas y se puso a esperar.

En eso se acercó un carro lujoso. Del carro salió don Julio Lozano, quien iba al sur y de casualidad llegó allí. Reconoció al viajero y fue a saludarlo:

—Ajá, Efraín, al final regresaste al país.

—Sí, en este momento...

Le explicó cómo había llegado y le agregó que esperaba la escolta que lo condujera a la ciudad.

Lozano sentenció:

—Te ves libre y estás esperando pencos. Andate para tu casa sin cuidado. Lamento lo que te ha sucedido. Pero es que aquí así es...

EL PIRATA AÉREO

Con grandes gritos venían unos campesinos de Comayagüela, rodeados y seguidos de lustrabotas, bolos peludos, hippis de pechos y formas femeninas y fanáticos del fútbol. Traían a un hombre de categoría agarrado del pescuezo. En los gritos articulados decían:

—¡El pirata! ¡El pirata aéreo!

Fue mayor el amontonamiento de gente en el Parque Central. El capturado era un hombre bien vestido, setentón, ojos claros, bigotudo, un judío.

—Animales —dijo uno de la comisión investigadora—. ¿No les han dicho que este señor es don Crispín, técnico en muchas materias, banquero de acciones y millones, consejero de cien empresas?

—¡Qué no sea! —dijo el campesino—. Nuestro trabajo vale veinte lempiras para cada uno y somos diez.

—¿Dónde lo hallaron? —preguntó otro investigador.

—En la orillita del pueblo.

—¿No lo traen de las montañas de Yoro?

—¿Y creen que el otro es papo para permanecer en donde se lo coma un tigre?

No habían acabado de aclarar el punto, cuando apareció otro grupo arrastrando a un turco, que gritaba:

—¡Hermano, hermano, en amor de Dios, yo no soy birata!

—¡Sí sos, hijueperca! —le gritaba un campesino, y le daba en el lomo tamaños planazos con un machete envainado.

Se hincó el árabe frente a la comisión investigadora y gritó:

—¡Bor Alá, bor Jehová, bor el Brofeta, bor Moisés, bor Jesucristo, bor San Bedro y bor San Bablo que yo no soy el birata!

—¡Grandes babosos! ¿¡No ven que es el turco Jalil!?

—¡Pues aquí que nos pague el exceso que nos ha cobrado en la manta!

—¡Es contrabandista!

—¡Es incendiario!

—¡No entrega al Estado el tanto por ciento que le pagamos en las mercancías!

Se ahogaron las súplicas del comerciante árabe en medio de los gritos de otro grupo que venía con un reo amarrado de los gatos con un fuerte lazo de mezcal.

Los campesinos del nuevo grupo dijeron:

—¡Aquí está!

—¡Este es!

—¿Quién?

—¡El pirata aéreo!

Aclaró el tercero de la comisión:

—¡Grandes zamarros! ¡Ustedes están jugando con la justicia universal! ¿No ven que este es un indio rollizo por las tortillas y los frijoles que come?

—¡Es un terrateniente! —gritó un negrazo de caites.

—¿Y qué tiene que ver un terrateniente con el pirata aéreo?

—¡Ajá! —dijo el mismo negrazo—. ¿Quiere decir que nosotros no tenemos nuestros piratas?

—Los tendrán —dijo el de la comisión—, pero no son aéreos.

—¡También son aéreos, porque no roban babosada como decir trescientos mil dólares, millones, y como vuelan sobre nosotros nadie los toca!

El Parque Central era un remolino. Dieciséis mil campesinos se habían amontonado en él y les acompañaban otros tantos miles de soldados fraternales. Los observadores empezaron a sospechar que en torno a la estatua ecuestre del general Morazán estaba empezando una revolución democrática.

Un anciano ochentón, bañado de canas, no hacía caso a las súplicas del terrateniente, el comerciante y el banquero —imágenes vivas de la oligarquía nacional— por fijarse muy de cerca y atentamente en los tres personajes que componían la comisión investigadora del pirata aéreo. Después de su atenta y paciente observación, con gritos pectorales, exclamó:

—¡Soldados, campesinos, bolos del Guanacaste y La Chivera, hippis nalgones, vagos fanáticos del fútbol, muchachitos de las cajitas de lustrar, mujeres que venden la chica y la grande!

—¡Es justificado el deseo de ustedes que se tomen por piratas a los pícaros que han traído del pescuezo!

—¡Quiero decirles, sin embargo, que ustedes son unos grandes tontos, porque no se han fijado que el pirata aéreo es precisamente ese que integra la comisión investigadora, siendo los dos restantes el piloto y el copiloto de la hipotética nave aérea que dicen los periódicos y los radios cayó en las montañas de Yoro!

Hubo una observación general sobre los investigadores. Los investigadores empezaron a salirse de lado. Se alzó un coro enorme, diciendo:

—¡Es verdáaaaaaaaaaaaaaa!

Y lo que hubo en el Parque Central, ustedes, lectores, se lo imaginan. La acción combativa de aquel mediodía fue más potente que cuando se echaba a patadas el Consorcio de La Florida.

Milagrosamente los investigadores escaparon. Y persiguiéndolos, se oían gritos como este:

—¡Desgraciados! ¡Que nos vienen con esta maroma para que no reparemos en la petequeña que les están dando en Vietnam!

EN EL HIGUERAL

En mi vida aventurera he llevado tantos nombres, que en realidad casi no sé cómo me llamo en el momento... Padezco de amnesia, no por enfermedad sino por la multiplicidad de conflictos en que vivo enredado; los fantasmas no me dejan tranquilo el sueño. Duermo en lugares y posiciones que me permiten la escapada del forajido. Me parece —no estoy seguro— que en este momento me llamo Manuel Méndez.

—Muchacho, ¿es que me llamo Manuel Méndez? Ciertamente, al otro lado del Patuca llevaba otro nombre. Así es. Pero tú callas. Porque vé, está bien aceitada. Y vé, se juega en las manos como una baraja. Qué dicha, ¿everdad? Dicha de hombre... Tú tampoco necesitas nombre conocido. Puedes cambiarlo en cualquier momento... Los papeles los perdiste en el Patuca. Así es mejor... Y si te degüellan, que lo hagan... "Te llamás barro aunque Miguel te llamen."

No creás que siempre fui así, con esta baraja en las manos. Tampoco creás que mi madre me echó al mundo crucificado a tiros. Yo era otro. Yo era esa porquería que llaman bueno. ¿Te da risa? Fijate: bueno como cualquier imbécil. Pero en fin, ¿qué se va a hacer...? No te burlés. Estuve en la escuela, pasé el colegio, anduve con libros en las manos en vez de andar con esta baraja... Y lo más deprimente, el colmo: estudié Derecho. Fijate: Derecho, cuando lo correcto es entender las cosas al revés... así como al otro lado del Patuca. Compraba cosas, cuando sólo se les toma. Enamoraba mujeres, cuando sólo se les arrastra... En fin...

En estudio del Derecho estaba, cuando un día me visitó un hombre sucio, fornido, áspero. Me entregó una carta de mi tío José Antonio Robles. Decía:

"Sobrino, te presento a Mateo Hernández, portador de la presente, quien tiene asuntos con los juzgados. Si puedes ayudarlo, ayúdalo por ser mi amigo. Te saluda tu tío. José Antonio."

El hombre del cuento se dedicaba al negocio de la achinería en los pueblos del norte de Tegucigalpa. Fue asaltado por tres bandoleros, mató a los tres y huyó en dirección de Trujillo. Desde allá vino con la carta de mi tío. Como es natural, lo atendí lo mejor que pude. No había pruebas en su contra, presenté al hombre y pedí la libertad del inocente. En cosa de días volvió a ser ciudadano en pleno uso de sus derechos. Cuando le entregaron la carta de libertad me abrazó, diciéndome que iría a la Costa Norte a trabajar para pagarme el servicio. Pero cuando yo le dije que no me debía un centavo por cumplir recomendaciones del general Robles, volvió a abrazarme y a llenarme de lágrimas el hombro izquierdo.

Pasaron los años, vinieron cosas que llaman feas para mí —de las que no me arrepiento— y, llegando a Catacamas con el deseo de hacer un viaje entre selvas a Ciudad Blanca, en la pensión que me hospedaba hubo remolino de fustanes y secreteos, llegando una de las viejas a decirme:

—Señor, escóndase, que hay cosa mala contra usted. Ha llegado un poderoso de Patuca abajo con numerosos acompañantes y pregunta por una persona...

Con mi juego de naipes salí a enfrentar la situación... Se adelantó un hombrote de sombrero tejano y botas altas, diciendo en tono alegre:

—Podría jurar, don Marcelino, que ya no me conoce...

—Señor —le contesté—, yo sólo veo a un hacendado de buena presencia que me habla amistosamente...

—¡Yo! —casi gritó—. Le debo lo que hoy soy... Me llamo Mateo Hernández, su viejo defendido, y vengo a invitarle a mi posesión...

Entramos en explicaciones, nos reconocimos, nos abrazamos. Las cabalgaduras de aquellos amigos eran briosas. Para mí habían escogido un caballo colorado y blanco que le decían "Manchas Blancas". Don Mateo me contaba a gritos su prosperidad, hasta que llegamos a El Higueral.

Pero ¡qué residencia en aquellas soledades selváticas! Capricho de hombre rico el de vivir en un palacio urbano, mientras no lejos aullaban los monos y se oía el rugido de las fieras. En El Higueral se sienta uno en finas hamacas de pita; al alcance de la mano están los timbres para pedir vasos de buen whisky. Don Mateo siguió hablándome de su prosperidad agrícola-ganadera, aunque no entendí algunas cosas ni quise preguntarlas. De las hamacas pasamos a la mesa, probando —por ser muchos y variados— los mejores bocados de la región.

A las once nos retiramos a nuestros dormitorios. Don Mateo, en persona, me llevó a una espaciosa sala, en cuyo centro hallábase una bien adornada cama matrimonial.

—Aquí no hay peligro alguno; pero si quiere atrancar la puerta, puede hacerlo —fueron sus palabras.

—Don Mateo —le contesté—, estoy en su casa.

—De eso esté seguro. Lo dejo con Dios —y salió.

Breves reflexiones, y quedé dormido. En eso una suave presión en la cama me despertó sobresaltado y listo con mis naipes.

—¿Quién llega? —pregunté con voz sorda.

—Soy yo, Ena —contestó.

Al oír aquel nombre sentí que se me trababan las mandíbulas. Por un momento pensé que aquello era cosa de encantamiento y que don Mateo Hernández por algo vivía tan cerca de Ciudad Blanca.

—¿Cuáles son tus apellidos? —le volví a preguntar, medio trastornado.

—Zapata Cruz —respondió.

—¿De dónde eres?

—De San Francisco de Becerra.

—¿Por qué has venido?

—Don Mateo me dijo que viniera a darle calor porque está helada la noche.

Fui a tientas a la botella de whisky y regresé con una lamparilla en la mano.

¡Jesús, María y José! Al alumbrarla, salió la misma: trigueña, joven, delgada, sonriente.

—Yo —le dije con voz cavernosa— no creo que seas persona de este mundo...

Volví a la botella de whisky, y luego me senté al borde de la cama, mientras ella se había estirado con mucha naturalidad en la misma...

—¿Por qué no se acuesta? Hace mucho frío.

—Si eres cristiana —le repliqué—, siéntate, te persignas y rezas las oraciones de costumbre.

Bajo la luz de la lámpara lo hizo con piadosa devoción. Me convenció y me acosté a su lado, bajo las mismas colchas.

En la mañana me preguntó don Mateo:

—¿Qué tal el regalo, don Marcelino?

—Maravilloso, don Mateo.

—Quédese unos días y la preña.

—Lo haría con mucho gusto, si no tuviera unos asuntos urgentes en El Pataste.

Luego, nos despedimos con el viejo amigo, y un mozo de confianza me acompañó a aquel lugar. Yo iba casi dormido. La música del casqueo del caballo decía: "Manchas Blancas", "Manchas Blancas", "Manchas Blancas", y cabeceando caía sobre la crin del animal. En eso oí la voz del mozo que decía:

—¡Se ve que no lo dejó dormir mi mujer!

Asustado, le pregunté:

—¿Tu mujer? ¿Cómo es eso?

—Sí. Me dijo don Mateo que se la prestara. Y yo no le niego nada a don Mateo.

—¡Qué raro!

—Don Mateo es nuestro padre. En El Higueral habemos muchos adelitados y él nos esconde y nos defiende... ¿Usted es adelitado? Oí decir algo... Por eso le presté la muchacha de buena gana... Así son nuestras costumbres... No hay nada mejor que El Higueral... —(Pensó un momento y agregó)—. Si la quiere, se la doy. Para mí es fácil traer otra de San Francisco de Becerra.

Consideré aquel caso demoníaco y le repliqué:

—Muchas gracias. Yo tengo la mía detrás de aquellas montañas.

Alcé la diestra y dio un reparo el caballo.

—También se llama Ena. La quiero más de la cuenta. Todavía no es mía, pero va a ser... Me lo dice el corazón. Además, debés saber que no se parece a las mujeres de El Higueral.

Pujó el hombre y reprochó:

—Las mujeres de El Higueral son nuestras mujeres... No hay como ellas...

Le grité:

—¡Pero yo no soy de El Higueral ni ella es de El Higueral!

Volvió a pujar el hombre, y no hubo más, porque ya casqueábamos en los empedrados del viejo caserón de El Pataste, bajo las primeras sombras de la noche.

¿Sabés, muchacho? Por haberme sucedido una desgracia más, sin decirlo a nadie, yo iba de huida en dirección de Ciudad Blanca, y de bueno sólo me acompañaba el más grato recuerdo de mi vida.

DOÑA JOSEFA ACOSTA EN EL BELLO ARTE DE MENTIR

I

Venían y pasaban las generaciones, y Josefa Acosta, como dicen las Escrituras, "siempre permanecía". Permanecía fuerte, vivaz, habladora. Como vivía desde que comenzó el mundo, hablaba de guerras, de hambres, de pestes corrientemente ignoradas. La había bautizado el padre Subirana. La había llevado para la costa, en calidad de amante, el Manco Mena, donde la había cambiado por una pistola con Leonardo Sandoval, a quien la regaló a Nichito Carabajales, asesino de cincuenta muertes, quien no hizo uso de ella porque la vio muy fea y la dejó suelta en un campo de Cuyamel.

Esto lo contaba ella misma con iguales palabras. Y agregaba que, debido a los traslados de que era objeto, hasta la fecha no sabía quiénes eran los "tatas" de Teodosio y de Jesús. Por supuesto, tales historias eran mentiras que se inventaban para entretener a la gente los domingos.

Tía Chepa le decían todos en la aldea. En verdad, era vieja. De hablar rápido, de respuestas ingeniosas, de imaginación viva. De lo que decía, nadie sabía si era cierto o falso. De regular estatura, gruesa, prieta, siempre iba acompañada de dos nietas, Pura y Crisanta, que le servían para mentir, siendo Pura la memoria y Crisanta la fantasía. Organizaban la conversación de la siguiente manera:

Decía tía Chepa:

—Vino el hijo de Fidelia Torres de los campos del lado de Olanchito contando que había matado a Leocadio Paz.

Recitaba Pura:

—Propiamente el que vino fue Herlindo Torres, hijo de Fidelia. Acuérdese que esa vieja tiene tres hijos en la costa, y como lo dice usté, no se sabe quién ha venido.

—Es verdá, hija. Si no te tuviera a vos, nadie me entendería porque hasta las palabras se me olvidan. Echame ese tizón para prender este cigarro...

—Leocadio Paz andaba trabajando el pisto para casarse con Margarita Ruiz. Lástima grande, porque hubieran hecho una pareja agradable.

Agregaba Crisanta:

—Más que agradable. Le habrían dado lujo a la aldea, porque aquí toda la gente es prieta como mi mamá y como nosotras.

—¿No te gusta ser prieta? —preguntó tía Chepa.

—Si fuera clarita, ya hubiera encontrado un hombre —fue la respuesta de Crisanta.

—Entonces no te vas a ir con Pedro Gómez...

—No me gustaría parir micos...

II

Contaba Chepa Acosta:

—Mis padres fueron esclavos del viejo Joaquín Castell. Yo también fui esclava. A los quince años me pusieron el fierro en esta nalga. —(Se tocaba la nalga derecha)—. No se los enseño porque ustedes no quieren verlo. Y si lo quisieran, no se los enseñaría porque me da pena.

El viejo Castell tenía cien esclavos, mujeres y hombres. Los trataba bien. Les daba comida abundante, les había edificado casas, dotadas de asientos y buenas camas de cuero. No les faltaba remedio a los que se enfermaban ni parteras a las que parían. Les ponía bailes, les mataba reses para que comieran frito hasta decir ya no.

Eso sí, había que trabajar duro desde la madrugada hasta entrada la noche. Unos en el algodonal. Otros en la finca de caña. Otros, los campistas, en el campo, cuidando el ganado o preparando las partidas que salían para Guatemala. En galerones especiales se hilaba, se tejía y se hacía la manta. Se curtían cueros. Se hacían alforjas, monturas, todos los arreos de montar. Las mujeres, unas cuidando los niños de todas, otras se dedicaban a los oficios del aseo, otras a la cocina, otras a atender los enfermos.

Lo del fierro sí era un secreto. Nadie denunciaba que estuviera herrado. El herrador era Matilde Cuevas, de Silca. Al llamado que le hacía el viejo, venía, herraba y se iba. Pero como de la tierra al cielo no hay nada oculto, empezó a decirse que en Sábana Redonda el viejo Castell era un esclavista, pues tenía esclavos.

En cuanto lo supo el gobierno de un tal Soto, mandó al inspector Timoteo Reyes con un pliego en que le ordenaba al viejo dar la libertad a sus esclavos, entendiéndose que de no hacerlo pagaría su desacato en el Castillo de Omoa, donde permanecería el resto de su vida.

El viejo llamó a toda su gente con un cuerno especial que indicaba alarma. Todos llegaron a la carrera a la casa para ver lo que pasaba. El inspector Reyes les leyó en voz alta la orden del gobierno, agregando de su cuenta:

—En consecuencia, esclavos, hombres, mujeres, adolescentes y niños: gracias a la bondad del gobierno que nos rige, de hoy en adelante todos ustedes son libres de las pesadas cadenas de la esclavitud, y van a dar conmigo unos cuantos vivas:

¡Viva el gobierno del doctor Marco Aurelio Soto!

¡Viva la República de Honduras, soberana, independiente!

¡Viva la libertad!

Nadie contestó a los vivas porque nadie entendía el significado de aquel escándalo.

Ante aquel silencio de piedra, el viejo Castell alzó la voz para decir:

—Hijos míos: yo no es que los corra, pero me van a hacer el favor de abandonar mi hacienda de Sábana Redonda en presencia del señor inspector, capitán Timoteo Reyes, para que conste que he cumplido la orden que se me ha dado. Porque si no se van, ya lo oyeron, entonces me llevan a mí al Castillo de Omoa, donde estaré preso hasta que muera.

Entonces empezó lo bueno: todos aquellos esclavos, hombres, mujeres y chigüines empezaron a llorar a gritos:

—¡Ay, amito, y ahora qué vamos a hacer con la tal libertad, sin casa, sin comida y sin cariño de nadie...!

—¡Ay, amito...!

EL SABIO VALLE Y EL SANTO OFICIO

El Sabio Valle y el Santo Oficio es como decir la luz y las tinieblas. Muerto el rey Carlos III, monarca de la Ilustración, un año antes de la Revolución Francesa, y ascendido al trono su hijo Carlos IV, éste hizo regresar a los jesuitas desterrados de los reinos españoles, hacía más o menos unos veinte años.

Los jesuitas regresaron siendo los mismos jesuitas: reaccionarios, ultramontanos, fanáticos, crueles, sin alma. Si ayer sirvieron para exterminar el protestantismo y las demás creencias deístas aunque no católicas, hoy llegaron para arrancar hasta la última raíz de la revolución democrática que se estaba desarrollando en Centroamérica.

Vigilaban a todo el mundo por medio de agentes especiales, situados en los distintos estratos de la sociedad. Había veedores y oidores desde las altas esferas hasta los bajos fondos. El confesor tenía entrada libre a cualquier hora del día y de la noche, con pretextos... La servidumbre de cada familia, por regla general, bajo promesas de salvación y gloria, tenía al tanto a los inquisidores de lo que se decía y pasaba en los hogares de su servicio.

El Santo Oficio llevaba libros en que anotaba diariamente los informes de los sospechosos. También levantaba por cuantos, claro está, en el mayor secreto. Hablamos en Derecho Canónico, desde luego. Eran delitos de presidio o reclusión mayor, y hasta de muerte en la hoguera, los culpables de materialismo, ateísmo y divulgaciones de doctrinas parecidas. La quema de personas no se llevó a cabo en el tiempo a que refiere este relato. Los sentenciados eran conducidos a México.

Especialmente, el Santo Oficio perseguía a la Ilustración en el renombre de los Ilustrados. La Ilustración fue un movimiento cultural europeo del siglo XVIII, caracterizado por una gran confianza en la razón, en la crítica de las instituciones tradicionales y la difusión del saber.

José Cecilio del Valle era un Ilustrado de renombre. En el Reino de Guatemala nadie le llegaba a la altura del hombro. Por ese motivo era el centroamericano más conocido en el exterior, y era el más visitado por los viajeros del segundo descubrimiento, es decir, de los investigadores en los campos de las ciencias naturales.

Como a su casa llegaban ingleses, franceses, italianos —con quienes conversaba en estos idiomas—, y con los alemanes y escandinavos en latín, Valle era estrechamente vigilado con la servidumbre y seudoamigos de la familia. El hecho de conversar con los viajeros en lenguas distintas enfurecía a los miembros del Santo Oficio. Sus espías apenas podían decir que hablaba en jerigonza con sus visitantes. Y una criada vieja, con más audacia, se atrevió a afirmar que todas sus peroratas se reducían "a hablar mal de Dios".

Se hizo constar en los libros esta declaración, pero no se le creyó porque la vieja apenas hablaba quiché.

Al darse cuenta Valle del acoso de que era objeto por parte del Santo Oficio, recurrió a una argucia ingeniosa. Se valió del cura de su parroquia para invitarlo a él y a los inquisidores a que comparecieran a su casa de habitación, donde les haría conocer un hecho digno de ser visto. La visita tendrían que hacerla a las cinco de la mañana en punto, con mucha cautela. Él los esperaría en la puerta principal; entrarían sin hablar y sin hacer ruido.

Y hombres aquellos que cultivaban su ocio, fueron puntuales en la cita. Entraron en puntillas a la biblioteca, hasta que Valle, en voz baja, les dijo:

—Vengan...

Anduvieron buen trecho entre numerosos y gruesos naranjos, viendo que en aquel momento se levantaba el disco magnífico del sol glorioso. Luego Valle les dijo:

—Ahora bajen la vista y conozcan a los adoradores del sol.

Cinco indios —en cuenta la vieja chismosa de la Inquisición— estaban de rodillas, con las manos en alto, y luego se inclinaban con gran reverencia, por una, por dos, por tres y por más veces, mientras modulaban un canturreo entre dientes...

El cura y los inquisidores estaban pasmados. Nada habían hecho contra el paganismo del reino. Y aquellos indios que estaban adorando al sol eran los espías de la Santa Inquisición.

Al notar los indios que habían sido vistos, huyeron dando gritos. Había sido sorprendido su rito religioso. Y los jesuitas, confundidos de lo que habían visto, sin decir palabra, regresaron a su Santo Tribunal.

EL PARTIDEÑO

I

Muchos pasajeros, procedentes de rumbos distintos, descansaban en sus hamacas en la "casa del Gobierno", nombre que le dan al galerón que manda construir la autoridad departamental entre población y población, tomando en cuenta que a los viajeros les cubre la noche a medio camino. Después de haber comido cada uno su totoposte, un pan de maíz duro que sólo puede ablandarse en agua, su carne asada y su jarrilla de café cocido, se instalaron en sus hamacas dispuestos a fumar y conversar con sus vecinos desconocidos.

Dijo uno:

—¿Si no le es molesto, amigo, de dónde viene usté?

—¿Molesto... por qué? Al contrario, me gusta conversar con las personas de mi raza. Por el momento vengo de mi lugar que queda en la margen salvadoreña del río Unire y voy para el pueblo de Jocón, en Yoro, donde dicen que un vecino conserva un crucifijo de oro que fue del Santo Misionero; el crucifijo, según cuentan, hace milagros, y voy a ver si lo vende el dueño.

—¿Va dispuesto a comprarlo?

—¡Dios me libre! Sólo voy a ver si existe la posibilidad de que lo venda.

—No entiendo.

—Ya verá. Si el crucifijo vale una montaña de plata, yo no la llevo en estos momentos, porque soy un simple escotero. Usté sabe que el escotero viaja a la carrera con la cobija al hombro, nada más, y su mascada de tabaco, como correo privado de alguien. Debo hacer el regreso en una semana. Voy por encargo del obispo de San Miguel.

—Pues viene de lejos y va para lejos.

—No crea. Esta distancia es corta para mí. Debo decirle que soy andalón. He ido tan allá como usté no se imagina. Sólo me falta conocer la Tierra Santa. Para que lo sepa, aquí donde me ve, le cuento que he estado en "Beliz".

—(Con admiración) ¡¿En Belice...?!

—Pues ha recorrido tierra, amigo.

—Y a punta de caite, para que lo sepa.

Intervino otro pasajero:

—¿Sólo por puro antojo fue a "Beliz"?

—Fui a dejar un adelitado de varias muertes. Es mi oficio. La frontera en que vivo es un nido de adelitados, de aquí de Honduras, de El Salvador, de Guatemala, de Nicaragua. Cuando se sienten acosados por las escoltas de uno y otro lado de la frontera, me buscan para que los lleve a "Beliz".

—¿Le pagan bien?

—Me pagan bien porque si no los entrego, y en "Beliz" no pueden negar el pago ni robármelo, porque allá los guindan de un palo.

Preguntó otro pasajero:

—¿Y en ese ir y venir, ha visto fantasmas como decir el Sombrerón, el Sisimite, la Cocora?

—A mí me han salido algunos muertos. Sólo que como soy tan despreocupado, me dejan en paz. De los otros no sé nada. Nunca he visto al Sombrerón. Ni tengo noticias de él.

—Es un hombre pequeño y gordo, tapado con un sombrerón rojo de alas anchas. Es pastor de ganado.

Dijo otro pasajero:

—El Sombrerón es un cuento de niños. El personaje que recorre la geografía del país es el Partideño. Ese sí. Sólo que nadie sabe si es hombre o de qué naturaleza es. Algunos lo han visto arreando grandes partidas de ganado. Otros han oído sus gritos que se oyen a una legua. Ahora, lo interesante en el caso es que quienes lo ven o lo oyen quedan mudos para siempre.

—Entonces —dijo el escotero del río Unire—, el Partideño no es cosa buena. Es... Las Tres Divinas Personas me favorezcan...

II

Un hombre de larga y espesa barba negra se sentó en su hamaca para decir:

—Niño estaba cuando oí hablar a mis abuelos del Partideño. Ellos, a su vez, habían escuchado de sus mayores la historia de tan extraño personaje. La relación viene, pues, de la vieja colonia española, y a estas alturas el Partideño puede andar, haciéndole un poco de favor, en los trescientos años. Como su nombre lo indica, lleva ganado a alguna parte. Donde hay ganado, ahí está el Partideño. Y parece que la historia empezó a tomar cuerpo al desarrollarse la ganadería, mientras la riqueza minera iba en decadencia. Si las gentes fueran agradecidas, le alzarían un templo al Partideño, jefe de los ganaderos, por haber sido su industria la que promovió la separación de España y el nacimiento de las repúblicas hispanoamericanas... Creo que me entienden lo que voy diciendo.

Todos dijeron que sí y uno de ellos agregó:

—Algunos de nosotros sabemos nuestras letras...

—Me alegra —dijo el hombre de la larga y espesa barba negra—. Pero ¿no les parece raro que pasen las edades, que pasen los siglos, y el Partideño siga gritando en las serranías, siga arreando ganado en dirección de mercados desconocidos?

—A mí me parece raro —dijo el escotero del río Unire.

—Más que raro —agregó otro.

—Rarísimo —añadió con voz ahorcada un tercero.

—Entonces —concluyó el hombre de la larga y espesa barba negra—, el Partideño es el mismo Diablo.

(Todos los pasajeros se sentaron en sus hamacas para persignarse y rezar entre dientes un Padrenuestro).

Habló un tayacán de mulas:

—Ya que mencionó al Maldito (las Tres Divinas Personas me acompañen), ¿custé cree en él?

—¿En qué sentido?

—En que existe.

—¿Cómo no voy a creer en él, mijo, si el mundo está lleno de sus maldades? Hay un libro que dice: "Amarás al Creador sobre todas las cosas". Agrega: "Honrarás a tus padres". Añade: "No matarás". Insiste: "No robarás". Te grita: "No fornicarás". Te vuelve a gritar: "No levantarás falso testimonio". Pues bien: nadie ama al supuesto autor de las cosas; nadie respeta a sus padres. Matar es la ley del más fuerte. El robo es tendencia universal de individuos y de naciones. Se fornica en los templos. La mentira se ha elevado a la categoría de virtud.

En la boca del hombre de la larga y espesa barba negra jugó una sonrisa indescifrable. Luego dijo:

—Pero qué le vamos a hacer, el mundo es así y así será hasta que se haga "la segunda naturaleza".

—¿Habla usté del día de la salvación? —dijo uno por allí.

—No hay tal salvación.

—Entonces, ¿no hay cielo...?

—Ni hay infierno...

Todos se preguntaron en sus adentros: —¿Quién es este hombre...? Y empezaron a sentir miedo. Pero el hombre de la larga y espesa barba negra, aparentando no fijarse en el temor de sus oyentes, siguió:

—El Partideño es ladrón de ganado herrado y señalado y cimarrón. Lo roba en La Paz, en Comayagua, en Santa Bárbara, en Yoro, en Tegucigalpa, en Choluteca, en Olancho. No se vaya a creer que él se considera ladrón. Lo que arrea en grandes partidas es suyo porque se estima ser el padre de la ganadería y señor de los ganaderos. Y pareciera que hace esta operación en todas las regiones a la vez...

—¡Por ser el mismo diablo! —chilló uno, ya envuelto en su sábana.

—Exactamente. Por eso les decía que creo en su existencia. Y tanto, que en mis viajes por estas soledades me gustaría toparme con él para pedirle unos cuantos favores.

—¿A cambio de su alma? —preguntó una voz enronquecida.

—Desde luego. Yo no hago mérito de mi alma. Hasta creo que no tengo. Pero si tengo, se la doy. Más, les decía que el diablo ya no es aquella figura monstruosa de antes con cuernos, piel negra, ojos de fuego, uñas de tigre, rabo de león y cascos de caballo, aunque conservando el parecido con la gente. Hoy se presenta como un hombre corriente, como el escotero del río Unire...

—No diga eso... —suplicó el escotero desde su hamaca.

—O se presenta como un caballero de salón, donde se confunde con los demás caballeros en los centros elegantes. Y allí hace de las suyas. No es remoto que adopte la figura de una bella mujer para lazar a un hombre que le interesa. Pero de mujer aparece en muy raras ocasiones y nunca llega a intimidades sexuales.

—Como estábamos con el Partideño —dijo alguien—, éste se presenta como cualquiera de nosotros, humilde, sucio, barbón, con pocos dientes...

—Exactamente. El Partideño se presenta como cualquiera de nosotros. Mejor dicho: es uno de nosotros... (La frase pasó inadvertida).

Finalmente, habló un anciano. Su voz, llena de temor, le salió temblorosa y delgada:

—Hermanos, se ha hablado tanto del Enemigo Malo, que yo los invito a rezar el Rosario para que, si está presente, se vaya en el acto y nos deje dormir en paz.

Desde sus hamacas todos dijeron que lo rezarían. El anciano la hizo de enseñador. Y empezó el rezo con voces profundas, fervorosas, para correr "al ser que no puede amar", según la frase de Santa Teresa de Jesús.

III

En el rezo estaban los pasajeros de la "casa del Gobierno" cuando se dejó oír en lo alto de la serranía un grito lejano y cercano, taladrante y escalofriante. Los rezadores detuvieron la respiración para oír mejor, y escucharon el tropel y los bramidos de una partida de ganado que pasaba por el Portillo del Jilote. Al parecerles que la partida se alejaba, reanudaron el rezo que ya estaba para terminar:

"Te suplicamos, omnipotente y eterno Dios, que asistas con tu divino favor a los que rezamos el Rosario de la Bienaventurada Virgen María, para que, después de meditar estos misterios en la tierra, merezcamos recibir el fruto de ellos en el cielo. Por Cristo nuestro Señor. Amén".

Confortado por el rezo del Rosario, el escotero del río Unire fue a la chimenea que se apagaba, a arrojarle unas rajas de ocote. La "casa del Gobierno" se iluminó, y con la iluminación vio y dio la voz de alarma. Todos los caminantes estaban allí. Todos. Sólo faltaba uno. Faltaba el hombre de la larga y espesa barba negra. Se había ido. Y había dejado la certeza de que el diablo existe y que el diablo a veces adopta la figura del Partideño.

Los mugidos, los bramidos y el estruendo de una partida de ganado que corre por una llanura se volvió a oír. También se oyeron los gritos cercanos y lejanos, taladrantes y escalofriantes del Partideño. Era un estruendo ensordecedor, inaguantable, que desesperaba a los viajeros de la "casa del Gobierno". Y eran unos gritos agudos, agudísimos, agudisísimos que enrollaban la lengua y reventaban los tímpanos de aquellos angustiados muleros, que no tuvieron reposo hasta que apareció el día.

FELIPE BUSTILLO REPITIÓ LA PALABRA DE CAMBRONNE

En una de las jugadas políticas del doctor Juan Lindo, a quien le decían El Zorro por su conocida astucia, don Felipe Bustillo, senador de Olancho, fue llamado a Comayagua para que ocupara interinamente la Presidencia de la República.

Don Felipe, gran propietario y constantemente ocupado en despachar partidas de novillos a Guatemala y a Trujillo, que le rendían dinerales, de mala gana trasladóse a la vieja capital a desempeñar el alto cargo de septiembre a diciembre de 1848.

En la Casa de Gobierno todo se reducía a estar sentado en un taburete de cedro y cuero curtido; firmar unos papeles que le ponían en la mesa, y cuando los papeles se agotaban, pasar al corredor interior y acostarse en una hermosa hamaca de pitas.

Desde allí escuchaba los hachazos que daba alguien rajando leña en la vecindad; el rebuzno de un burro que pasaba corriendo por la calle detrás de una burra; el canto de los gallos del barrio El Torondón, y nada más. Para variar, solía conversar con el mulato que se encargaba del aseo; pero la conversación duraba poco y se dormía.

En esas debe haberlo sorprendido el general Francisco Ferrera, quien grabó la expresión de que "Felipe Bustillo se pasaba la mitad del día durmiendo; y la otra mitad haciendo nada".

A finales de diciembre, notó don Felipe que había malestar en los barrios comayagüenses y que algunos personajes de la política conservadora habían desaparecido de la escena local. Luego supo, no por la policía ni otras autoridades sino por las vendedoras del mercado, que los enemigos del gobierno preparaban una rebelión para pronto.

Con la noticia volvió a su residencia y acostado pensó don Felipe que aquello no debía ser con él, y en la madrugada despertó a Sotero, su mozo de confianza, para ordenarle que ensillara las dos mulas y aparejara el macho de carga, pues partirían al instante a Juticalpa.

Un poco después gritó el patrón:

—¡Sotero!

—¡Señor!

—¡Te vas de prisa, que ya te alcanzo!

—¡Entendido, señor!

Sotero salió con su mula, arreando el macho que cargaba los baúles de don Felipe. La capital dormía el dulce sueño de las últimas horas de la madrugada.

Poco después montó don Felipe Bustillo, Presidente de la República de Honduras; picó espuelas y partió con estrépito por las calles empedradas de Comayagua. Ya había salido de la ciudad, cuando alcanzó a un vecino, hacha al hombro, que le preguntó a gritos:

—¡Ajá, don Felipe! ¿Pa' dónde va tan de mañana y tan de prisa?

El viajero le contestó en el mismo tono y sin detenerse:

—¡Voy para mi casa definitivamente!

—¿Don Felipe, y la Presidencia de la República?

—¡Me quieren hacer revolución, y ay les dejo su mierda!

MÁXIMO GUARDADO

Había desaparecido de la región aquel personaje que no se sabía si era hombre o demonio. Los vecinos de los valles lo recordaban en las noches oscuras, cuando chisporrotean las fogatas de ocote fino en los patios frontales, se escuchan los gritos de los labradores que avanzan por los caminos apartados y más lejos se perciben los aullidos de los coyotes en las altas serranías.

—¿Qué se haría Máximo Guardado, hace un año que no sabemos nada de él?

—Debe estar por el lado de Cusuna, un campo nuevo que está estableciendo la Truxillo Rail Road Company para seguir por las vegas del Patuca hacia Los Encuentros.

—¿Y qué hace allí?, porque no trabaja, no le gusta trabajar.

—Pero sabe matar, y mata bien. Al campo que llega se impone en un dos por tres. Nadie tiene la velocidad de Máximo. Cuando otro piensa, fíjate bien, piensa en sacar el arma, Máximo ya le ha depositado una bala entre ceja y ceja.

—¿Pero cómo vive?

—Muy sencillo. Un día se presenta en la puerta de tu casa y te dice: "—Don Nicanor (suponiendo que así te llamaras). Usted sabe que para existir hay que comer, y yo no tengo un centavo. Así es que me va a dar la mesa durante que permanezca en este campo. Como no voy a ser huesos viejos y voy derecho al infierno, allá le pagaré, no tenga desconfianza..."

—¿Y con esas garantías le doy la comida y lo mantengo por largo tiempo...?

—Déjese de brincos, con que el superintendente que es el superintendente le ha abiert[o] en la cantina de la compañía una cuenta de tragos...

—¡Mal rayo lo parta...!

Los perros salen ladrando al encuentro de una persona que se acerca. Al pasar de la sombra a la luz se sabe quién es el visitante: es Pistarrita.

Todos se alegran al verlo. Y él, sombrero en mano, saluda a la manera campesina:

—Tío Perfecto...

—Dios te bendiga...

—Tío Casimiro...

—Bendiga...

—¿Y a ustedes, cómo les va...?

Diez hombres y muchachos le contestan a coro:

—Nos va bien... Gracias.

Pistarrita es bajo de estatura, sin ser enano, delgado, vivaz, especialista en contar cuentos, en inventar mentiras, en conocer la vida íntima de las personas: de las muchachas que están, de las que ya no están, del fulano que vive con la fulana, de la sutana que está que se derrite por el zutano, en fin...

—¿Y hoy qué traés de nuevo, Pistarrita?

—Algo feo, desagradable... Máximo Guardado ha vuelto...

Todos se pararon y se pusieron tiesos... Se oyó a lo lejos el aullido de los coyotes... sin saberse si eran de Toro Muerto o de las faldas de la Torneada. Algunos rezaron en voz baja el Ave María.

—¿Quién te ha dicho que ha vuelto ese...?

—Yo lo vi en persona en el pueblo de Guata... Les voy a contar en detalle... Estaba yo en casa de Hache Reyes...

—Su nombre es Jesús H. Reyes y no Hache Reyes. Es el hombre más importante del pueblo. Es el Secretario Municipal...

—Como sea... Estaba yo en la casa del tal señor, conversando con otros, cuando vimos aparecer, como si viniera de Comayagüela, un espantajo que, siendo de día, nos produjo miedo. Venía montado en un toro negro, con un machete Collins y una escopeta de doble calibre en las pistoleras, y con dos fajas de tiros que le bajaban de los hombros. Al vernos formando grupo en el corredor, se dirigió hacia nosotros. Pedro, el hijo de la Mica, se fue sin que nos diéramos cuenta y los chigüines desnudos salieron de huida. Sólo unos cuantos nos quedamos haciendo de tripas corazones.

—¿Son hijos de Dios o del Diablo? —gritó con un vozarrón que nos hizo temblar—. Si dicen que son hijos de Dios los mato a todos ya.

Todos guardamos silencio, mientras él se tiró del toro con una .45 en la diestra. Se nos fue al alma. Unos quedamos tiesos. Otros temblábamos. El maliento de Juata Tunca se desmayó. Yo, no lo voy a negar, me oriné. Y quién sabe quién fue; el caso es que empezó a sentirse un tufo feo.

—Ve —le dijo al hijo de tata Alejo—, andá a decirle al estanquero que le manda decir Máximo Guardado que me mande una botella de aguardiente, y que si no me la manda, que se atenga a las consecuencias.

Salió el muchachote más corriendo que andando y al momentito regresó con el guaro.

Se empinó el litro dejándolo hasta la mitad. Luego dijo:

—Ese estanquero es brutísimo... No se le ocurrió mandarme unos chicharrones envueltos en una tortilla... No me voy de aquí sin matarlo... Vos, traeme un poco de agua.

Corrí hacia la tinaja y le traje un guacal lleno.

—Vos —le dijo al hijo de H. Reyes—, traé una carga de zacate para que coma el toro. Los toros también comen, y son más importantes que ustedes, olotes untados.

—Vos —le dijo al hijo del Alcalde—, andá decile a la vecina de la casa de enfrente que, como quien se quita una brasa del culo, me mande un almuerzo porque tengo hambre, y que si no se apura voy a ir a su casa, me la voy a coger, y después la voy a matar.

La señora, sabiendo de quién se trataba, hizo una comida con la velocidad del pensamiento y se la mandó con el mismo mensajero.

—Así se hace —dijo Máximo, se empinó la otra parte del litro de aguardiente y se sentó a comer.

—Siéntense ustedes donde puedan, que les voy a contar algo.

Le obedecimos. Unos en piedras. Otros nos quedamos en cuclillas. Otros se recostaron en las trancas del cerco de la casa. Atentos a lo que iba a decir el bandido.

—Vengo del infierno —agregó—, es decir, de Vaca Chinga. Ustedes conocen la puerta. Pero no la han traspasado porque no son amigos del Demonio, ni son hombres. Ustedes son pura mierda... Ve, muchacho, corré al estanco a traerme otra botella de guaro.

Corrió uno de los circunstantes y volvió rápido porque no quería perder el relato.

—A veces me pierdo. La gente cree que estoy matando en la Costa. Pero no, estoy con mi compadre el Diablo, alimentándome con sangre humana. La sangre humana, en un guacal grande, con unas cuantas maldiciones de mi compadre, hierve furiosamente, y cuando baja de temperatura y la toma uno, le da un impulso endemoniado, y es cuando uno está en condiciones de hacer barbaridades.

Se echó el otro trago hasta la mitad de la botella. Se comió medio tasajo de carne asada y prosiguió:

—La sangre la traen los condenados que llegan con vida al infierno de Vaca Chinga. Confiesan sus pecados. Y entonces mi compadre manda que sean molidos en el trapiche infernal. Dos diablos inferiores los toman, uno de un lado, los empujan para que sean triturados en las masas de hierro, y el otro los recibe convertidos en bagazo como el de la caña. La sangre que cae en chorros es recogida en una canoa, de la que bebemos todos y con la que nos alimentamos.

Un audaz le preguntó:

—Si vive bien allá, ¿qué anda haciendo en estas serranías?

—Ando en una misión de mi compadre: despertando malas pasiones, avivando odios, provocando muertes, para que funcione allá nuestro trapiche, tengamos suficiente sangre, y podamos vivir eternamente.

Preguntó otro audaz:

—Pero usted mata fuera del infierno, y no se bebe la sangre derramada...

—La sangre derramada —contestó— no se pierde. La víctima llega allá sana y alborozada para ser molida en el trapiche infernal.

—Debe ser una vida extraña la de Vaca Chinga —comentó un muchachote.

—Vida de demonios... —contestó Máximo—. No sólo bebemos sangre, que es de tanto alimento. También le damos gusto al sexo con las mujeres agradables que vamos recogiendo con engaños en distintos lugares... Yo tengo una de Pacura que me lleva al borde de la muerte, y cuatro más que me dan a saber lo que es delicia.

Los muchachos ya habían entrado en confianza con Máximo y el relato sexual les había despertado el deseo.

—Mire, jefe, ese ya está cuilio...

—Eeee... ¿y vos no estás...?

—¡Mire cómo está aquel...!

—Todos están —dijo Máximo—. Cuilio le llaman ustedes a la erección... ¿por qué?

—Por los policías que, con nada y nada, ya están erectos y, con nada y nada, ya están forzando mujeres...

—En Vaca Chinga nuestro estado natural es andar cuilios... y no sólo nosotros, las mujeres también siempre andan cuilias... y su furor las lleva a lucharnos y poseernos, encaramadas sobre nosotros como ustedes han de imaginarse...

—¿Cómo será eso...? —dijo un muchachote.

—Como allí no existe el pudor, en el espasmo pegan unos berridos que hacen eco en los cerros... Pero dejemos esto... Vayan a buscar los municipales, que de seguro están escondidos. Especialmente quiero ver aquí al Secretario Municipal, para que me redacte unos pactos. Díganles que de nada sirve que se escondan porque yo, Máximo Guardado, he venido para matarlos por léperos.

El toro negro, después de haber comido parte del zacate que le trajeron y de haber bebido agua de una amplia canoa que estaba a su lado, empezó a bufar suavemente. Al poco rato arreció los bufidos. Mostró indignación al dar golpes con la frente en el horcón en que estaba amarrado. Y finalmente lanzó unos bramidos tan fuertes, que el ganado que había en la sabana huyó en veloz carrera y los perros del pueblo se pusieron a aullar a coro.

Nosotros estábamos aterrorizados, y un audaz, con voz temblorosa, le preguntó a Guardado qué significado tenía aquello, y Guardado le contestó:

—Dice que estoy perdiendo el tiempo, que por qué no los mato a todos ustedes de una vez para llevar sangre a Vaca Chinga. Pero no lo voy a hacer porque ustedes están limpios de pecados grandes.

Al oír tales palabras, cogió valor uno y preguntó:

—¿Y ese toro quién es...?

—Es un demonio de la confianza de mi compadre —y agregó en voz baja—: en cierto modo, él es más que yo, y si no me hace pedazos en este momento es porque él sabe que mi compadre me dio la mágica clave con que lo puedo hacer tortilla...

—¿Así es que nosotros estamos protegidos...? —preguntó un valiente.

—Sí, con tal que me traigan al alcalde, a los regidores, al síndico, al secretario y al juez de paz. Si tratan de engañarme, diciendo que no los encontraron, en cualquier tiempo los mato. Esos señores del Cabildo son perversos; viven fundando escuelas, levantando iglesias, celebrando fiestas de santos, en vez de abrir estancos, fomentar la prostitución, enseñar nuevos vicios, multiplicar las cárceles... no sirven para nada.

Todos nos fuimos a buscar los municipales y regresamos con ellos. Venían temblando de miedo, pálidos, tartamudos.

El toro, al verlos, se puso a bufar. Eran excesivamente buenos para que dejara de odiarlos.

—Bueno, a trabajar se ha dicho. Vos sos el Secretario Municipal. Vos sos el tal Jesús H. Reyes, amo y señor de este pueblo.

—No tanto, señor.

—No me digás "señor". Traé tinta, pluma y papel. Me vas a hacer unas cartas. El Alcalde, en persona, que vaya a traerme un garrafón de guaro. Los Regidores, que vayan a traer unas vacas gordas para que las destaquen y comamos todos. Eso sí, las vacas deben ser robadas... El Síndico que vaya de casa en casa diciendo a las mujeres que hagan tortillas y pongan las ollas para que hagan el estofado... El alcalde auxiliar se va a encargar de traerle zacate y agua al toro... Estos muchachos van a ser mis sirvientes... Ve, vos quitame los zapatos. Vos, traeme tortillas calientes con chicharrones para echarme un buen trago.

Máximo Guardado puso en movimiento el pueblo. Los campesinos que, sin saber, llegaban al lugar participaban de las fritangas públicas, y como había aguardiente a la orden, se embolaban y le daban vivas a Máximo Guardado. Como no les salía bien llamarle Máximo Guardado a secas, le agregaron el grado de coronel y entonces sí, gritaban con suficiencia a todo pulmón:

¡Viva el coronel Máximo Guardado, el mero mero, sin haber otro!

Los municipales no dejaban de traer vacas gordas y despanzurradas, con tal que fueran de fierro ajeno, para que comieran los fueranos hasta decir ya no. Cuando se agotó el aguardiente, el estanquero puso una cususera pública, y los campesinos bebían y bebían hasta caer. Había razón para que los monteses que habían visto la gloria gritaran furiosamente:

¡Viva el coronel Máximo Guardado, hijos de puta!

Entre tanto, el Secretario Municipal Jesús H. Reyes, el famoso H. Reyes, mostraba la mano hinchada de escribir cartas...

¿Cartas para quién? Para todos los deudores del Enemigo Malo, cuyos plazos se habían vencido y debían pagar sus deudas con dinero o con la vida. El cobrador era Máximo, quien recibía la plata, y cuando no había... sacaba la 45, ¡y pácate...!

El día próximo sería domingo 7. No tendría parangón de alegre. En los grupos se decía que aquella fiesta la había dado el mismo Satanás por medio de Máximo Guardado. Pero las gentes se acostumbran a las regalías, y a nadie le importaba que vinieran de Vaca Chinga.

Los acordeones sonaban en todas partes. Las fogatas brillaban en los patios. El amor se hacía en la sabana bajo el fulgor de las estrellas. Algunos, que no hallaban dónde, lo hacían parados, apoyándose en las paredes sombreadas. Aquello era Sodoma y Gomorra juntas, presididas por el mismo Diablo. Pero la mucha comida, el mucho trago y el mucho placer sexual cansan y adormilan, al grado que en la madrugada todos roncaban.

En la mañana todo estaba tranquilo, como si no hubiera habido jolgorio. El Alcalde, los Regidores, el Síndico, H. Reyes, el Juez de Paz iban y venían tan al natural como si no hubiera pasado nada. Los vecinos iban y venían en sus quehaceres. Los campesinos que se habían aglomerado en el pueblo a gozar lo más lindo de la vida, ya no estaban. ¡Qué raro!

Sólo a lo lejos, subiendo la montaña de La Jurisdicción, como si fuera un clarín, se dejó oír el bramido del toro negro que montaba Máximo Guardado.

EN EL TREN DE LA COSTA ABAJO

I

Me van a perdonar que guarde el nombre de la estación en que tomo el tren pasajero y que haga lo mismo con el de la estación donde voy a dejarlo. La situación del momento está tan peligrosa que uno quisiera hacerse invisible para poder trajinar libremente, sin riesgos.

Estamos en plena revolución. Revolución se le llama aquí a la revuelta o revueltas que provocan las compañías fruteras para desestabilizar los gobiernos que les niegan concesiones. Es un subibaja de concesionarios, que los que están en el poder hacen cuanto pueden para retenerse en él y disfrutar de los contratos leoninos que han logrado a costa de revueltas, mientras los concesionarios que se hallan en la llanura conspiran y luchan para derribar a sus oponentes.

Es natural que los concesionarios, en su conjunto y cada uno, disponen de sus equipos civiles y militares que atienden las obligaciones del gobierno y de la guerra. El gobierno puede ser liberal, si es el liberalismo el que está al servicio, por ejemplo, de la Standard, o es conservador o nacionalista, si le hace los mandados a la United Fruit Company.

Póngase a pensar, amigo, en esta situación, que mientras unos, desde el poder, saquean las arcas nacionales y regalan en contratos onerosos las riquezas del país, en medio de un verdadero escándalo público, los otros atizan el fuego de las pasiones desde las tribunas y los periódicos, hasta que al fin se llega a la montonera, que es un bandidaje colectivo sobre la piel de una patria mártir.

No crea, amigo, que la paz de Honduras es como la paz de otros países en los que se trabaja, se come, se bebe, se duerme con entera tranquilidad. No, en Honduras se vive en un constante sobresalto. Nadie está seguro por el camino que va ni está seguro en su propia casa, cerrada de noche con doble tranca. Por eso, cuando voy a salir, la viejita que me crió me llena de bendiciones, y la mujer que tengo, cuando le doy el abrazo de despedida, se le quiebra la voz y corre a llorar en la cocina.

Me instalo en carro de segunda, apretado de gente. Pocas mujeres. Pocos niños. Muchos hombres de presencia aguerrida. Muchas pistolas. Cada hombre lleva dos pistolas. Y fajas llenas de tiros en la cintura y en los hombros. El hombre junto al que me siento me dice en voz baja al oído:

—Guarde el mayor silencio; después le voy a decir por qué.

Con aquella advertencia sentí que se me había helado la sangre. Y guardé el silencio recomendado, aunque no pensaba hablar con nadie, a menos que se trate de personas conocidas.

El tren se detenía en las estaciones. Bajaban y subían pasajeros y seguía el tren con gran velocidad, mientras el silencio del vagón en que me había instalado seguía hasta convertirse en piedra. Yo sentía que allí iba una tormenta, y que de un momento a otro íbamos a convertirnos en materia inerte.

Discretamente me fijaba en las caras de los que me parecían ser los jefes. Pero hasta allí pensaba yo que se trataba de una expedición oficial que iba en una misión determinada. Lo que sí me llamaba la atención era que nadie llevaba armas de gobierno. Por lo que pensé en mis adentros:

—Sepa Judas el significado que tiene esto.

II

En un lugar cualquiera de la línea férrea, donde precisamente no había estación, se detuvo la locomotora para que bajaran todos los ocupantes del vagón de segunda. En efecto, bajó un grupo numeroso con las pistolas en ambas manos. Y a la hora exacta en que descendió el otro grupo, la locomotora se puso en marcha y la poca gente inofensiva que quedó en el vagón respiró a todo pulmón y sonrió llena de felicidad.

Mi acompañante de asiento dijo: "Demos gracias al Señor porque nos ha salvado la vida". Yo, comprensivo de la situación, aunque no mucho, le expresé: "El silencio impuesto representa una tortura bárbara". Nos pusimos a escuchar la alegría de las mujeres y las preguntas inocentes. En todos había satisfacción porque había pasado el largo tiempo del espanto.

—Pero ¿qué significado tenía el silencio que usted me hizo guardar al sólo sentarme aquí?

—Ay, amigo... usted ha estado en telas de araña como lo hemos estado todos... A este tren subió en la estación de Zamora Nichito Caravajales con su gente... Más tarde, y muy acá, subió al mismo tren el coronel Santiago Lanza, empleado del gobierno y con doble sueldo de la Compañía, para que mate a Nichito y destruya su banda...

—Entendámonos —le dije—. ¿Quién es Nichito?

—Me extraña —respondió— que no sepa quién es el hombre más importante de la Costa Abajo... Su nombre verdadero es Dionisio Carvajal, pero en los estancos y en los comisariatos le han puesto Nichito Caravajales... Unos dicen que es de un pueblo de Santa Bárbara, otros de Copán, otros de Ocotepeque y no faltan lenguas que digan que es salvadoreño... Como sea, lo cierto es que Nichito es costeño porque aquí ha vivido, aquí ha matado y aquí lo han escapado de matar...

Pero no lo matan porque dice la gente que no "es solo". Tiene su nahual, su ángel protector o su demonio. Las balas no le entran, los puñales lo mismo y los machetazos parten el aire y nada más. En cambio él, tiro que dispara es cristiano muerto. Por eso lo respetan los más hombrones. Nadie le iguala en puntería y estratagemas. La verdad es que no hay quien no le tenga miedo. Ya vio cómo le dejó ir el coronel Lanza. Y conste que la Compañía le ha pagado para que mate a Nichito Caravajales.

—¿La Compañía...?

—Sí, la Compañía en persona. Es que Nichito ha jurado no dejar gringo vivo en la Costa Abajo por los malos tratos que les dan a los trabajadores nativos. Todo nació, dicen, de que un gringo brutal ordenó que lo colgaran de los pies en la rama de un árbol y allí lo tuvieran toda una tarde. Mientras Nichito permanecía colgado, el gringo se fue a beber whisky, y regresó borracho a lanzarle ultrajes al nativo. Pero tanta era su borrachera que se acostó en la grama y se durmió, momento que aprovecharon los compañeros de Nichito para bajarlo del palo.

Esto sucedió en un campo de la Cuyamel Company.

Nichito tenía arma de fuego. Fue a su rancho, la trajo y acribilló a tiros al gringo. Le martilló tres descargas, mientras decía: "Esta por el Padre"... "Esta por el Hijo"... "Esta por el Espíritu Santo". Después juró en presencia de sus compañeros que desde aquel momento sería un incansable matador de gringos.

Como las Compañías tienen especialistas en el arte del soborno, por medio de éstos trataron de sobornarlo, con resultado nulo. Al contrario, siempre que tales viles se le acercaban, Nichito colgaba más gringos. Llegó al extremo que una vez colgó veinticinco en el mismo árbol, un higuero frondoso, y allí permaneció con su banda, hasta que expiraron todos, donde los dejó diciendo que debían inundar con su tufo el ambiente.

En tiempo de Nichito Caravajales estaba de moda parecerse con Pancho Villa, y ciertamente el bandido local se parecía con él en la astucia, en la puntería, en el valor temerario... menos en el tamaño.

III

Me bajé del tren en la estación de mi destino. Me encaminé al rancho de manaca, donde me esperaban mis compañeros de aventuras. Los hallé entusiasmados. Pronto sabríamos el resultado de la emboscada que Nichito le tendería, o le había tendido ya, a su perseguidor, tan empleado del gobierno como de la Compañía y asesino sin entrañas.

Casi al anochecer llegó Filiberto Estrada con la noticia de que había tenido éxito la emboscada y que habían perecido todos los gobiernistas y fruteristas. Nichito ordenó que le cortaran la cabeza al coronel Santiago Lanza, que la clavaran en una estaca y que fueran a sembrar la estaca con la cabeza a orillas de la línea férrea. Así lo hicieron los subordinados, pensando que se trataba de una crueldad propia del jefe y de un exhibicionismo intrascendente.

¿Quién iba a creer que aquello era una clave? En efecto, quienes pasaban por allí en locomotora, gasolina, motocarro o simple trole, volaban a los telégrafos cercanos y comunicaban a varios lugares de la Costa Norte, Tegucigalpa, Intibucá y Lempira que el jefe expedicionario Santiago Lanza había sido aniquilado como fuerza militar y decapitado, exhibiendo su cabeza clavada en una estaca en La Cueva, a tres kilómetros del Hato Viejo.

No hemos hablado con amplitud del coronel Santiago Lanza. Era un sirviente incondicional de las Compañías, las que a su vez lo llenaban de dinero y lo cargaban de regalos. Ya se conocía el espionaje, el "orejismo", como se le dice acá. El coronel Lanza le dio organización y técnica. Entonces sí llegó a ser cierto que los arbustos tenían ojos y las paredes, oídos. Toda la gente de los campos de la Costa Abajo estaba vigilada, y parecida cosa debía suceder en la Costa Arriba.

El coronel Lanza, tan asesino como Nichito, le había ofrecido a la Compañía que por fuerza mataría a Caravajales, y sólo pedía un tiempo prudencial para lograr su empresa. Por su parte, la Compañía estaba desesperada y urgía a su verdugo que actuara pronto. Es que tenía razón. Nichito Caravajales mataba gringos después de su venganza, porque le hacía gracia matarlos. No se daba cuenta, sin embargo, de que había montado un poderoso movimiento anti-gringo en la Costa Norte, que se estaba extendiendo al resto del país.

El gobierno de la república parecía compartir los sentimientos de Nichito, porque aumentaban los de Nichito, desde la Costa Abajo, pasando por la Costa Arriba, hasta los descuajes que se estaban haciendo en el Patuca. Si no se declaraban huelgas poderosas de millares de hombres, y matanzas sin cuenta en los días de pago —en los que perecían de preferencia los hombres de piel blanca y cabellos dorados—, las bandas de pistoleros que seguían a un jefe brutal se movían de un campo a otro haciendo las suyas.

Una vez que Nichito Caravajales se deshizo de su perseguidor, llegó a Progreso, se instaló en la Comandancia Local y mandó leer un bando en el que decía que daba cien dólares a la persona que le llevara la cabeza de un gringo. A donde llegaba Nichito, el silencio se imponía, y el respeto a las personas. No había ultrajes para nadie. En cambio, con el coronel Lanza era distinto. Sus hombres, además de asesinos, eran ladrones, borrachos y violadores. Era frecuente que maniataran a los hombres y, en presencia de ellos, forzaran a las mujeres. Pero Nichito, vengador de los ultrajados y ultrajadas, no dejó uno vivo.

IV

Ante aquellos hechos, la Compañía cambió de táctica. Aprovechó las elecciones para presentar a la consideración de los ciudadanos hondureños a tres candidatos de su confianza, "más gringueros que los mismos gringos", para que desde la presidencia pusieran remedio a aquel mal que estaba corrompiendo la base popular y que se llamaba, aunque parezca mentira: Nichito Caravajales.

De las elecciones de aquel tiempo se derivó la anarquía política, y de la anarquía política se pasó a la "guerra civil", es decir, a la montonera. En la montonera fueron caudillos de primera línea: Tiburcio Carías, Vicente Tosta, Gregorio Ferrera y Francisco Martínez Fúnez. Fue una matanza sin precedentes en la República. Pero, a pesar de la fuerza que traía la acción de la Compañía, la resistencia de la contraparte estuvo a punto de vencer a sus enemigos, por lo que se le hizo necesario traer a la Compañía una legión de marines, que se instaló en Tegucigalpa por varios meses, hasta que los caudillos pro-gringos lograron el triunfo.

V

Mientras tanto, en aquel huracán de pasiones encendidas y de muerte, Nichito Caravajales desapareció de la escena del bandidaje. Las autoridades establecidas lo buscaron con el cuidado de quien busca una perla. Pero no les fue posible hallarlo. Nichito se fue con una mujercita que lo quería mucho a un rancho que le servía de escondedero en las cercanías de Omoa. Iba enfermo, con un calenturero, que al final lo llevó al hoyo.

Hoy nadie lo recuerda. Sólo este compañero de armas, que como él fue guindado y como por milagro está contando el cuento.

EN EL TREN DE LA COSTA ARRIBA

I

Iba de prisa, casi a la carrera, porque se acercaba el minuto de que arrancara el tren pasajero y si me tardaba podía dejarme. Me torturaba en los oídos la canción de moda en los campos de la Compañía:

"Cómo se aleja el tren / cómo se aleja / y decreciendo va..."

No debía dejarlo alejarse, no debía dejarlo decrecer, debía tomarlo aunque ya empezara a estar en movimiento. Y con semejante apuro iba, cuando oí que a mi espalda palmoteaban y me gritaban:

—¡Dámaso...! ¡Dámaso...! ¡Espérame que quiero acompañarte...!

Yo, sin detenerme, le dije:

—¡Córrele... Hacéle jilinchi...!

Tomé el tren que ya empezaba a moverse y a pitar. El que me seguía también lo tomó. Se puede decir que subimos juntos, y en el vagón, buscando asientos desocupados, me di cuenta de que el hombre que me gritaba era mi paisano Leonardo Sandoval.

—¡Santo Dios...! —dije entre dientes—. ¡Líbrame de las malas compañías...!

Dicen quienes conocieron a Leonardo Sandoval (a) Barba-Amarilla, en sus mocedades, que desde pequeño "tenía mala levadura". Se iba al monte, y de allá regresaba con varias serpientes venenosas, enrolladas en el cuello, en los brazos, en la cintura. Cuando llegaba a las casas, las despertaba, las ponía a andar haciendo circunferencias, mientras las manejaba con un silbido singular.

Los hombres de respeto regañaban a Leonardo, las mujeres vociferaban a gritos subiendo a los terrados, las muchachas chillaban, los niños buscaban los brazos de sus padres. Cuando el encantador de serpientes había asustado a los vecinos, las recogía con naturalidad, las llevaba al monte y regresaba sin ellas.

Ya grande, tomó por la fuerza a la mejor muchacha de la aldea y se la llevó a la Costa. En los campos las mujeres eran escasas, y todavía más si eran bonitas. Así es que un día una banda le llevó la mujer a Leonardo, lo dejaron durmiendo solo, hecho que lo llenó de irritación, y juró hacerse malo, pero malo de verdad, más malo que el famoso Manco Mena y que Nichito Caravajales, amos y señores de la Costa Abajo y de la Costa Arriba. Y así como lo juró, así fue.

Yo vi cómo mataba Leonardo Sandoval. Nos encontramos en la línea. Iba yo para La Ruidosa, y él iba para el campo de Italia, administrado por Enríque Flores Amador.

¡Trun! me hizo el corazón al verlo, pues ya sabía que se había vuelto un asesino que no tenía igual en la Costa Arriba, y que para matar a alguien es que se le "ponía" matarlo... y lo mataba.

—Yo no quisiera —explicaba—, pero es que se me "pone" y lo hago.

Lo más extraño es que no usaba arma de fuego. Se acompañaba de una navaja grande de resorte, que sólo la apretaba y estaba abierta. Con una hoja fuerte hacia adentro, con la que halaba como halar con un azadón.

Yo le rogué al santo de mi devoción que a Leonardo no se le fuera a "poner" matarme. Y el santo me hizo el milagro, porque Leonardo me saludó con mucho cariño y me invitó para que fuéramos a El Gancho, un establecimiento comercial de los Dutú, donde nos tomaríamos una copa de coñac.

En la tienda nos recibieron muy bien. Leonardo pidió una botella, unas latas con carne extranjera y unos panes. Todo lo pagó de una sola vez. Y nos pusimos a disfrutar el licor, mientras él recordaba nuestra aldea y sus gentes.

Contándome estaba cómo perdió a su preciosa Genoveva, cuando se presentó Marcos Ramírez, un riquito de La Ruidosa, con espuelas, un pistolón al cinto, "medio cañado". Nos dirigió su saludo, pero al reparar en Leonardo Sandoval, gritó...

II

—¡Hasta que te hallé, grandísimo hijo de puta...!

Y le dejó ir toda la descarga. Yo no hice más que pegarme a unas cajas de mercadería, esperando que Sandoval respondiera, pero no fue así. En mi tribulación no supe si Leonardo había muerto. Sólo me di cuenta de que Ramírez había corrido a la puerta y había saltado sobre su caballo, abriéndose las patas y saliendo en veloz carrera.

Oyendo el tropel del caballo estábamos, cuando apareció Leonardo como saliendo de un hueco de las cajas, y acercándose al mostrador, dejó caer dos duros de plata, diciendo:

—Aquí les dejo para que le prendan cuatro candelas al finado Ramírez.

Todos nos sorprendimos de aquello y salió de la tienda fríamente, como si nada hubiera pasado.

Efectivamente, como a quinientos metros del establecimiento de El Gancho estaba Ramírez muerto, con una tremenda cuchillada horizontal que le había rebanado el estómago con la terrible Flor de un día, como le llamaba Leonardo a su navaja automática. Adelante estaba parado el hermoso caballo blanco, sacudiéndose el freno y con una enorme mancha de sangre en el pescuezo.

Tal es el Leonardo Sandoval con el que me encuentro sin quererlo en esta ocasión. Sentándonos estábamos cuando me dijo casi al oído:

—Somos de la misma aldea, Dámaso, y nunca se me ha puesto mandarte al cementerio. Al contrario, si vas a mi lado, estarás seguro...

Leonardo Sandoval sabía que el caudillo Gregorio Ferrera se había levantado en armas contra el gobierno liberal de Vicente Mejía Colindres, y que la Costa Abajo era un hervidero de choques armados. Pero no sabía que su compañero Dámaso Méndez estaba de alta, y que era en aquel momento, salvadas las apariencias, representante personal del Presidente de la República en los frentes de guerra y que en aquel momento iba para la Costa Arriba a cumplir una orden.

El ambiente, pues, era de guerra. Casi se diría de guerra revolucionaria, pues las tropas del gobierno comandadas por el general José María Reina y otros jefes, medianos y menudos, tenían la tendencia de trasladarse al enemigo. En el instante de salir o llegar las fuerzas a un lugar, no daban vivas a sus jefes militares sino a Ferrera. El grito generalizado a lo largo de la Costa Norte era:

"¡Viva el general Ferrera!" o si no,

"¡Viva Colocho!", alusión a su cabello negro y liso de indígena.

Dámaso le dijo en voz baja a Leonardo:

—Guardá silencio, oigamos la plática de esos que es interesante. Están hablando sin reservas de las raíces de esta guerra.

III

—La guerra de las aguas, inventada por la Compañía para presionar al gobierno de Mejía Colindres a fin de que reduzca el canon, puede resultarle un bumerang.

—Ferrera es un caudillo que forjó la Providencia para el bien y para el mal... O para el mal y para el mal, según...

—Te salió mejor la última proposición. Creyendo la Compañía que iba a pulverizar a Mejía Colindres con el indio Ferrera, éste, sin darse cuenta —y sin dejar de reconocer su astucia—, es probable que sirva para hacer una revolución social en Honduras, quizás la primera revolución social de Centroamérica.

—Esas indiadas que le siguen son la máxima garantía de una revolución social.

—Más las otras indiadas que le sirven de soporte al Gobierno, esas que gritan en Puerto Castilla al tomar el vapor que las trae a Tela: "¡Viva Colocho!"

—Con lo que dan a entender que andan contra su voluntad.

—Con lo que hacen saber que dejarán la clásica montonera para atizar el fuego de una verdadera revolución social.

Leonardo se le acercó a Dámaso para decirle al oído:

—Es la primera vez que oigo hablar así... Me gusta el lenguaje de esos hombres...

Y yo le contesté:

—Seguí escuchando.

Los hombres, sin reparar en nosotros, continuaron en su plática:

—A pesar de los primores que exponen ustedes, Ferrera es un juguete en manos de la Compañía.

—Pero tiene amigos y asociados valiosos que le pueden señalar el buen camino.

—A Luis Melara lo mató un agente de la Tela con la mayor desvergüenza.

—¿Pero es que en el caso se puede citar a Luis Melara...? ¿Acaso Luis Melara no era el mismo Gregorio Ferrera en el campo civil?

—Cierto; Melara era un simple peón de la Compañía...

—Allí está el error... Tú, de jefe, ¿cuándo ordenás la muerte de un subalterno?

—Cuando le sorprendo en una traición...

—No se puede hablar de traición cuando, por defender bienes patrios, le negás obediencia a un amo extranjero...

—¡¡¡Allí está el secreto...!!! —dijeron a una varios individuos, moviendo la cabeza afirmativamente y golpeando el piso con los zapatos.

—Cuando Zemurray unió la Cuyamel con la Tela, el hondureño Luis Melara vio con su claridad mental que estaba para imperar un solo monopolio económico y político, conducido por un individuo o grupo extranjero, y en cuyo monopolio los hondureños serían cero a la izquierda, por lo que convenía actuar con anticipación para evitar el mal.

Tal era el significado de la guerra de Ferrera.

Ahora, los resultados —en caso de ganar— serían: uno, instalación de un Gobierno nacional, no "nacionalista"; dos, el gobernante sería el abogado Luis Melara; tres, Melara, ingeniosamente, mandaría a volar al aventurero Zemurray y a sus compinches.

Un confidente metido en la conspiración informó a la Compañía el plan de Melara. Esta acordó la muerte del conspirador y aceleró la guerra de Ferrera, en quien no tenía entera confianza porque le sospechaba entendimientos con Melara, para derribar pronto a Mejía Colindres, quien casi no cuidaba los intereses de la Compañía y pensaba en la eficacia del "Hombrón de Zambrano".

—Entonces Ferrera iba a trabajar para un cachureco y no para él o para un amigo suyo.

—Pues sí... el plan era utilizar el ferrerismo y después acabar con él... Si no una bala, la mazamorra que mató al general Vicente Tosta le vendría bien al general Gregorio Ferrera...

Ferrera, que sabe bien lo que le puede suceder —porque ha visto los ejemplos de Melara y Tosta—, con tiempo ha pensado en el sustituto.

—¿En quién, por ejemplo?

—En el general Ladislao Santos.

—Correcto.

IV

Quienes lo conocen dicen que es superior al mismo Ferrera. Porque Ferrera en guerra es un empírico, mientras que Santos es un técnico. El campo de Ferrera ha sido Honduras. El de Santos ha sido México. Ferrera fue producto de una improvisación. Ferrera se improvisó en la montonera de 1919 contra Bertrand.

Santos fue escogido, con otros que no dieron el ancho, en la Escuela Militar de Tegucigalpa, para que fuera a ampliar sus estudios al Colegio Militar de Chapultepec, de donde egresó con el grado de oficial. Causó alta en una brigada y se le permitió ingresar a la Universidad Nacional, donde coronó la carrera de abogado de la República Mexicana. Se adiestró en el torbellino de la Revolución social de México. Sentía decidida admiración por Pancho Villa, a quien llamaba "un tratado completo de guerra de guerrillas".

Al cabo de los años, cuando sólo su familia de Talgua, Olancho, sabía que existía, regresó. Se dio a conocer en la capital como ser quien era: abogado, militar del Colegio de Chapultepec, general revolucionario de México, con todos sus papeles a la vista.

Visitó al Presidente de la República, doctor Miguel Paz Baraona. Lo encontró con la cabeza llena de humo conservador.

Fue a ver a Carías, y se convenció de que es apenas creíble que haya un país en la Tierra con un "caudillo que no sabe conversar".

Pasó a donde Tosta, y lo notó ausente del mundo y de la vida, sin que la entrevista se prestara para ninguna simulación.

Finalmente, fue hasta Intibucá a ver y tratar al general Gregorio Ferrera.

Ferrera le dijo:

—Se equivoca si ha venido aquí para conocer a un montonero vulgar. Lo que ha encontrado en mí es una gran decisión que ha sido víctima de la vulgaridad de otros. Como usted ve, soy un indio que hasta que llegué a ser caudillo triunfante, dejé de sentir la indiferencia y el desprecio de los mestizos y los blancos, de los terratenientes y los comerciantes, de los criollos y los gringos.

—Las indiadas que me acompañan lo hacen bajo promesas. Les prometo tierras de labranza, porque no tienen dónde sembrar el maíz y el frijol que les alimenta. Les prometo instrumentos de trabajo y mujeres, a viejos y jóvenes. Y no crea que estas promesas se las hago con el objeto de engañarlos. No podría hacerlo porque soy indio, porque me duele su dolor. Porque un daño que les hacen a ellos me lo hacen a mí, y ellos lo saben. Por eso me quieren y me siguen cuando les digo que me sigan.

—En 1919 operamos fraternalmente varios jefes para derribar un gobierno impropio, bajo promesa de que se haría justicia a las grandes mayorías desheredadas de Honduras. Se hizo la guerra y se alcanzó el triunfo, pero los jefes compañeros resultaron comprometidos con las compañías concesionarias, y a mí me echaron los perros, teniendo que salir de huida, con mi gente, para El Salvador.

—En 1924 me adelanté a los demás jefes que peleaban por el beneficio de los concesionarios a tomar la Capital de la República, y lo habría logrado si la diplomacia gringa no...

(Aquí parece que falta una línea interrumpida o perdida en el manuscrito.)

...general Ferrera. El comisario sería el general Santos. Y estalló la revolución con camuflaje de montonera en junio de 1931.

La guerra de las aguas era empresa de la Tela Rail Road Company. Pero el triunfo de la revolución y el nacimiento del gobierno popular sería cosa de los indios del general Ferrera.

Con aquellas noticias, los hombres que se habían agrupado para conversar sobre la guerra que estaba haciendo estragos en la Costa Norte se sintieron tan contentos que, a una, se levantaron para gritar:

—¡Viva el general Ferrera! ¡Viva el general Santos! ¡Viva el Gobierno popular de Honduras!

Todos los del vagón tuvieron que hacer coro diciendo "¡viva!".

Leonardo Sandoval, asesino frío, dijo abrazándome, con lágrimas en los ojos:

—Esto es lo que andaba buscando y nadie me lo había dicho...

Y sacándose de la bolsa su navaja de resorte, su Flor de un día, la arrojó por la ventana del vagón.

NOSOTROS LOS "DEMIGRADOS"

Como han resultado muchos Luises Martínez —aquí en Tegucigalpa hay tres, en San Pedro Sula dos, en La Ceiba uno y en otras partes del país varios—, conviene cambiar el seudónimo para evitar la confusión postal, los reclamos a los unos de las deudas de los otros, hasta los terciazos por equivocación, y llamarse, por ejemplo, Manuel Barrientos.

¿Por qué Manuel Barrientos? Por gratitud y porque nos trae suerte. Vamos a contar la historia. Cuando salimos de Tegucigalpa hacia el destierro —de esto hace un montón de años— llevamos ese nombre.

El doctor Alberto Zúniga, con ser agrio de carácter, mordaz a lo Voltaire y malquerido de muchas gentes, tuvo sus afectos. A nosotros nos dispensó cariño y nos lo probó con hechos.

Como para salir de Tegucigalpa en aquellas fechas era preciso exhibir un salvoconducto, fue a hablarle a Camilo Reina, le dijo que quería mandar a un mozo que le trajera unas mulas del valle de Comayagua y que el mozo se llamaba Manuel Barrientos. Con ese nombre escrito en el papel oficial salvamos las tapadas de la salida de la Capital, de Flores y de San Antonio del Norte.

En las afueras de San Antonio conocimos a un tal Juan Evangelista Cruz, a la sazón comandante del resguardo, receptor, posiblemente alcalde, juez y, en resumen, amo y señor de vidas y haciendas de aquel lugar.

Vio el salvoconducto, nos observó atentamente: si por el sombrero de Ilama, la camisa de manta y el pantalón de dril éramos arrieros, le chocaban la capa de lujo, la buena pistola calibre .38 y los zapatos de charol, con los que nos habíamos licenciado en la Universidad. Además, un mozo que llevaba mozo acentuaba las dudas.

Por fin abrió la boca:

—¿Es usted pariente de Roderico Barrientos?

Le contestamos muy alegres:

—Comonó, somos primos hermanos.

Después de una pausa dijo:

—¿Qué anda haciendo?

Le devolvimos:

—Comprándole una mula al padre Orellana.

Una vez tranquilizada el alma, contó que en la frontera de El Salvador habían matado a un rico de apellido Bonilla, y que para capturar a los hechores el gobierno salvadoreño había amontonado la Guardia Nacional en el pueblo de Polorós, y que el de Honduras había mandado gente de Guajiquiro y Santa María con el fin de cubrir la guardarraya.

Con recelo le preguntamos:

—¿Quiere decir, coronel, que no hay pasada para El Salvador...?

No entendió el hombre y nos contestó:

—Cuando llegue a San Antonio va a ver los cargamentos que están esperando que se abra la frontera.

Minutos después, el coronel Cruz salía de la cocina seguido de una mujeruca y se tiraba al monte.

Esa misma noche, Manuel Barrientos ganó la frontera salvadoreña, y por fregar, desde la otra orilla, le hizo varios disparos al resguardo hondureño del río Unire.

El refuego fue breve, pero el retumbo de la montaña le puso acento de combate.

ESTAMPAS

I

El cuento de Juan Evangelista Cruz, de que la frontera hondureño-salvadoreña estaba bloqueada por las autoridades de ambos países para ver si capturaban a Florencio Mejía, presunto matador del rico Bonilla de Polorós, nos aferraba al nombre de Manuel Barrientos —no fuera el diablo que llegaran a confundirnos—, ablandó el ánimo de nuestro chane José María, yerno de Suazo, Gobernador de La Paz, y nos hizo buscar a un segundo conocedor del lugar que nos llevara por ruta más extraviada.

Hallamos al segundo guía en el rancho que visitaba Cruz. Regresó de un viaje de los pueblos vecinos como a las diez de la noche, y a lo macho —como dicen los mexicanos— le hablamos de que nos pasara a El Salvador, ofreciéndole buena paga.

En efecto, nos condujo por lugares sumamente extraviados: él adelante con un machete, nosotros en medio y Chema atrás.

En la cumbre de un cerro acordamos dormir un rato. Pese a que nos dijo que era primo del general Mejía Moreno, con Chema nos turnamos de centinelas. La confianza mata al hombre.

En la bajada, dijo aquel segundo guía ante un riachuelo:

—Hemos llegado a la frontera. Esta orilla es de Honduras. La otra, de El Salvador. He cumplido, me pagan, y me regreso...

Pero Chema estuvo listo y le contestó:

—Hombre, yo también he andado por aquí, conozco este lugar como mis manos y sé que para llegar a la frontera falta como una legua...

En nuestro caso, le dijimos:

—Vamos con esa legua, que le pagamos...

Al llegar al Matapalo, tocamos puertas y aparecieron los Padilla. Entonces se puso en claro que el tal Mejía Moreno era miembro de una cuadrilla que operaba en la frontera y que, de suerte, no nos había entregado. Por lo menos —decía uno del grupo amigo— quería dejarlos en mitad del camino para que los capturaran y les dieran el agua...

¿Saben ustedes lo que es dar el agua? Dios que nos perdone el mal pensamiento: si no hubiera sido por comprometer a los Padilla y dejar motos a unos chigüines mocosos y desnudos que quedaron en el rancho de las afueras de San Antonio, se la damos al tal Mejía Moreno. Entonces, bastante jóvenes, éramos violentos y nos conteníamos a duras penas. Dichosamente, ese tiempo de volcán iracundo ya pasó.

Mejía Moreno regresó pagado y regañado con las peores palabras. Del Matapalo a la frontera de El Salvador nos condujeron los Padilla por guamilares. Al pasar el río Unire fueron los tiros con el resguardo.

Y arriba, en un repecho, estaba la casa de don Marcelo, hondureño perseguido de la política imperante, exsecretario municipal de San Antonio del Norte y recién salido del mismo puesto de la Alcaldía de Polorós, entendido, por lo tanto —como decía él mismo—, de "los dos derechos".

Don Marcelo las hacía de procurador y había pasado la noche en vela atendiendo clientes fronterizos, prófugos de La Unión. Le pagaban aquellos angelitos con comida y chaparro, bien destilado y mejor guardado en unos galones.

Cuando llegamos, estaban en el rancho nueve criaturas, con sus tragos, y don Marcelo con los suyos. Al ver a los Padilla, depusieron el ánimo fiero y concentraron su atención en nosotros. El saludo fue con un cañonazo bárbaro, y en tanto tragábamos, nos decía don Marcelo:

—¿Con que vos venís por emigrado...? ¡No amolés...! Vos venís por muerte... ¿Verdá, muchachos, que se ha matatuseado a alguno...?

Varios de los personajes, viéndonos con simpatía, corearon:

—Quién sabe... De repente...

Entonces nosotros, avergonzados por no haber matado a un cristiano, mentimos para hacernos valer:

—Es broma que seamos emigrados... Debemos una muerte...

II

Al mediodía estaba bueno don Marcelo. Platicamos. Le dijimos la verdad: íbamos huyendo de Honduras, perseguidos por el régimen.

Nuestro nombre era tal y el sobrenombre cual. Seguiríamos a San Salvador para ver si nos podíamos ganar la vida haciendo cualquier cosa.

—Hombre —dijo don Marcelo—, perdonen las tonterías que les dije en la madrugada. Pero estuvo buena la mentira de que debían una muerte. Es que estos asesinos forman una especie de sociedad y no toleran a un extraño en ella.

A la verdad, la tregua de Unire resultó fuerte y hermosa, como nos gusta. Buena comida, buen chaparro y en abundancia, buenos vecinos de mogote en mogote de la montaña. Un tal Anselmo Juanes, con cinco palomitas, cuidaban a don Marcelo porque el resguardo del otro lado podía venir a asesinarlo.

No se atrevía el resguardo, pero mandaba espías:

—¡Muchachos! —gritó una mañana Juanes—. Allá viene la Mercedes. Vayan a encontrarla y le dan su buena forzada.

Fue cuando don Marcelo se elevó a la altura de los patriarcas:

—No, no, no. Eso sí que no. Respeten al "doctor". Mejor tráiganla para interrogarla.

La mujer dijo que en el otro lado se interesaban en saber quién había llegado al rancho de don Marcelo, por la cosa de Florencio Mejía, que había matado al viejo Bonilla de Polorós.

—¿Y conocés a Florencio? —le preguntó Juanes.

Dijo que sí.

—¿Seni éste?

Dijo que no.

—Este se llama Manuel Barrientos —le aclaró don Marcelo.

Y dirigiéndose a nosotros aconsejó:

—Siga guardando el nombre, que es peligroso.

Era alegre don Marcelo. Nos decía bromeando:

—Hombre, quédese en Unire. Ayúdeme a despachar el bufete.

Y cuando llegaban clientes cargados de comida y "chaparro", les indicaba:

—Ahora no es conmigo el lamento. Para eso está el "doctor".

Cierta vez se le ocurrió a Juanes preguntarnos si éramos de los "melitares" de Honduras y si teníamos grado.

—"Dende" luego —fue nuestra contestación...

—Es "general" —agregó don Marcelo.

—Yo "creiba" que era "coronel" —expresó Juanes.

—Es que para ser coronel basta conocer la historia de Morazán, y para general la de Bolívar. Yo conozco hasta la última, aparte de algunos tiritos en varios lugares.

Se rió don Marcelo, y desde entonces fuimos el general Manuel Barrientos.

III

Agitado regresó el buen viejo Padilla de las vecindades y sin mayores preámbulos nos dijo:

—Van a dar una batida en la montaña. Alístese que lo llevo al Carpintero. Allá va a estar con don Ricardo Díaz.

"Batir la montaña" significa peinarla con la Guardia Nacional para sacarle los piojos de los criminales. Nosotros no lo éramos, pero podíamos ser conducidos amarrados de los pulgares hasta La Unión. Y allá hospedarnos en la cárcel por mientras se averiguaba.

Juanes, medio nervioso, ensilló la yegua en que iría el general. Y partimos, bien aviados de "chaparro" en las alforjas,

porque decía don Marcelo que ese "néctar divino" era para el emigrado mejor compañero que el caballo, el perro y la mujer.

En una bajada le preguntamos al viejo:

—Oiga, don Marcelo, ¿y don Ricardo Díaz quién es?

Contestó:

—Él sí que es general. Ya lo va a ver...

Llegamos al Carpintero, posesión de los Díaz. Allí había tatarabuelos, bisabuelos, abuelos, padres, hijos, nietos, bisnietos, tataranietos. Sólo en la Biblia se lee el caso de un patriarcado igual. Un hombrerío y un mujeral para producir espanto. Gente honradísima, trabajadora, respetuosa de la autoridad y respetada por ésta. Cuando la Guardia perseguía a algún criminal llegaba hasta la puerta de golpe, llamaba al patriarca —parecido a Gandhi—, lo interrogaba con buenas palabras y lo que el viejo decía era la verdad.

Salió a nuestro encuentro don Ricardo Díaz, quien había de ser Gregorio A. Velásquez. La alegría que nos dio fue infinita, y como estaba preparando viaje para Santa Rosa de Lima, nos fuimos juntos. Don Marcelo Padilla nos acompañó hasta Polorós, y allí fue la despedida para siempre, porque años después lo asesinaban en aquellos caminos.

En Santa Rosa de Lima era de rigor presentarse al puesto de Guardia.

¿Quién nos dijo que debíamos dar nuestro propio nombre?

¿Por qué no seguir llamándonos Manuel Barrientos, sabiendo que perseguían a Florencio Mejía?

Paulino Valladares decía que a nadie le falta su cuarto de hora de pendejo. Pagamos el cuarto de hora con un viaje forzado hasta La Unión, donde —de no haber sido por el general Roque J. López— a saber qué nos hubiera pasado.

Quién sabe si fuera cierto, pero se dijo en casa de Mr. Westing que el comandante del departamento, general Andreu, quería embarcarnos para Amapala.

Por poco nos amuelan por haber dejado el nombre que nos diera Alberto Zúniga. Dicen los franceses —que se la pican de vivos— que el nombre no hace la cosa. Y sí la hace, a veces.

HUELGA DE MAYO DE 1954

(Carta de un campeño para otro campeño)

Del campo X, 10 de junio de 1958.

A Salvador Tovar en el campo Y.

Querido camarada:

Le escribo en este pedazo de papel, con letra pequeñita, para decirle desde aquí mis impresiones sobre los acontecimientos huelguísticos de mayo de 1954. Usted y yo, siendo jovencitos, nos sumamos con decisión de hombres verdaderos al movimiento obrero de la Costa Norte en 1927. Militamos bajo las banderas del P.C., fundado por el heroico, insustituible e inmejorable Manuel Cálix Herrera, quien tuvo un fin ingrato al ser encerrado en las bóvedas del Castillo de San Fernando de Omoa, donde permaneció cinco años, al cabo de los cuales fue sacado de allí convertido en un arco esquelético a causa de la tuberculosis, yendo a morir a su pueblo Juticalpa en 1939, comienzo de la Segunda Guerra Mundial, no sin haber leído antes los documentos de la I.C.

El reflujo de la revolución hondureña duró 15 años. En la década 30, la represión obrera fue salvaje a cargo de testaferros instruidos y pagados por las Compañías, que retuvo el poder 16 años por gracia y voluntad del imperialismo, contribuyó en las matanzas obreras y campesinas con sus propios esbirros, como Carlos Sanabria en Trujillo, Eduardo Galeano en La Lima, Juan Fletes en Olancho, Calixto Carías en Amapala, que llenó de pistoleros toda la zona oriental de El Salvador para matar emigrados hondureños. Esos y otros más fueron los ejecutores que llenaban la República. Los promotores estaban en la Capital, con Carías, Fernando Zepeda Durón, José María Albir, Vicente Cáceres, diputado y director del Instituto Nacional, bajo el rigor de la disciplina fascista, más otros que no tengo presentes.

En la década del 40 y a la altura del año 44, sucedieron acontecimientos importantes. En El Salvador el pueblo derribó al tirano Maximiliano Hernández Martínez, el 10 de mayo. Seguidamente el pueblo guatemalteco derribó al déspota Jorge Ubico. En Honduras la pequeña burguesía liberal estuvo a punto de arrojar del poder a Carías, el 4 de julio. Y en San Pedro Sula hubo una manifestación de la pequeña burguesía liberal que terminó en lo que desde entonces se llama la "masacre de San Pedro Sula", del 6 de julio. La dictadura pro-fascista de Carías, que se persignaba ante el santo de la democracia, pero gobernaba con procedimientos de terror, bajo indicaciones de las Compañías extranjeras, en realidad deseaba el triunfo de Hitler, pero con mucha maña le demostraba adhesión a los Estados Unidos. Así las cosas, la matanza de obreros y campesinos seguía en aumento. Al año siguiente, 1945, fue la derrota definitiva del Eje Roma-Berlín-Tokio. HABÍA TRIUNFADO LA GUERRA DE LA HUMANIDAD CONTRA EL FASCISMO.

En los 4 años siguientes el régimen cariísta vio que ya no tenía objeto su gestión, habiendo procedido a un aflojamiento en sus métodos represivos. Eso sí, participó con delegados en las reuniones mundiales que tendían a organizar el mundo de la posguerra. En efecto, estuvo en las deliberaciones y firmó la Carta de la Organización de Estados Americanos, y el Tratado de Asistencia Recíproca de Río de Janeiro. En todas esas reuniones, Honduras iba adherida al pantalón de los Estados Unidos. Por su parte, los Estados Unidos, que financieramente habían obtenido ganancias fabulosas con la guerra, demostraban una soberbia y una arrogancia jamás vistas. Los grandes escritores imperialistas en el pasado sólo veían al Imperio Romano y al fijar su mirada en el futuro proclamaban como verdad irrefutable la creación de los Estados Unidos del mundo. Los Estados Unidos tenían razón de mostrarse orgullosos.

Habían demostrado su poder con la destrucción de las ciudades japonesas de Hiroshima y Nagasaki con dos bombas atómicas. Pero en el otro extremo del orbe, la UNIÓN SOVIÉTICA ANUNCIABA QUE HABÍA LLEGADO LA HORA DE LA REVOLUCIÓN CIENTÍFICO-TÉCNICA, Y COMO LOS HECHOS DEBEN SEGUIR A LAS PALABRAS, EN 1953 HABÍAN ALCANZADO A LOS ESTADOS UNIDOS EN PODER NUCLEAR, Y EN 1957 LANZABAN AL ESPACIO EL PRIMER SPUTNIK.

Carías Andino entregó el poder a Juan Manuel Gálvez en 1949. Se puede decir que Gálvez desempeñó el primer gobierno de posguerra en Honduras. Este gobierno tenía que ser totalmente distinto al de Carías Andino. Cesó la represión, y los obreros empezaron a ver la conveniencia de fundar sus sindicatos y sus organizaciones políticas. Pero esto que parecía el resultado de una deliberación en el país, sólo fue parte de un impulso mundial provocado por la lucha victoriosa de la Humanidad contra el fascismo. En otras palabras, la humanidad con la guerra había provocado un ascenso revolucionario mundial, en el que participaba Honduras con la Huelga revolucionaria de mayo de 1954, diez años después de las manifestaciones pésimamente organizadas de la pequeña burguesía liberal. Si me explico bien, esto hace entender que la "espontaneidad" de la huelga se debió al elemento mundial que determinó su acción. Digo más, si la huelga de mayo de 1954 hubiera carecido del padrinazgo que le dio la guerra victoriosa de la Humanidad contra el fascismo, no se habría producido.

Como se trataba de un movimiento de tanta significación, por lo expuesto en la dirección debían estar hombres como Manuel Cálix Herrera, como Juan Pablo Wainwright o como cualquier otro gran jefe obrero hondureño que luchó y ofrendó su vida por la causa del proletariado, y no por oportunistas que en el ascenso revolucionario de la huelga corrieron a fundar el partido de la clase obrera y a decir que este partido había marchado a la vanguardia de los trabajadores huelguistas, cantando la Internacional. Esta insapiencia, esta inconsistencia, esta inexperiencia, dio lugar a que el impulso revolucionario se fuera debilitando hasta llegar a una total paralización, momento que aprovechó el imperialismo para estructurar sus órganos falsificadores del movimiento obrero, al grado que lo que había empezado felizmente, terminó convirtiéndose en base del neocolonialismo que empezó con el régimen pequeño burgués liberal de Ramón Villeda Morales.

Te digo todo esto porque como viejos luchadores curtidos desde los tiempos de Manuel Cálix Herrera, debemos conocer lo más posible la parte histórica que nos corresponde.

Camaradilmente,

S. T.

EL ACTA DE INDEPENDENCIA

I

Los manifestantes cubren todo lo ancho de la Avenida Cervantes, yendo la cabeza de la manifestación en la cuadra del edificio Larach y la cola en la subida de El Guanacaste. Las voces, los gritos, las bandas musicales, los cantos han adquirido la potencia de un sordo estruendo humano. Allí desfilan los adolescentes de los institutos y los colegios de la capital; los jóvenes universitarios que acompañan a sus hermanos menores; los profesores de enseñanza media y los maestros de escuela que se sienten protectores de los pequeños. El público capitalino observa con simpatía la manifestación juvenil desde las puertas y las ventanas, desde los pisos altos y desde las azoteas. En el público hay padres, madres, hermanos, hermanas, primos, primas, un sinfín de parentescos sanguíneos y afines que forman con los manifestantes una unidad individual. En el caso que los cuerpos armados, cuyos cascos se dejan ver en las azoteas de los edificios, llegaran a disparar sus ametralladoras, el alarido del público sería tan desgarrador y fuerte que subiría al remoto cielo. En el público hay temor de que llegue a suceder algo trágico por las serias advertencias del Gobierno radiadas en la mañana. La gruesa manifestación dobla a la izquierda y avanza por la calle que conduce a Casa Presidencial, adelantándose a toda prisa para ocupar puestos visibles los oradores que van a pedir la liberación de la cultura nacional atrapada con los negros tentáculos del pulpo neocolonialista. Las bandas estudiantiles animan a los manifestantes y al público con alegres marchas y se acentúa el estruendo humano.

II

Un grupo de obreros de fábrica, desde la ancha puerta de su cuarto de trabajo, ve el clamoroso desfile juvenil. La clase obrera apoya a los estudiantes y maestros en su lucha de liberación cultural. Sería irracional que el proletariado, aunque se halle como está, con una baja conciencia política, mal organizado, dividido, lleno de influencia antiobrera, presionado por agentes sindicales de las grandes compañías, desorientado por seudorrevolucionarios que engañan tanto a los trabajadores del país como a las organizaciones extranjeras, no apoyara a los manifestantes juveniles en tan hermoso acto antimperialista y antioligárquico. Se ha dicho que la clase obrera existe, y crece y se agiganta, y no hay medio de impedir o torcer sus pasos decisivos en dirección de su objetivo supremo. Ay, infelices, ¿qué irá a ser de vosotros el día que, superados los cálculos y los engaños, la clase obrera se apretuje en sus organizaciones económicas y políticas, en virtud de su poderosa fuerza de cohesión, y dueña de su destino os arroje de su seno como quien arroja ratas y cucarachas? El día no está remoto, gusanos de derecha y de izquierda. Del corazón de cada obrero y de toda la masa organizada se alzarán las imágenes y las voces tonantes de Manuel Cálix Herrera y Juan Pablo Wainwright, para pediros cuenta de vuestras sinrazones al haber convertido la noble causa de los trabajadores ¡en vil negocio de vulgares mercaderes! Esto pensaba internamente el grupo de obreros de fábrica, con fogonazos de odio a los culpables de haber retrasado al movimiento obrero varias décadas. Pero se endulzaba al ver la alegría de los muchachos manifestantes, y parecía decir con chispazos de luz en los ojos: —Pero entre tantos y tantos, allí van muchos cuadros de esperanza—...

Víctor Amantor observa en silencio y a veces mueve el brazo para responder a los saludos de los conocidos que pasan. Lucio Acosta, a su lado, alza la cabeza para hablarle al gigantón, cejudo y cabelludo:

—La gente se encariña de la juventud estudiantil y olvida a la juventud obrera.

No le contesta Víctor y lo hace Miguel Sánchez:

—Allí va la juventud obrera. Trabaja de día y estudia en los colegios nocturnos.

—Cierto —interviene Genoveva Castro—, acaba de pasar Rosita Andrade, que trabaja en una camisería privada y va por el quinto año de medicina. Y allí va Teresita Rojas que estudia letras y despacha un puesto en El Triángulo como simple asalariada.

—¡Vivan las muchachas trabajadoras que estudian! —dice con vivacidad Narcisa Chirinos.

Advierte Ramón Aparicio:

—Casi todos los muchachos que pasan son trabajadores. Los de segunda enseñanza y escuelas vocacionales y los universitarios. Y aquellos que no trabajan son hijos de obreros y de gente de mentalidad proletarizada, y por tanto son progresistas.

Remata Lucio Acosta:

—Posiblemente verán allí los hijos de los diputados, de los ministros, de los magistrados. Los únicos que no van son los hijos de los oligarcas por hacer estudios en Harvard, universidades de los Estados Unidos y en Europa. De allá regresan hechos y derechos para servir sus propios intereses, los de la alta burguesía nativa y del capital financiero.

Con agudeza femenina observa Genoveva:

—Sin olvidar que de estos muchachos, pobrecitos, el imperio extrae con pinzas a los más distinguidos. Los halaga con paseos al Cañón del Colorado, con becas a Puerto Rico, los hace master de cualquier cosa, y al cabo los incorpora a los cuadros a su servicio de donde ya no salen nunca más.

Narcisa completa la idea:

—Después van del tingo al tango "prestados", de Tegucigalpa van a Santo Domingo, de Santo Domingo a Bogotá, de Bogotá a Buenos Aires y de Buenos Aires vuelven a Tegucigalpa. ¿Te acuerdas, Genoveva, de aquel tipito que quería preñarme? El otro día lo encontré y le dije: "Te hacía muerto, ¿de dónde sales?" Me contestó: "Vengo de Buenos Aires donde trabajé —'prestado'— por el BIRF".

Ríen las dos mujeres, y las interrumpe Lucio Acosta:

—¡Ajá! ¿Hablan de economistas y a los políticos dónde los dejan? El imperio tiene la gentileza de "prestarle" sus azules y sus colorados a Honduras para que le sirvan sin ganarle un centavo.

El grupo estalla en sonoras carcajadas.

III

Alguien, de paso, pone en la mano de Víctor Amantor un sobre cerrado, que abre, extrae un papelito y lee. Hace una señal a sus compañeros que lo siguen llenos de curiosidad hasta el fondo de la sala, donde les dice:

—Siéntense y oigan con atención:

"Todavía nadie sabe que hemos regresado. Nos quedan dos horas para convencer a Juan que es ingenuo que se oponga, pero si lo hace, no se alterará el plan fijado. Esto ya no tiene vuelta de hoja".

¿Oyeron? ¿Entendieron? ¿Qué dicen?

Se paseó el corpulento electricista. Los demás obreros guardaron un silencio largo, al cabo del cual habló Lucio Acosta:

—Como dice el dicho: "Unos a la bulla y otros a la cabuya".

Los golpistas siempre son así. Buenos hijos de los viejos coroneles y generales de cerro, siempre están listos para echar a perder los hermosos movimientos populares, para provocar a las fuerzas represivas del imperio, para producir matanzas estúpidas y para salir de huida después que han hecho la torta.

Agregó Miguel Sánchez:

—Nadie puede negar que la lucha de clases va violentándose al ritmo de la violencia que toma en América Latina. Esta manifestación es nítida lucha de clases que conmueve hasta el último rincón del país. El pueblo está encima de la contradicción. Pero a la vez, porque es lucha, los cuerpos represivos están listos. ¿Qué hacen aquellos cascos que se ven en aquel rascacielos? ¿Estarán allí por el simple deseo de ver el desfile? No, están allí en espera de lo que ofrece Santos Fonseca con su grupo de aventureros.

Sentenció Ramón Aparicio:

—En esta plaza del imperialismo, bastan unas cuantas ráfagas del grupo de Santos Fonseca para bañar en sangre la capital y luego montar una dictadura militar fascista, como la de Bolivia, aunque no fuera de larga duración, porque está escrito que hoy no pueden durar largo tiempo.

Preguntó Genoveva Castro con fingida ingenuidad:

—¿Y a dónde va Santos Fonseca con su aventura?

Con aspaviento le contestó Narcisa Chirinos:

—Niña, ¿no te da la cabeza? Tomará Casa Presidencial para realizar el socialismo desde el Poder.

Soltaron todos ruidosas carcajadas.

Agregó Lucio Acosta:

—O por lo menos crearle más dificultades al gobierno de Mr. Nixon.

Las carcajadas llegaron a los gritos.

Remató Miguel Sánchez, ahogado en risa:

—Que dejará su viaje a China para atender este nuevo Vietnam.

La hilaridad paró en ahogos, silbidos, ayes y lágrimas.

<h2 style="text-align:center">IV</h2>

De pronto entra un hombre cargando una valija grande. Saluda rápido y se encara con Víctor Amantor, a quien dice:

—Tú eres el hombre clave. No hay tiempo que perder. Esto ya no tiene vuelta de hoja. ¿Recibiste mi recado?

—Sí —le contesta Víctor.

—Mientras los muchachos agitan, nosotros tomamos los puntos administrativos. ¿Qué dices?

—¡Trostkista! —fue la respuesta.

El gigantón le arrancó la valija que tiró lejos; lo tomó del pecho con la poderosa izquierda y le descargó un derechazo que lo hizo rodar sin sentido. Después lo arrastró de las piernas, empujó con el pie la puerta del cuarto, lo levantó y lo tiró como saco de aserrín, cerró la hoja y le echó llave. Fue a la valija, la abrió y extrajo una metralleta, que elevó mientras decía:

—¡Cuántos crímenes hemos evitado con desarmar y encerrar a este imbécil!

Genoveva, helada por el susto, preguntó:

—Víctor, ¿es Santos Fonseca?

Contestó el gigante electricista:

—El mismo. Hemos salvado a los jóvenes manifestantes. Y hemos impedido que la CIA desate su acariciada persecución comunista.

—Pero quedan en libertad los otros que pueden actuar —comentó la joven trabajadora.

—Sin que regrese éste, no procederán —explicó Víctor.

—¿Pero qué se proponía contigo?

—La pequeña burguesía nota instintivamente que sin la clase obrera no va a ninguna parte, y Santos quería enrolarnos en objetivos pequeño burgueses.

—Esto es —comentó Narcisa—, la clase obrera debe ayudarles; pero ellos nunca le ayudan a la clase obrera.

—Se explica la pretensión —dijo Miguel Sánchez—, porque sufren la ignorancia de su clase putrefacta.

—Si no son clase —agregó Miguel Sánchez—. Acaso son la capa más baja de la clase burguesa en descomposición.

—Por eso —remachó Ramón Aparicio—, aunque sean la capa más baja, nunca pierden los humos de grandeza, y al sentir que se hunden buscan las vías rápidas de flotación.

Saltó Víctor Amantor y se acercó a la puerta del cuarto, aplicando el oído y diciendo en voz alta:

—¡Santos Fonseca, ya te amolaste! ¡Ya estamos en el Poder y hemos acordado llevarte preso a la Penitenciaría!

Todos se alejaron en puntillas y se taparon la boca para evitar las risas explosivas.

V

—¿Cómo ha sucedido esto? Como suceden todas las cosas en nuestros días. Así como por el sendero del átomo llegó el hombre a percibir insondables abismos de infinito y a utilizar tremendas energías antes insospechadas. Así como con la aplicación de nuevos microscopios electrónicos se aumenta la observación de los microbios en millones de veces, ofreciendo la oportunidad de descubrir el mundo de los virus de donde vienen numerosas enfermedades. Así como los hombres valiéndose de aparatos de la revolución técnica han logrado lo imposible al saltar a la luna. Así como desde los cohetes en vuelo a los planetas del sistema solar han sido fotografiadas otras Vías Lácteas que cuentan con millones y millones de soles, con lo que se da a entender que las costas del Universo son inalcanzables. Así como se está taladrando el planeta para viajar directamente de una a otra antípoda. Así como están apareciendo nuevas sociedades en que los bienes son de todos para beneficio de todos. Así como el dólar, sol de las monedas occidentales, se ha salido de su órbita y arrastra a sus satélites en torbellinos y vértigos de cataclismo. Así como las bombas atómicas destinadas antes a desatar una guerra destructora del planeta, ahora van a mover las fábricas productoras de alimentos para abatir el hambre de millones de seres. Así en este mundo de magia científica, distinta a la magia del doctor Fausto, todo es posible, y nadie ponga en duda que de la noche a la mañana haya aparecido algo que deja atrás la fantasía más osada.

Hoy es 15 de septiembre de 1971. Hace 150 años varios ilustres varones deliberaron, acordaron, redactaron y firmaron el Acta de Independencia de Centro América. En 150 años la Patria Centroamericana no alcanzó el nivel de felicidad a que tenía derecho como nación. Todos tenemos noticias de los 150 años fallidos por inexperiencia propia y por intromisión fenicia de extranjeras manos. Pero hoy, como por arte de magia, la Patria se ha levantado de sus cenizas, ha juntado sus pedazos dispersos, la cabeza se ha unido al tronco, el tronco a las extremidades, y ha formado un solo cuerpo bello y joven de muchacha alegre, como fuera seguramente el de la legendaria Comizahual, que es fama la seguían los mortales suplicándole que les diera la dicha de besarlos con la radiación gloriosa de sus ojos. ¡Qué alegría tan grande! La Patria existe como fue soñada, ¡sin ser ahora un sueño sino realidad sensible!

¿Cómo ha sucedido esto? Un terremoto inmenso ha abatido los cimientos de lo mal edificado. El fabuloso Kabrakán del Popol Vuh que duerme en los subterráneos, de un salto se ha levantado y ha sacudido la tierra, pulverizando los viejos castillos de las oligarquías y destrozando los rascacielos del imperio. Después los vientos han saneado las viejas comarcas. También el fabuloso Hurakán del Popol Vuh, marchando con su pata de palo, ha traído una partida de ciclones para arrojar a mares distantes hasta las más pequeñas hierbas venenosas que pudieran retoñar en ese Paxil centroamericano. Ahora la tierra es nueva. También la gente que la habita. Hoy esta nación lleva el nombre de República Popular Federativa de Centro América. Funciona el gobierno del pueblo, por el pueblo y para el pueblo.

Dirige la clase más nueva de la historia, la clase obrera, la edificación social y nacional. Le acompañan en el afán las grandes masas campesinas y los sectores populares, los trabajadores manuales e intelectuales...

Casi gritó Genoveva, bonita y resplandeciente:

—¡Víctor Amantor! Bello, muy bello es tu delirio pero vamos a la redacción y a la firma del acta de independencia del imperio actual y de fundación de la nueva República!

Con timbres preciosos agregó Narcisa:

—¡Al Acta! ¡Entre obreros de fábricas, campesinos y trabajadores manuales e intelectuales habemos ciento cincuenta firmas!

Expresó Lucio Acosta:

—¡Ahora que se desmorona el imperio!

Dijo Miguel Sánchez:

—¡Ahora que agonizan las oligarquías del Mercado Común neocolonialista!

Concluyó Ramón Aparicio:

—¡Basta! ¡Basta! ¡A la acción! ¡A la acción!

Ciento cincuenta delegados firmaron el Acta de Independencia del imperio contemporáneo y de fundación de la República Popular Federativa de Centro América.

Y esto es verdad histórica; no es creación literaria.

Tegucigalpa, D.C., 1 de septiembre de 1971.

YO, MEDARDO: PEQUEÑA AUTOBIOGRAFÍA

(Refiere, Anisias, el paso de aquel milpero).

Muchachos: como ustedes viven con el deseo de saber quién soy yo, por suponer, equivocadamente, que soy gran cosa, quiero darles este perfil rápido de mi vida, este lado de la medalla. El otro lado (lo digo medio en serio, medio en broma), el que está detrás, sólo el Diablo lo conoce, y sería preciso pedirle permiso a él para sacarlo a luz.

Medardo Mejía

EMPECEMOS

Pude haberme llamado Gabriel Amaro Mejía, como deseaba mi padre, mayor de Plaza de Yoro cuando nací, pero el cura que me bautizó me puso José Medardo. Mis padres fueron Gabriel Anunciación Mejía y Francisca Antonia Pagoaga, casados y vecinos de Manto, Olancho, Honduras, C.A. Nací en San Juan de Jimasque el 20 de octubre de 1907. Soy de origen campesino y me place haber nacido en este siglo, y no en uno anterior ni en otro futuro, porque he visto crecer, culminar y desintegrarse el imperialismo, el criminal más brutal y feroz de todos los siglos. He sembrado y cosechado milpas. Soy un milpero.

He trabajado en los muelles de Puerto Castilla, cargando y descargando barcos. He sido asalariado en el ferrocarril de El Salvador, cargando y descargando vagones. He vendido pólizas en la gran ciudad de México. Conozco el hambre, la miseria, la cárcel, el destierro. En ocasiones he estado a punto de ser fusilado dos veces. En momentos difíciles me he mantenido impávido porque soy de raza de hombres por el lado de mi madre y de mi padre. Siempre pienso que voy a ser matado, y no me disgusta.

Me casé en 1933. La mujer me acompañó en el destierro, en el que tuve dos hijos, Augusto y Victoria, que conocieron las desdichas de la emigración perseguida. Con todo eso, los crié y les di educación. Ambos llegaron a ser profesionales del Brasil. Yo quería que mis hijos fueran universitarios del país de Luis Carlos Prestes, amigo mío a través de Ligia Prestes, hermana del gran revolucionario.

CARÁCTER

Me parece que mi abuela materna María Tomasa Lobo Antúnez, hija del general Bernabé Antúnez, jefe de los rebeldes que se alzaron contra el gobierno de Medina en el Año de la Ahorcancina, matado y decapitado en 1865, me dejó el carácter que tengo: con una tónica generalmente alegre, una tendencia a ver las cosas por el lado chistoso, con una resistencia en la adversidad probada en infinidad de veces.

Desde niño fui inclinado a los ideales revolucionarios. Entre tantas, me gustó la poesía para alcanzar posiciones ventajosas en la sociedad. La poesía quiso ser medio, no fin, como en el caso de Solón.

MI MADRE

Cosa rara: nunca he podido escribir una línea, un pareado, un cuarteto en honor de mi madre. Lo he intentado repetidas veces, y al no salirme nada, he renunciado al propósito, soltando esta disculpa: mi madre vale más que los versos. Y entiéndase: yo no siento por mi madre ese amor que dicen muchos sentir

por las suyas, un amor de caramelo, de besitos y de arrullos. Si yo me hubiera acercado a mi madre con tales muecas, me habría arropado con una pescozada. De creer en las reencarnaciones, diría que andaba en ella una mujer heroica de la independencia, que amaba con grandeza a los suyos, a la vez que idealizaba su propio sacrificio en la hoguera de la libertad. Así es que más que amarla, siento yo por ella una clara y decidida admiración. Si me pusiera a narrar aquí los motivos por los cuales admiro a mi madre, me sorprendería la noche contando los puntos y detalles que me impulsan a creerla una mujer superior, y que desde la muerte me persigue estimulando con su actitud levantada en todas las circunstancias de la vida. Y digo para terminar: mi madre no está en esta asamblea, pero yo estoy en su representación.

INFLUENCIA

En la finca rural de mi abuelo paterno, Fidel Pagoaga, había biblioteca, compuesta de libros viejos en castellano, francés y latín de ciencias difíciles. A mí me bastaba el contacto de mi primo Juan Bautista Ruiz, todos le llamábamos Tista, tenía un parecido enorme con Napoleón cuando joven, y de repente era un genio que por causas desconocidas no asombró al mundo. Hizo la escuela primaria con tal brillantez que lo abrumaron de premios. De su cuenta aprendió el idioma francés, cantaba La Marsellesa como la cantara Rouget de L'Isle. Y con Tista todo era estudio y discusión, alegría y entusiasmo. Él fue el que clavó en nuestra cabeza (éramos varios primos) estos nombres: Morazán, Bolívar, Napoleón. Aquel genio fallido ya decía que Napoleón había invadido España para facilitar la independencia de América. Tista me enseñó a amar el arte (era músico de varios instrumentos), las mujeres y la gloria.

PRIMERAS LETRAS

En la aldea de San Juan de Jimasque. En torno a los cinco años. Maestro empírico: don Lucas Ayala Rosales, nieto de don José María Rosales, Alcalde Municipal de Manto en 1865, personaje de relieve en los acontecimientos del Año de La Ahorcancina.

ESCUELA PRIMARIA

Mis padres se trasladaron a la Costa Norte en 1913, y estuve en la escuela primero en La Masica y después en La Ceiba. Al regresar al interior, continué la primaria en Manto y la terminé en Juticalpa, cabecera departamental de Olancho. Fueron directores de las escuelas a que asistí los profesores Francisco Ávila y Ávila, Alfonso Cortés, Néstor Fortín, y Joaquín Reyes Tejada, propiamente director del Colegio "La Fraternidad".

Hice la escuela primaria en los años del gobierno del doctor Francisco Bertrand. Perdí los años de la guerra civil de 1919 y 1920.

ENSEÑANZA SECUNDARIA

Inicié el estudio del bachillerato en el Colegio "La Fraternidad" de Juticalpa, de 1921 a 1923, año de violencias políticas que determinaron mi retiro de las aulas. Durante la guerra civil de 1924 permanecí encantadoramente en Puerto Castilla, trabajando, viendo el mar maravilloso del Atlántico, leyendo bellos libros, escribiendo versos y amando a una muchacha de Trujillo. Regresé a reanudar los estudios, ya sin ninguna interrupción, en los años de 1925, 26, 27 y 28.

Guardo grata memoria de mis maestros: Profesor Joaquín Reyes Tejada, Profesor J. Inocente Orellana, Bachiller José Melitón Sarmiento, Abogado Froylán Castellanos M., Doctor Pablo E. Ayes e Ingeniero Rubén Bermúdez (durante estuvo proyectando una empresa de la ciudad de Catacamas). Algunas veces llegó a examinarnos el Doctor Ramón Lobo Herrera, quien me inclinó a la filosofía con su saber universal.

CONSIDERACIONES

Conviene hacer estos agregados porque tienen importancia pedagógica:

Cuando hacía la escuela primaria, transcurría la primera guerra mundial que culminó en la Revolución Bolchevique de 1917. Me di cuenta de aquello en los periódicos y revistas que venían de Nueva York, y me detenía a contemplar el retrato de Lenin, en cuyo pie de grabado se leía que "podía ser un santo o el mayor criminal de la historia". Declaro que desde niño me interesó la figura de Lenin. Igual aprecio le tuve a los demás revolucionarios, como Sverdlov, liquidador del zar en Ekaterimburgo, y pensaba en mis adentros que al crecer me haría revolucionario como ellos.

Cuando estudiaba el bachillerato en América Latina rugía la lucha contra el imperialismo yanqui. Además de los estudios que me gustaban mucho con sus buenos profesores, tenía fuera de las aulas dos amigos: Federico Peck Fernández, recién llegado de los Estados Unidos, había sido expulsado de una Universidad por sus ideas y manifestaciones antiestadounidenses, y con él leía Ariel de José Enrique Rodó y otros libros de autores famosos del continente; y Manuel Cálix Herrera, ya conocido en 1925 como un revolucionario profesional, quien me prestaba libros y me daba explicaciones. A Cálix le decía yo el Siberiano por su porte alto, delgado, blanco pálido y dar la impresión de ser un místico del comunismo. Años después supe que el cubano Julio Antonio Mella dijo de él que quizás era el teórico más capaz que tenía el marxismo-leninismo en Centroamérica. Desgraciadamente se perdió la colección de El Martillo, semanario de combate que publicó en Tela.

En 1925 empezó la lucha de liberación de Nicaragua, dirigida por el general Augusto César Sandino y propagada en el continente por el poeta Froylán Turcios desde las páginas resonantes de la Revista Ariel. Siempre tuve deseo de sumarme a la guerra de guerrillas de las Segovias, y lo intenté con dos compañeros más, pero el padre de uno de éstos nos alcanzó a la altura de la aldea de San Nicolás y nos hizo regresar.

CARRERA UNIVERSITARIA

Llegué a Tegucigalpa en 1929 con la intención de estudiar Ingeniería por haberme ganado la facilidad matemática del Ingeniero Rubén Bermúdez. Cuando fui a matricularme, me disgustó el aspecto descuidado de la Facultad, siempre atendida por un portero, pues el decano y el secretario nunca estaban. Así fue que me matriculé en la Facultad de Ciencias Jurídicas. Pero no perdía la esperanza de matricularme en Ingeniería por mi amor a las matemáticas.

En aquel año y los que le siguieron, la Universidad Nacional de Honduras había perdido el impulso progresista que le venía de la Reforma, de Ramón Rosa y Adolfo Zúniga, del liberalismo y el positivismo. Había quedado convertida en un conjunto de escuelas atrasadas y retrógradas. La escuela de Derecho se reducía a enseñar artículos de códigos. En la Medicina, quizás fórmulas curativas pasadas de tiempo. En la Ingeniería se ignoraba la existencia de las geometrías no euclidianas. Y así por el estilo.

Era una Universidad sin filosofía. Abandonó el positivismo y no hubo la inteligencia ni la voluntad de buscar otro sistema. Menos se dio cuenta de su papel militante en la sociedad. Nunca hizo ver al pueblo hondureño, porque no supo, que la independencia nacional del 15 de septiembre de 1821 había sido anulada por la dominación colonialista yanqui, y que ella —la Universidad— debía preparar los cuadros capaces de realizar la segunda liberación.

Unos santones del medievo —llamados profesores— entraban y salían de las aulas, siempre rodeados por las mesnadas estudiantiles llenas de expresiones serviles y de ruidosos aplausos. Muchos de aquellos personajes, catedráticos del Derecho positivo, eran gestores de las compañías fruteras, como abogados, diputados, ministros, etcétera. Es decir, eran entreguistas que en vez de estar en la cárcel hablaban de honestidad y de justicia desde las tribunas universitarias.

En 1935 rendí mis exámenes finales. Mi tesis se llamó Derechos civiles de la mujer. Fui aprobado por unanimidad, con sinceras felicitaciones. Y una vez hecha la Licenciatura, me preparaba para el examen de Abogado, cuando empezó a perseguirme la policía, obligándome a traspasar la frontera de El Salvador, donde me gané la vida desde jornalero en los ferrocarriles de la IRCA hasta redactor en los diarios burgueses-feudales de aquel país.

CONSIDERACIONES

Durante realizaba los estudios de Derecho, desfilaron grandes acontecimientos: la crisis económica mundial de 1929; luego el New Deal de Roosevelt para contrarrestar la crisis (que fueron claras medidas del capitalismo monopolista de Estado); enseguida, el arribo de Hitler al poder en Alemania que trajo la preparación de la Segunda Guerra Mundial; y por último, para que la década 30 tuviera color hispano, el nacimiento de la República Española, su vistosa palabrería y el golpe militar de la reacción que produjo la guerra civil en la que perecieron millones de españoles.

Los revolucionarios del país conocían la tarea fundamental consistente en la formación del frente mundial contra el fascismo. Los partidos progresistas de cada país debían formar el frente y luego articularse con los demás. Ahora, ¿de dónde salió que el partido liberal con su candidato a la presidencia, licenciado José Ángel Zúniga Huete, tenía visos antifascistas? Muchos jóvenes nos enardecimos con esa consigna, y fue hasta que caímos en el destierro que nos dimos cuenta del error en que nos hallábamos.

EL PERIODISMO

Eso sí, una cosa es cierta. Muchos nos trasladamos al exilio con una clara conciencia antifascista, y no como liberales a secas, aunque no rompimos con ellos, por tener la esperanza de que algún día se sumarían al antifascismo.

Ya dijimos cómo nos ganamos la vida en El Salvador. No está de más repetir que vendimos nuestra fuerza de trabajo en el periodismo burgués-feudal, siempre cuidando de no caer en el servicio que atenta contra los derechos del pueblo.

Cuando vimos que lo más indicado era luchar por la causa de la libertad del hombre oprimido, con varios amigos fundamos un semanario de muchas páginas, llamado El Mundo Libre (después prostituyeron este nombre, llamándole "Mundo Libre" al mundo del imperialismo), dedicado a luchar contra el fascismo hitleriano y a divulgar las cuatro libertades de Roosevelt.

Quiso la casualidad que en los días de la fundación del periódico llegara como Embajador de los Estados Unidos de América el señor Thurston, quien había sido secretario de la embajada de su país en la Unión Soviética, y al ser entrevistado nos ofreció unas declaraciones sobre la grandeza de la Unión Soviética que llenaron de admiración a los demócratas salvadoreños y de terror al tirano Maximiliano Hernández Martínez, autor de las matanzas obreras y campesinas de 1932.

Desde el comienzo el periódico contó con simpatía de masas. Publicaba íntegros los discursos de Roosevelt, Churchill y Stalin. Condenaba sin reservas todas las formas de tiranía conocidas. Naturalmente, los demócratas salvadoreños empezaron a tomar ánimo, y luego fundaron un organismo con el nombre de Acción Democrática.

¿Cómo no iba a desear el General Hernández Martínez acabar con el periódico? Unos redactores torpes le dieron la oportunidad al publicar algo que estaba fuera del programa del semanario. Así es que la policía cerró el periódico, y me expulsó del país con otro más. Viajé a Guatemala bajo vigilancia policíaca y de Guatemala a la frontera de México con dos indios leyfuguistas a la espalda. Iba en ferrocarril.

EN EL DIARIO "EL POPULAR"

En México me esperaba Alfonso Guillén Zelaya, y éste me relacionó con Alejandro Carrillo y después con Vicente Lombardo Toledano.

El diario El Popular era el vocero de la Confederación de Trabajadores de la América Latina (CTAL). Aclaro que me daría vergüenza decir que soy periodista sin haber pasado por la dura tarea del reportaje en que se reunían tres elementos: un reportero desconocido en contacto con personas y hechos desconocidos en una ciudad inmensa como México también desconocida. Pero al querer llamarme César en aquella ocasión, pude repetir: Vine, vi, vencí.

No se olvide que transcurría la Segunda Guerra Mundial. Los fascistas alemanes se habían quebrado los dientes en la batalla de Stalingrado. Pablo Neruda, a la sazón en México, publicaba sus cantos inmortales. Los discursos de Lombardo Toledano en la tribuna antifascista parecían himnos guerreros de Tirteo. Anna Seghers, la gran novelista alemana, se hacía millonaria con las ediciones de La Séptima Cruz.

En el diario fui conquistando alta estimación y nuevos escalones.

Así pude anotarme de oyente en la Universidad Obrera, llena de fama en aquel tiempo, con su director Vicente Lombardo Toledano, disertante de Materialismo Filosófico; Isaac Livinson, de Economía Política; Augusto Seghers, de Historia del movimiento obrero mundial y varios prestigiados valores que discurrían sobre la estrategia y la táctica contra el fascismo.

En 1944 empezaron a derrumbarse las dictaduras de Centroamérica, y entonces me trasladé a estos países como corresponsal de El Popular. Lombardo Toledano me dio cartas para los embajadores mexicanos en las que les recomendaba que me prestaran su protección. Naturalmente, yo no necesité en ningún momento el escudo de los embajadores.

EN GUATEMALA

El pueblo guatemalteco había derribado al tirano Jorge Ubico, pero el sucesor Federico Ponce Vaides pretendía el continuismo por medio de la fuerza. En el calor de la lucha se había formado El Frente Popular Liberador, con lo granado de la juventud universitaria y algunos grupos populares. Por su parte, los maestros habían fundado la agrupación política llamada Renovación Nacional. Y los ferrocarrileros tenían su Partido de los Trabajadores. De paso diré que los ferrocarrileros de las líneas de la IRCA desempeñaron un papel decisivo contra los dictadores Hernández Martínez y Ubico.

Al aparecer un saludo para mí en El Imparcial, algunos muchachos del Frente Popular Liberador corrieron a solicitarme una charla. El lugar apropiado entonces era un salón de la Embajada Inglesa. Otro podía ser asaltado por la policía poncista, que era la misma ubiquista. Fui feliz en mi charla con la idea central de la unidad de los partidos y agrupaciones, sin dejar por fuera a los militares y a los curas que quisieran prestar su ayuda a la causa de la democracia.

Esta misma charla fue repetida en una sala discreta de Renovación Nacional y en otra del Partido de los Trabajadores.

EN EL SALVADOR

Seguí mi viaje para El Salvador. Fui recibido con entusiasmo. La Unión de Trabajadores Ferrocarrileros (UTF) me ofreció un paseo a Cojutepeque.

El país estaba gobernado por Andrés I. Menéndez, quien fue Ministro de la Guerra de Maximiliano Hernández Martínez. En aquel momento había un héroe en El Salvador: el pueblo salvadoreño, que había derribado una dictadura feroz con la acción militar del 2 de abril y con la huelga general de mayo. Y el hombre escogido por el pueblo para que gobernara era el doctor Arturo Romero. Pero eso no le convenía al imperialismo, que ya empezaba a asomar las orejas, ni a la oligarquía cafetalera, y el coronel Osmín Aguirre, Director de Policía, dio un golpe reaccionario el 20 de octubre del mismo año.

Terminó el respiro democrático de cinco meses. El general Salvador Castañeda Castro triunfó en las elecciones militarizadas sin ningún contrincante. Y empezó su gestión pública en 1945.

Yo había permanecido oculto porque el embajador de Honduras, J. Edgardo Valenzuela, iba a la Dirección de Policía cada tres días a pedir mi captura, para despacharme a Honduras. Y salí cuando se dijo que se gozaba de las libertades de un gobierno constitucional.

Total que se estaba peleando una guerra inmensa para nada. Las Cuatro Libertades de Roosevelt carecían de valor. Y la Carta del Atlántico quién sabe para qué la habían publicado. En febrero se reunieron en Yalta Roosevelt, Churchill y Stalin. El 12 de abril murió Roosevelt. Y el 8 de mayo fue celebrada la rendición de Alemania con una manifestación monstruosa. Había que esperar el final definitivo de la guerra.

Un día me notificaron que la Universidad Nacional Autónoma, por unanimidad de estudiantes y profesores, me había elegido catedrático de Sociología. Acepté y dicté conferencias varios meses. Pero una noche, a las doce en punto, fui capturado por la policía y llevado a una celda.

EN HONDURAS

En la madrugada fui extraído de la celda y llevado con esposas a un camión militar. Allí noté los bultos de once hombres más. Éramos doce personas destinadas a una cárcel de Honduras llamada El Ojo de Agua, lugar escogido por los gobiernos salvadoreños de acuerdo con el hondureño para guardar a los conspiradores de aquel país. Pero en esta ocasión, Tiburcio Carías Andino se negó a recibir el envío, y de Jícaro Galán las autoridades hondureñas nos empujaron hacia Nicaragua. Pero también Somoza no quería recibirnos, y estuvimos veinte días por El Sauce en las manos de la Guardia Nacional, pidiendo limosna a las personas que pasaban por la Carretera Panamericana.

Un día llegó de Managua un camión cargado de cosas. Bajó del camión el maromero Firuliche, salvadoreño. Había sabido por personas que pasaban por El Sauce que nos estábamos muriendo de hambre, y nos traía carnes enlatadas, pan, galletas, en abundancia, whisky, cerveza, jabón, ropa interior, calcetines, cobijas, pasta de dientes, cepillos, en fin.

¿A qué se debía la caridad de Firuliche? En lo visible, venía a curar la triste situación de sus paisanos. En lo de adentro, venía a ver si faltaba alguno de los doce expulsados de San Salvador, pues se decía que en el trayecto de Honduras habían matado a uno, y ese uno era yo.

Anastasio Somoza García quería saber esto, y había mandado a Firuliche a investigar la verdad porque la Confederación de Trabajadores de América Latina (CTAL), informaba de la expulsión de los doce, en cuenta yo, el comunicado citaba mi nombre, pedía a los gobiernos centroamericanos nuestra exhibición pública.

Ciertamente en Jícaro Galán nos recibió un coronel Molina. Nos apretujó con sus soldados en un camión hondureño. En la madrugada detuvo el camión y me llamó por mi nombre:

—¡Medardo Mejía! ¡Que baje Medardo Mejía! ¡Si no baja Medardo Mejía me veré precisado a bajarlos a todos para identificarlo!

Los compañeros me decían en voz suave:

—¡No desciendas! ¡No desciendas que quiere matarte!

Pero yo dije: "Roma por todo". Me tiré del camión, y le dije al hombre que se acompañaba de otro armado de una metralleta:

—¡Yo soy Medardo Mejía! ¿Qué quiere conmigo?

—Acompáñeme —dijo.

Y lo seguí por la carretera. A un lado de la carretera había un jícaro caído. Como le faltaba la corteza se veía blanco a la luz de las estrellas. Me dijo el jefe:

—Siéntese allí.

Me senté. No sé si era jugarreta o verdad, pero el ametralladorista levantaba el arma.

Se oyeron golpes y gritos en el camión. Los oficiales del grupo desarmaron a los soldados que iban en el mismo transporte, y saltaron a tierra gritando:

—¡Si disparan contra Medardo se mueren!

Fue el remedio. El jefe explicó que no, que me había llevado aparte para darme unos saludos de Tegucigalpa y para darme un trago de whisky porque la madrugada estaba muy fría. Y en efecto, me dio el trago de whisky, pero tomando él primero por las dudas. Después extrajo de su automóvil otras dos botellas para que se calentaran el cuerpo los oficiales presos.

A las cinco de la mañana nos estaban entregando a la Guardia de Nicaragua en El Sauce.

EN NICARAGUA

Un negro de Bluefields acompañado de sus guardias nos trasladó de El Sauce a la cárcel de Somoto. Los vecinos corrieron con catres de campaña, almohadas y sábanas finas para los doce reos. Luego vino la cena. Una cena digna de un rey. Ninguno de nosotros usó los catres. Íbamos tan sucios, que no debíamos ultrajar aquella blancura. Al día siguiente, el desayuno mandado por aquellos vecinos fue igualmente regio.

A las diez de la mañana arrancó el camión del cuartel de Somoto. Las gentes se paraban en las puertas o se detenían en la calle para ver nuestra salida. Una mujercita descalza, muy humilde, corría detrás del camión, gritando:

—¡Pare! ¡Pare el camión!

Detuvieron el camión, y la mujercita, alzando la mano con un envoltorio en hojas de plátano, dijo:

—¡Yo soy hondureña, y esto es para mi paisano el hondureño que llevan aquí...!

Recogí el envoltorio y le rendí las gracias. Eran unas tortillitas, con unos frijolitos y un huevo cocido... Entonces, hoy y siempre se me humedecerán los ojos al recordar el hecho.

Somoza García nos recibió en los mejores hoteles de Managua. Yo fui instalado en el hotel Roosevelt, donde recibí como regalo de unos amigos dos buenos trajes, camisas, ropa interior, un sombrero fino y un buen par de zapatos. Informó la prensa que habíamos llegado a Managua. Los periodistas fueron a entrevistarnos. Y así la Embajada de México y la CTAL estaban informadas que no nos había sucedido nada.

En honor a la verdad, a Nicaragua fui a distraerme. ¡Qué vacaciones tan admirables! Conocí desde Granada hasta León. Un hondureño rico, socio de Somoza García, me llevó a Corinto. Era dueño de un prostíbulo elegante donde había hembras de todas las razas, destinado a los marinos de los barcos de guerra. La gente se deshacía en atenciones con los desterrados.

Y lo que yo no esperaba. El poema Canción de Victoria López era generalmente conocido y sabido en Nicaragua.

Una vez en Managua el autor del poema fue agasajado en un almuerzo por nueve jóvenes que representaban las nueve Musas. Y una recitadora profesional dijo el poema con acentos hondos. ¡Qué maravilla! Música de orquesta, ramos de flores, coronas, muchachas de la crema de Managua.

Acompañado de Manolo Cuadra, poeta nicaragüense, fui a Masaya. Por la noche entramos en un teatro para ver un acto cultural. En medio de tanta gente, Manolo y yo éramos invisibles. Y quién me iba a decir. En el programa aparecía Canción de Victoria López recitada por una señorita que tenía los timbres de Berta Singerman. Los aplausos fueron atronadores.

Y otra cosa inesperada: como Manolo Cuadra era el niño bonito de los nicaragüenses en aquel tiempo y era gritón como un guerrillero segoviano, alzó la voz para decir:

—¡Ahora conozcan al autor de la Canción de Victoria López! ¡Aquí está conmigo! ¡Véanlo!

Me saludaron con una salva de aplausos y me hicieron subir al escenario para verme, aplaudirme de nuevo y hacerme que dijera unas palabras, que dichosamente me salieron bien.

En Granada y en casa de la señorita Abaunza, conocí a las lindas muchachas de la Calle Atravesada. La anfitriona, una ancianita educada en Inglaterra, creyó que andaba buscando esposa, y en una tarde me vi rodeado de tantas beldades con dinero y linaje conservador, que estuve tentado a romper mis títulos... lo digo en broma.

VISITA A RUBÉN DARÍO

El 14 de agosto de 1945 el pueblo managüense tuvo una concentración monstruosa para celebrar la rendición incondicional del Japón. Había terminado la Segunda Guerra Mundial. Había triunfado la democracia en el mundo, y sin embargo el orador principal del acto, lejos de ser un obrero antifascista, era el autor de la muerte del general Augusto César Sandino, era Anastasio Somoza García. ¡Pero pase! dijeron todos. En la noche escribí mi poema "Salutación al Reino de la Tierra".

Como ya se decía que la presión popular en El Salvador era tan grande que Castañeda Castro pensaba incorporarnos al país, me dije que no debía salir de Nicaragua sin visitar la tumba de Rubén Darío. Con ese objeto expreso fui a la ciudad de León. Entré a la catedral, y el homenaje que le rendí fue recitar, como quien reza un Padrenuestro, su gran poema "Pax":

"En sangre y en llanto
está la tierra antigua.
La Muerte cautelosa
o abrazante o ambigua,

pasa sobre las huellas
del Cristo de pies sonrosados
que regó lágrimas y estrellas.
Etcétera."

DE NUEVO EN EL SALVADOR

Un buen día fuimos notificados en la Embajada salvadoreña que podíamos regresar a El Salvador. Regresamos de nuestra cuenta, unos primero y otros después. Recibimos abrazos afectuosos. Y pasaron las semanas.

De pronto, recibí un llamado de Casa Presidencial. Fui. Castañeda Castro me recibió en su despacho. Se disculpó por la expulsión, diciendo cínicamente que había sido un error de su gobierno. Al oír aquellas palabras, no pude contenerme y le dije:

—General: Los gobernantes como usted tienen que cometer y repetir esos errores siempre que renuncien a sus propios dictados para atender y cumplir mandatos de los grandes cafetaleros y de los círculos reaccionarios de Washington.

Lo dije con energía, como hombre, dispuesto a todo. Pero Castañeda Castro me vio con mansedumbre, y se fue al grano diciendo que me había llamado para que integrara la comisión que iba a redactar una nueva Constitución. Le dije que me dejara pensarlo; que le contestaría por telégrafo. Es decir, después de ultrajarme con la expulsión, me quería enlodar con su continuismo.

Buscándome andaba en esos momentos el embajador de Guatemala, don Eduardo de León, para decirme que me invitaba el presidente Juan José Arévalo a pasar a Guatemala. Y sin pérdida de tiempo, el día siguiente, tomé un avión que me llevó a la capital chapina.

OTRA VEZ EN GUATEMALA

Arévalo me invitó a colaborar en el diario Mediodía, de corta duración. Pasé luego a ser editorialista del famoso Diario de Centro América, fundado a raíz de la reforma liberal de 1871 y por el que desfilaron escritores famosos como Lorenzo Montúfar, José Martí, Rubén Darío, Enrique Gómez Carrillo, José Santos Chocano, Miguel Ángel Navarro y otros como colaboradores o como redactores de planta. Este diario ha tenido alternativas de esplendor y de humillación, cuando en las dictaduras cavernarias sus redactores han sido periodistas policías. Naturalmente, Diario de Centro América en los gobiernos de la Revolución de Octubre fue un vocero de la justicia social y de la liberación nacional.

Me siento orgulloso del periodismo revolucionario que proyecté en el Diario de Centro América desde 1947 hasta 1954. La conciencia me dice: ¡Así se escribe! Y los guatemaltecos progresistas lo saben.

Y la cosecha fue admirable. El 3 de marzo de 1954, el Departamento de Estado publicó el Boletín No. 1, que le dio la vuelta al globo, en el que decía que "La prensa y la radio oficiales de Guatemala estaban manejadas por Medardo Mejía, Carlos Alvarado Jeréz, Otto Raúl González, Alfredo Guerra Borges y Raúl Leiva Muñoz, expertos en las tácticas de propaganda del comunismo internacional".

La intervención armada para poner fin al gobierno de Jacobo Árbenz Guzmán estaba en marcha. Carlos Castillo Armas preparaba una invasión simbólica en Tegucigalpa, Honduras. Pero la operación principal la hacía el embajador de los Estados Unidos, John Peurifoy, un personaje con figura de boxeador o de gánster, más que todo probado agente de la CIA, quien se valía de intimidaciones y sobornos para convencer a los altos oficiales del ejército que debían desamparar la causa democrática de Árbenz. Y el complemento de la operación estaba en las bombas que arrojaban diariamente los aviones procedentes de dos portaaviones situados uno en las Islas de la Bahía de Honduras, y otro —se dijo— en el Pacífico, con el objeto de intimidar a la población guatemalteca.

Al fin los altos oficiales maduraron para la traición y en grupos se presentaron ante Árbenz a exigirle su renuncia, la que el jefe del gobierno chapín leyó por radio el 30 de junio de 1954. El coronel Árbenz dejó en su lugar al jefe de las Fuerzas Armadas, coronel Carlos Enrique Díaz, quien recibió la visita del embajador Peurifoy, el 1.º de julio, para saludarlo en nombre de su gobierno y para entregarle una lista de sesenta comunistas que debía capturar sin pérdida de tiempo y pasar por las armas inmediatamente después.

El coronel Díaz leyó la lista, reflexionó un poco, midió al canalla que tenía al frente, y le dijo textualmente:

—Señor Embajador: yo soy un militar que cuida sus galones. No puedo capturar ni fusilar a los ciudadanos, compatriotas míos, que contiene esta lista. Pero hagamos una cosa: como usted ha hecho esta lista, quiere decir que tiene ánimo para fusilarlos, lo que usted debe hacer sin pérdida de tiempo justamente con sus asesinos yanquis que ha traído a Guatemala...

Pegó un puñetazo en la mesa presidencial aquel patán, y dijo:

—¡Oh! coronel Díaz, usted no será jefe de Estado un día más.

Y así fue. De la sombra surgió un chiquitín llamado coronel Elfego Monzón que sustituyó a Díaz, y empezó la represión salvaje al gusto del señor embajador de los Estados Unidos, señor John Peurifoy.

Agregaré que en la cólera olímpica que embargó a aquel gringo mentecato al oír la respuesta de Díaz, olvidó llevarse la lista que quedó en manos del hasta allí gobernante, y así pudieron saber los enlistados el número que le correspondía a cada uno. Mi número era el 22.

Por andar con suma lentitud en aquel momento, cuando acordé las embajadas tenían un doble cerco: uno militar y otro de la turba que impedía acercarse a quienes buscaban asilo. ¿A dónde ir entonces? Doña Queta García de Velásquez, acompañada de su hijo el hoy doctor Ramón Velásquez García, fue a hablar con el Encargado de Negocios de Honduras, doctor Benjamín Erazo, y este generosamente puso a mis órdenes el asilo.

Como de Honduras había marchado el "Ejército de Liberación" del coronel Carlos Castillo Armas, allí no había turba ni cerco militar.

Erazo comunicó a Honduras que yo estaba asilado en la embajada. Le ordenó el ya citado J. Edgardo Valenzuela, Ministro de Relaciones Exteriores, que solicitara mi traslado a la embajada de México. Erazo fue a la embajada mexicana, solo a recibir una reprimenda del embajador azteca, con justa razón nervioso y exaltado, pues tenía en su edificio a más de tres mil asilados.

A J. Edgardo Valenzuela no le quedó más camino que darme el ingreso al país, pero condicionado a los puntos de un documento que debía firmar y decía:

"1. Estaría a las órdenes del Gobierno. 2. No participaría en ninguna actividad política. 3. La contravención sería sancionada".

CONSIDERACIONES

La Universidad Autónoma de San Carlos de Borromeo me dio el título de Periodista en 1953.

Publiqué dos libros: El Movimiento Obrero en la Revolución de Octubre de Guatemala, a solicitud de la Confederación de Trabajadores de Guatemala (CTG), y Juan José Arévalo o el Humanismo en la Presidencia, en homenaje a este gobernante demócrata cuando se retiraba del poder.

Un tercer libro, titulado Francisco Morazán o una tardía y fallida Revolución Francesa en Centro América, quedó en prensa en la Editorial del Estado y fue destruido por el régimen macartista de Castillo Armas.

En la Revista de Guatemala, dirigida por Luis Cardoza y Aragón, publiqué varios ensayos, entre ellos los siguientes: José Antonio Domínguez y el Himno a la Materia; Froylán Turcios y la Canción de Amor, que reprodujo la Revista de la Universidad de Honduras y después el libro Los Premios del poeta Oscar Acosta; Alfonso Guillén Zelaya, en las rutas de la dialéctica y Capítulos Provisionales sobre Paulino Valladares.

Los versos que escribí en Guatemala, por primera vez los daré a conocer en un libro.

Al regresar a Honduras, hallé cambiado el país: la Huelga General de 1954 había introducido la política de la justicia social, y, contrariamente, el imperialismo yanqui, desde 1950 había impuesto la novedad de los gobiernos neocolonialistas.

LA HUELGA DE MAYO

Me propongo decir algo sobre la Huelga de Mayo de 1954. No es cosa que fulano o zutano se la inventó. Que este grupo o aquel tuvo la iniciativa de la huelga. Naturalmente, alguien como persona individual o colectiva empieza las cosas, y alguien fue el primero en arrojar el martillo o el machete y cruzar los brazos o sentarse. Lo que conviene objetar aquí es la concepción provincialista o nacionalista de la huelga, olvidando el acontecer mundial.

La Huelga de Mayo del 54, sin perder su carácter hondureño y su tipicidad de conflicto de trabajadores bananeros contra las grandes compañías fruteras que explotan los recursos y el trabajo del país, fue parte del conflicto mundial entre millones y millones de trabajadores antifascistas con el monopolismo internacional que se valía del terror y la guerra para imponer su dominación mundial.

De otro modo: la Humanidad había luchado contra el imperialismo alemán y sus aliados, y el que para querer salir de la crisis general del capitalismo (caso imposible) se valía de la Segunda Guerra Mundial, que había perdido, y acentuaba la crisis del sistema, y sacudía al mundo entero.

Por tanto, la Huelga de Mayo fue una consecuencia de la conmoción mundial en Honduras, planteando el conflicto concreto de los trabajadores bananeros y las compañías extranjeras por la democratización de las relaciones obrero-patronales.

Naturalmente, la huelga fue apoyada por todos los trabajadores no bananeros del país, por apreciables sectores pequeño-burgueses urbanos y rurales, y fue apoyada también por los trabajadores de los demás países centroamericanos, especialmente de Guatemala, donde el conflicto obrero-patronal había alcanzado fases más avanzadas.

La huelga de los trabajadores fruteros contra las compañías bananeras en Honduras se desenvolvió en las condiciones de un gobierno que carecía de una línea de conducta precisa dictada por Washington y tal vez sobresaturado de propaganda democrática mundial en aquellos momentos, de donde procedieron sus vacilaciones que no sabía si reprimir a los trabajadores al modo tradicional o atender de modo satisfactorio todas sus demandas.

Como sea, de ahí procedieron cuantas reivindicaciones mínimas, económicas, sociales y políticas empezaron a aparecer en Honduras que olían a cosa nueva. Pero como la huelga podía repetirse periódicamente, el imperialismo corrió a meter sus cuñas en el movimiento obrero, a la vez que por arriba organizaba un ejército de nuevo tipo y dictaba la política neocolonialista de los gobiernos que vuelve cada día más evidente la dependencia del país.

En la actualidad nos hallamos en una Honduras falsificada de todas maneras, y lo único verdadero es la lucha contra el imperialismo y sus aliados.

REGRESO A HONDURAS. DÉCADA 50 PRIMER LUSTRO

1954. Toca a su fin el Gobierno de Juan Manuel Gálvez. Hay elecciones de autoridades supremas. Disputan la presidencia Ramón Villeda Morales, del Partido Liberal; Tiburcio Carías Andino, del Partido Nacional; y Abraham Williams Calderón, del Movimiento Nacional Reformista. Naturalmente, tres personajes al servicio del neocolonialismo. Ninguno alcanza la mayoría. El Congreso va a escoger. Pero el Congreso no se integra por ausencia de los diputados nacionalistas y reformistas. Ante tal situación, el que en el momento ejerce la Presidencia constitucional, Julio Lozano Díaz, asume los poderes del Estado como dictador. Y todo mundo recibe con beneplácito al nuevo Gobierno de facto.

1955. Viene Richard Nixon, Vicepresidente de los Estados Unidos, a convencer a Julio Lozano Díaz para que acepte la política del neocolonialismo con una primera "ayuda" de 100 millones de dólares. Pero el viejo político hondureño se resiste, porque a él, como Ministro de Hacienda de los gobiernos nacionalistas, le ha tocado pagar la pesada Deuda Inglesa, y le siente horror a los empréstitos. Ante la resistencia de Lozano, que "no está a la moda", el embajador Whitting Willauer hace funcionar la maquinaria antilozanista formando un frente de estudiantes universitarios, liberales y nacionalistas.

SEGUNDO LUSTRO

1956. Lozano Díaz invita a Medardo Mejía para una entrevista en Casa Presidencial, y lo hace Consejero de Estado. Pero arrecia la oposición contra Lozano Díaz con manifestaciones, pequeñas huelgas y un asalto al cuartel San Francisco. En vista de los acontecimientos, Lozano Díaz se pone de acuerdo con el expresidente Juan Manuel Gálvez y el Ministro de Relaciones Exteriores, Esteban Mendoza, para escoger una Junta Militar de Gobierno que integran el ingeniero Roberto Gálvez Barnes, el coronel Héctor Caraccioli y el general Roque J. Rodríguez, y la que empieza a funcionar el 21 de octubre de 1956 para cesar en sus funciones el 21 de diciembre de 1957. En este tiempo Rodríguez deja la Junta y lo sustituye el coronel Oswaldo López Arellano y más tarde se retira de la misma Gálvez Barnes, quedando Caraccioli y López.

Como nunca olvidé en el exilio que me faltaba el examen de abogado en la Corte Suprema de Justicia, lo hice, leyendo la tesis titulada Reformas del Código de Procedimientos. Así, pues, soy Abogado de los Tribunales de la República y a la vez Notario Público. La profesión del Derecho me ha servido antes de obtenerla y despúes para defenderme; y también para ser un experto y escribir como tal en todo lo que se relaciona con el Estado.

1957. La Asamblea Nacional Constituyente da una nueva Constitución y la misma elige Presidente Constitucional de la República a Ramón Villeda Morales, en cuyo gobierno se acentúa la dominación neocolonialista. Centenario de la muerte del gran político don Juan Nepomuceno Fernández Lindo, llamado "El Zorro". Redacto y publico un ensayo histórico titulado Don Juan Lindo y el Anticolonialismo.

1958. Me llama la Universidad para que sirva la cátedra de Sociología en la Facultad de Derecho. Llego con el propósito de apartarme del montón. En mi primera disertación proclamo que la Universidad debe tener una filosofía, porque no se explica una Universidad sin filosofía, y que la filosofía necesaria de las Universidades de todos los países en los tiempos contemporáneos es el Materialismo filosófico, o sea el Materialismo dialéctico y el Materialismo histórico. De ese día en adelante, los estudiantes se apretujan en la sala y se agolpan en las puertas y más allá, dejando solos a los catedráticos de la escolástica. Empiezan las murmuraciones y la chismografía. Un exrector publica en su columna de El Día que se han introducido las ideas exóticas en el Alma Máter, y el Presidente Villeda Morales pronuncia un discurso en el Casino Militar en el que denuncia la presencia del comunismo internacional en la Universidad Nacional Autónoma de Honduras. ¡Qué tal!

1959. Sigo dando clases. Mando a mis hijos, Augusto y Victoria, al Brasil, a estudiar a Río de Janeiro. Escribo Los Diezmos de Olancho en tres dramas: La Ahorcancina, Cinchonero y Medinón. ¡Qué difícil es el teatro!

1960. Fui a visitar las Ruinas de Copán. Estuve en ellas 15 días. Me levantaba muy temprano. Llenaba unas alforjas de comida y botellas de agua y me iba a las Ruinas. Regresaba ya muy entrada la noche. ¡Qué cielo tan estrellado! ¡Qué silencio tan imponente! De repente cantan los pájaros nocturnos, pero sus cantos parecen mensajes misteriosos. Y de pronto, tengo la visión, la sensación de una Copán viva, con sus templos y sus palacios intactos, con la Escalinata mayor del Templo del Sol llena de ahkines y de novicios que suben y bajan. Veo las llamaradas en el Templo del Dios del Fuego, llamado en lengua maya Ah Kak. Y veo a las tribus reunidas en la Gran Plaza en el acto de elegir al nuevo Halach Vinic. Y así voy viendo y soñando, soñando y viendo, de donde me sale la idea que algún día llevaré esta hermosa visión a un poema de gran significado. Eso sí, como he estado tanto en las Ruinas, ahora sólo rostros mayas veo por todas partes: en Santa Rosa, en Gracias, a donde voy.

DÉCADA 60. PRIMER LUSTRO

1961. Es un año de viajes. Estoy en París. ¿Qué les parece? No me sirve el francés del Colegio "La Fraternidad" de Juticalpa, ni el francés de la Academia de Lenguas de San Salvador. Los franceses y las francesas hablan muy de prisa. Estoy en las bellas y pequeñas ciudades suizas. Estoy en Praga, y me acuerdo del agónico Kafka y de Julius Fucik escribiendo en pedacitos de papel su mensaje inmortal a los hombres, titulado: Al pie de la horca. ¡Qué héroe! ¡Qué luchador antinazi tan enorme!

Heme en Moscú. Recuerdo los versos de Maiakovsky:

Yo podría vivir y morir
en París
si no hubiera una tierra
que se llama Moscú.

Aquí en Moscú empieza el mundo nuevo, en el que todo es de todos, y el hombre nuevo enrojece de vergüenza al decirle, en broma, que es inclinado a la propiedad privada. Y de Moscú voy al Oriente: a Omsk, a Irkutsk, a Ulan Bator, a Pekín, a Nankín, a Shanghái, a Cantón. Conozco el Río Amarillo, conozco el Yang Tsé. He pasado por la llanura de Honán, he querido subir al Tíbet y me han examinado los médicos, pero orgánicamente no podría resistir la altura del Tabique del Cielo. Sólo me queda el placer de admirar los megaterios congelados de los Montes de Kuen Lun. Recibo una invitación para visitar la ciudad de Hanoi, la capital del Vietnam de Ho Chi Minh, y oigo por radio una canción divina que se llama Canción de la segadora de Sinkiang. ¡Qué país tan bello es China! ¡Aquí cada persona con su sonrisa dulce y su decoro es una obra de arte!

Pero vuelvo a Moscú, y sigo viajando y voy al Mar Negro (el Ponto Euxino de los griegos), a Ereván, capital de Armenia. Paso cerca del Ararat (donde se detuvo el Arca de Noé), y estoy entre Turquía, el Cáucaso, el Mar Caspio, Irán (la antigua Persia) y, abajo, Irak, y las Mil y Una Noches y el desierto, y el Antiguo Testamento y el Mar Muerto, y los Evangelios y Jesús.

En este año el XXII Congreso del Partido Comunista de la URSS decretó la edificación del comunismo en la Unión Soviética, hecho que ocultan los políticos y los estadistas de Occidente sin ninguna base racional, pues se quiera o no se quiera, este hecho extraordinario acelera el fracaso del imperialismo y asegura la victoria de la causa de Carlos Marx y Vladimiro Ilich Lenin en la redondez del planeta.

Después de haber viajado por los reinos de la gloria, vuelvo al infierno.

1962. Otra vez París. Licores. Mujeres. El Louvre. Montparnasse. El Dôme, donde se emborrachaba Paul Verlaine, y donde no faltaban Rubén Darío, Gómez Carrillo, Blanco Fombona. Si tuviera suficiente dinero, vendría todas las noches del año a sentarme aquí. Y sólo por el deseo de estar sentado viendo pasar parisenses.

Y luego Montreal, Nueva York, México, Tegucigalpa. Me traslado a San Pedro Sula a ejercer la profesión. Hago escrituras públicas. Me solicitan los estudiantes de la Facultad de Ciencias Económicas que les sirva la cátedra de Teoría del Estado, y los complazco. A solicitud de don Julio Andrade Yacamán empiezo a redactar una Historia de Honduras. Todo el año trabajo en esto.

1963. Sigo escribiendo la Historia de Honduras con pasión; pero interrumpo el esfuerzo por el golpe militar de Oswaldo López Arellano que pone fin al gobierno de Ramón Villeda Morales. Tengo que ocultarme porque me busca la policía para sacarme del país.

¡Qué simpático! Los delincuentes, los que debían arrastrar cadenas por haber roto el orden que establece la Constitución de la República, son los que persiguen a los hombres honrados. Esto sucederá mientras exista el imperialismo, el que, a exigencia de

Federico Nietzsche, ha transmutado los valores, por ejemplo, convirtiendo la virtud en delito y el crimen, así sea horrendo, en virtud teologal.

1964. No hay medio de emprender nada saludable porque el golpe militar lo ha trastornado todo. En abril me vengo de San Pedro Sula a Tegucigalpa. Sigo dando clases en la Universidad. He reanudado la redacción de la Historia de Honduras, desgraciadamente Julio Andrade Yacamán sigue molestado por la policía y está muy enfermo.

Pero indudablemente, siendo lo más notable, es que este año, en el mes de julio, empieza a publicarse la Revista Ariel, fundada por Froylán Turcios en 1925 y mantenida hasta 1928; publicada de nuevo en San José de Costa Rica en 1934 y sostenida hasta 1943, año en que muere el poeta.

Ariel es el espíritu de la luz, opuesto a Calibán, espíritu de la sombra en una religión persa. Ariel, genio del Bien, se opone a Calibán, genio del Mal, en La tempestad, drama de Shakespeare.

José Enrique Rodó toma estos símbolos para publicar el ensayo más significativo de América Latina en los comienzos de este siglo. Ariel se llama ese ensayo que da la doctrina para defender a la patria latinoamericana de las acometidas del Calibán anglosajón.

La Revista Ariel, en tiempos del poeta Froylán Turcios, fue el órgano publicitario de la lucha de liberación de Nicaragua que encabezaba el general Augusto César Sandino.

La Revista Ariel, en manos de Medardo Mejía, es una tribuna de combate en Honduras contra el imperialismo.

El periodismo de la Revista Ariel es un periodismo revolucionario, no pudiendo ser de otro tipo.

La tarea central de Medardo Mejía en las décadas 60 y 70 es publicar la Revista Ariel.

1965. Periodismo en la Revista Ariel. Doy colaboraciones a los periódicos nacionales. Clases en la Universidad.

1966. Periodismo en la Revista Ariel y, a veces, colaboraciones en la prensa local y extranjera. Clases en la Universidad.

1967. Periodismo en la Revista Ariel. Colaboraciones en los diarios nacionales. Clases en la Universidad.

1968. Periodismo en la Revista Ariel y colaboraciones en la prensa del país. Clases en la Universidad.

Ah, mi Poesía, adorada mía, te he olvidado, pero hoy vuelvo a ti lleno de ardor. Escribo algo que me parece original: El Fuego Nuevo. Es un poema en prosa rítmica que le pone carne sonrosada y deliciosa a esa osamenta que llamamos Ruinas de Copán. El poema revela que Copán es un santuario astral y el fuego nuevo, el rito del fin de siglo cada 52 años, rito que, según el giro de la rueda del tiempo, podrán celebrar los descendientes mayas en 1987. ¡Una profecía!

1969. Reúno lo que he podido conservar y readquirir de mi producción poética para publicar un libro que llevará el nombre maya de Anabté, que justamente quiere decir libro, con tal que sea de tradiciones, creencias y adivinaciones.

En este año, el imperialismo, "feroz y ensangrentado" como lo llamaba Guillén Zelaya, ha provocado una guerra entre El Salvador y Honduras —los dos países más unidos en Centroamérica bajo la bandera morazánica—. ¿Por qué esta guerra? ¿Por la frontera común que no ha sido trazada legalmente? ¿Por competencia comercial dentro del Mercado Común Centroamericano —organismo neocolonialista—? No y no.

La situación del imperialismo se va haciendo cada día más difícil en todas partes. Los Estados Unidos han perdido la guerra de Vietnam en una forma vergonzosa, y necesitan un foco de distracción para que el mundo vea hacia otro rumbo y hasta se alegre, por ejemplo, con la "guerra del fútbol", como ellos la llamaron. Además, en una época en que a los Estados Unidos les conviene dividir el frente mundial levantado contra ellos, y meter la guerra, si es posible, "de casa a casa", como decía el Padre Subirana, aquí en Centroamérica conviene impedir a todo trance el frente centroamericano contra el imperialismo que se está formando por mandato de la historia.

Ese mandato de la historia es el mismo que ha reunido en Moscú, en notable conferencia, a los partidos del proletariado del mundo para levantar el frente mundial de los pueblos contra el imperialismo.

1970. Escribo un libro titulado Historia del Pensamiento Económico de Honduras. Por ley, los catedráticos están obligados a escribir una obra relacionada con la ciencia que expone. En nuestra Universidad nadie lo hace, pero yo sí.

1971. A vista del centenario de la muerte del general Cabañas, que será celebrado con gran pompa, don Fernando Ferrari escribió un panfleto contra el paladín de la unión centroamericana. La Revista Ariel refuta con éxito feliz la argumentación del panfletista. Esto da lugar a que el Instituto Morazánico publique los artículos de la revista en un libro que lleva el nombre de Trinidad Cabañas, Soldado de la República Federal.

En este año, para sorpresa mía, soy objeto de un hermoso homenaje de la Universidad Nacional Autónoma de Honduras.

En noviembre se me honra con el Premio Nacional de Literatura Ramón Rosa.

1972. Hago un recorrido por el país. Es un bello país. Lástima que los extranjeros y los hondureños lo exploten como si fuera tierra enemiga. Los mineros de El Mochito exportan la broza, y en ella va plata, oro, platino, uranio... Los madereros están arrasando la madera, al punto que cuando llegue el desarrollo a la industria correspondiente, ya no habrá un palo ni para hacer un cajón de muerto. Por todos lados veo destrucción y miseria. Los pueblos ya no son pueblos; son campos de hambre. De casa en casa busco que me vendan un almuerzo, y sólo "no hay" me ofrecen unas mujerucas, compatriotas mías, arrimadas al muro de la tuberculosis. Los pueblos están rodeados de cercos de piedra y de alambradas. Los cercos y las alambradas son de los latifundistas. No hay tierra para que siembren los pobres. Si no siembran no cosechan. Y si no cosechan no comen.

El Gobierno ofrece, quemándose la boca —porque estas palabras son muy calientes—, reforma agraria. Yo no le creo. Pero si el Gobierno ofrece, ante el atrevimiento de los pobres de entrar a cercado ajeno, balas mortales como se vio en La Talanquera, Olancho, entonces sí le creo. Los gobiernos colonialistas y neocolonialistas sirven para garantizar el dominio imperialista, el libre juego de los grandes negocios, la importación de empréstitos con el seudónimo de "ayudas", la exportación de las riquezas del país sin tasa ni medida, la descapitalización del país en forma constante y ascendente. También sirven los gobiernos colonialistas y neocolonialistas para silenciar los pedimentos del pueblo, para darle gato por liebre al pueblo y para aplastar sin asco ni miramiento la rebeldía del pueblo.

Todo el año he pasado enfermo. ¡Qué bonito sería que me pegara un tiro!

1973. Recibo el Premio Nacional de Literatura Ramón Rosa.

Mi enfermedad se agrava. En busca de salud salgo el 22 de abril para la Unión Soviética. Cuando se está enfermo, París no tiene gusto. Aquí están tres compatriotas enterrados: en el Père Lachaise está el doctor Marco Aurelio Soto, iniciador de la Reforma Liberal en Honduras (1876-1883); quién sabe dónde se halle el doctor Marcial Salgado, de San Francisco de La Paz; tampoco sé dónde se encuentre Confucio Montes de Oca, pintor de gran talento que murió de hambre porque nunca se acordaron de pagarle la beca oficial. ¡Oh, los mártires de la Comuna de París!

Estoy en la gran ciudad de Moscú. Me veo en la Plaza Roja el 1.º de mayo.

El día 3 me interno en el hospital. Me atienden grandes especialistas. Aquí permanezco los meses de mayo, junio y julio. Salgo del hospital muy restablecido con la alegría que da la vida.

Y otra vez a Moscú, a París, a Montreal, a México, a Tegucigalpa.

CONCLUSIÓN

Muchachos: ya conocieron la historia del milpero; lo han visto pasar con sombrero de Ilama, con camisa de manta, con un "guarizama" en la diestra, con caites. Por fin han caído en que es un milpero cualquiera, que un día se hundirá en la tierra, y como si no pasara nada volverán a florecer los macuelizos. Qué bien aquello de Julio César, repetido por Thornton Wilder en Los Idus de Marzo: "El Universo ignora que estamos en él". Al milpero le importa un pito que se le ignore; es más, filosóficamente le gusta porque así debe ser; pero él, "un átomo invisible a simple vista", como dice el mayor poeta de Honduras, José Antonio Domínguez, en el Himno a la Materia, se siente satisfecho de ser partícula consciente del Infinito.

No crean en el milpero, no es ejemplo para ganar metas y sí para caer en abismos. Sus padres no pudieron inculcarle las creencias religiosas de sus mayores. Sus maestros fracasaron al querer meterle en la cabeza el humo sublime de la metafísica. Sus profesores universitarios no pudieron convencerlo (y con pistola en mano) de la santidad de la propiedad privada. Por eso se le ha visto ir y venir sin dirección ni objeto; que ya se casa, que se descasa; que ya tiene dinero a montones, que se le ve tendiendo la mano del limosnero; que ya tiene hijos, que luego se los come como Saturno; en fin...

El milpero de marras es tan tonto, que les voy a contar. Nació en el país del banano. Y es obvio que debería ser bananero. Pues no lo es. Al contrario, es anti-bananero. Habiendo nacido en el "siglo americano", debía ser un cantor de los monopolios, y del poder político de los monopolios y del vuelo de las águilas imperiales. Pues no lo es. Al contrario, ha levantado la bandera del antiimperialismo, y no deja de flamearla así lo maten.

Es abogado. Pues debía ser "abogado del dólar" para aparecer honrosamente como tal en el poema respectivo de Pablo Neruda. Debía ser abogado de la United Brands y de la Standard Fruit Company, de las compañías petroleras y de la Rosario Mining Co. Pero no, ahí anda con las alforjas al hombro, parándose en las vitrinas viendo baratijas de "turcos".

Es periodista. Pues debía meterse con invitación o sin ella en la embajada yanqui y darle la mano y sonreírle a los "pelantrines" de los Estados Unidos, para "hacerse invitar" y conseguir viajecitos a las Cataratas del Niágara y al Cañón Colorado. Pero no. Jamás se le ocurre...

No sigamos. El milpero del cuento pudo haber llegado a Ministro, a Presidente de la República. Pudo haber llegado, y con razón, pues han llegado otros que no han hecho milpas. Pero como es tan burro, nunca quiso entender que debía enamorar a la chica más linda que existía en el país, hasta arrancarle el "sí", y que llevaba el dulce nombre de United Fruit Company.

TÍTULOS Y DIPLOMAS DE MEDARDO MEJÍA

1. Diploma de Honor. Extendido por la Secretaría de Instrucción Pública a don Medardo Mejía por su obra de literatura regional Cuentos de Camino. Firma Salvador Corleto, Ministro. Tegucigalpa, 15 de septiembre de 1931.

2. Título de Licenciado en Ciencias Jurídicas y Sociales. Extendido a don Medardo Mejía por el Rector de la Universidad de Honduras. Tegucigalpa, abril de 1935.

3. Título de Periodista. Extendido por la Universidad Autónoma San Carlos Borromeo al licenciado Medardo Mejía. Guatemala, abril de 1953.

4. Premio Paulino Valladares. Extendido por la Asociación de Prensa Hondureña a don Medardo Mejía. Tegucigalpa, 25 de mayo de 1956.

5. Título de Abogado de los Tribunales de la República. Extendido por la Corte Suprema de Justicia. Tegucigalpa, 18 de febrero de 1957.

6. Exequátur de Notario. Extendido por la Corte Suprema de Justicia al abogado Medardo Mejía. Tegucigalpa, 2 de marzo de 1957.

7. Diploma de Honor. De la Asociación de Prensa Hondureña a don Medardo Mejía, triunfante en el Concurso de Poesía Juan Ramón Molina. Tegucigalpa, 1.º de noviembre de 1958.

8. Primer Premio Vidal Mejía. Extendido por la Asociación de Prensa Hondureña a don Medardo Mejía. Tegucigalpa, 25 de mayo de 1966.

9. Diploma de Reconocimiento al Mérito. Extendido por la Escuela Superior del Profesorado Francisco Morazán a don Medardo Mejía por su obra teatral Cinchonero. Tegucigalpa, 23 de abril de 1967.

10. La Federación de Estudiantes Universitarios de Honduras (FEUH) confiere al abogado Medardo Mejía el presente

Diploma de Reconocimiento por sus valiosos servicios prestados como catedrático de la Universidad Nacional Autónoma de Honduras. Tegucigalpa, 1.º de junio de 1970.

11. La Facultad de Ciencias Económicas extiende al licenciado Medardo Mejía un Diploma de Honor en reconocimiento de sus valiosos servicios como catedrático de la Facultad. Ciudad Universitaria, 2 de octubre de 1970.

12. La Universidad Nacional Autónoma de Honduras extiende al escritor Medardo Mejía un Diploma al Mérito Intelectual por haber contribuido con su labor al desarrollo del periodismo, la sociología, la historia y el teatro. Tegucigalpa, 12 de noviembre de 1971.

13. La Municipalidad de Olanchito declara Huésped de Honor del Municipio de Olanchito al licenciado don Medardo Mejía. Olanchito, Fiestas Patrias de 1972. Firma y sello del Alcalde Municipal. Firma y sello del Secretario Municipal.

14. El Gobierno de la República entregó al escritor Medardo Mejía el Premio Nacional de Literatura Ramón Rosa en el Salón de Actos de Casa Presidencial el 3 de febrero de 1973. Este premio lo había adjudicado un tribunal calificador el 22 de noviembre de 1971.

15. En el centenario del gran poeta Juan Ramón Molina, el escritor Medardo Mejía se anticipó con un homenaje el 21 de marzo de 1975 en el Teatro Manuel Bonilla para ofrecerle su poemario Anabté. Fue una fiesta hermosa con la cooperación del Ministerio de Educación, la Dirección General de Educación Artística y la Biblioteca Nacional. En esa ocasión fue honrado Mejía con una presea y un diploma por sus servicios prestados a la cultura nacional.

NOTAS

Refiere, Anisias, el paso de aquel milpero es un relato rápido, improvisado, sin orden. No digo, por ejemplo, que la cultura me arrancó con un mecate de mi rincón. Aprendí a leer pequeño pero luego olvidé las letras, y me deleitaba con las referencias de los bandidos más famosos de la región, como el Manco Mena, Leonardo Sandoval (que había amansado un barba-amarilla y lo llevaba como un perrongo enrollado en el hombro izquierdo), Máximo Guardado (que montaba en un toro negro) y Aníbal Sarmiento (del valle de Agalta, hábil jinete, buen tirador, ladrón de muchachas bonitas y para el que no había cárcel que pudiera retenerlo). Mi suprema aspiración era llegar a ser como mis tíos del Ojo de Agua que les temían por donde pasaban, porque eran unos hombrones, y sin embargo a nadie habían matado ni a ninguna mujer habían violado. Simplemente eran pesados. Decía la gente: —Esos hombres son pesados...

Carácter. Nunca oí a mi Mama Tomasa (así le decía yo a mi abuela materna), mencionar el nombre de su padre. Quién le hubiera dicho que su nieto, el primogénito de su hija Francisca, iba a escribir Los Diezmos de Olancho (que no son gran cosa, pero en cierta medida son un recuerdo familiar). Por quien supe algo de la ahorcancina, de las cabezas de Antúnez y Zavala en jaulas de hierro por tres años en el Cerro de Vigía y del gran Serapio Romero, más conocido con el nombre de Cinchonero, fue por el viejo Vicente Lobo cuando íbamos a pescar o colmenear en el verano.

Escuela primaria. La ciudad y puerto de La Ceiba está unida al recuerdo de mi niñez. Un niño es feliz cuando hay seres que lo tratan con cariño y satisfacen sus deseos. Yo en La Ceiba conocí la felicidad porque en ella vivía mi abuelo Francisco Pagoaga, que era rico, dueño de una zapatería de moda instalada en los bajos del Hotel París, con trabajadores italianos y trabajadoras francesas, unas chicas tan bonitas que parecían hadas, y era comprador de hule y destazador de ganado. Su adoración y su locura era su nieto, yo. Me llenaba de regalos, me inventaba paseos, y así la escuela primaria, servida por un equipo admirable de profesores alegres, instruidos, civilizados, me parecía el reino de las maravillas.

Enseñanza secundaria. Siento admiración y respeto por todos los intelectuales olanchanos, según sus géneros. Pero tengo especial aprecio y devoción por el doctor Ramón Lobo Herrera, un hombre que allá muy a las cansadas dejó ver su figura imponente en la tribuna como para decir a su auditorio: "así como les estoy hablando en estos momentos, así hablaban los grandes oradores de la Revolución Francesa". Un malentendido en Tegucigalpa con un general feudal lo llevó a su provincia, de donde no volvió a salir sino para hacer viajes de salud a los Estados Unidos. El doctor Lobo Herrera no era ajeno al conocimiento de la dialéctica en las rotaciones inmensas y a las microscópicas de la sociedad humana. En los hombres de su generación, fue el primero en darse cuenta de la militancia del "destino manifiesto" en América Latina, y del papel de actores de comedia de los políticos y gobernantes latinoamericanos.

Por eso, cuando lo llamaron a desempeñar altas funciones, como Magistrado de la Corte Suprema de Justicia Federal de Centro América, en 1921, declinó el honor con mucha cortesía, y le dijo al portero de su casa, a Pilar Nájera: "Ve al correo a dejar esta carta. En ella les digo que no tengo habilidades de mono adiestrado". El doctor Lobo Herrera conocía a fondo eso que la mayor parte de políticos ignora y que lleva el nombre de imperialismo, y no le era extraño ni le asustaba la influyente doctrina del comunismo.

Otra vez en Guatemala. En los libros de los "periodistas y escritores de la Agencia Central de Inteligencia, CIA", vulgares escritores policías figuran papeles que carecen de la seriedad de los documentos públicos para calumniar y difamar

a determinadas personas, en los que aparezco yo como actor importante de la revolución comunista de Guatemala, cuando aquel suceso no fue más que un movimiento tímido encami-nado a darles pedacitos de tierra a los campesinos mestizos y a los indios. A propósito, la Revista Ariel publicó en años anteriores la Ley de Reforma Agraria de Guatemala, la cual se proponía ampliar el radio de acción del capitalismo chapín, y no obstante su aceptable objeto no pasaba de darle pequeños pellizcos a los latifundios. Pero para el bandido John Foster Dulles esto era comunismo y había que extirparlo de raíz donde se presentara. Así lo estableció en la X Conferencia Interamericana de Caracas. Y así una ley antilatifundista se convirtió en un decreto pavoroso contra la propiedad privada. Y Foster Dulles, contando con el apoyo de su hermano Allan, posibles accionistas ambos de la United Fruit Company, con el pretexto de abatir a un ré-gimen comunista, dieron en tierra con el gobierno del coronel Arbenz, ajustado a reglas del neoliberalismo, y nada más.

Naturalmente, aquellos tiempos eran bárbaros. La comisión senatorial del "loco" MacCarthy para investigar el comunismo en Estados Unidos llamaba a sus estrados a las más distinguidas personalidades del país, entre ellos al fundador de la física moderna Albert Einstein, y a numerosos sabios, profesores, artistas, etcétera. Y arreciaba el huracán de la guerra fría inventado por el famoso disparador de bombas atómicas en Hiroshima y Nagasaki, presidente Harry Truman, y francamente el que se salvó de la ventolera de la guerra fría, es porque no estaba en la raya. Los cuerpos represivos del orbe, alentados por el imperialismo yanqui, se dedicaron a la destrucción de la especie humana con el pretexto de estar salvando del comunismo al mundo.

Después que las Naciones Unidas publicaron la Carta Universal de los Derechos Humanos, nunca se vio en los países mayor desprecio a la dignidad del hombre.

El señor John Peurifoy, especialista en derribar regímenes "comunistas" —palabra fundamental en la estrategia de la guerra fría—, después de haber aplastado las guerrillas griegas, viene a Guatemala a hacer tabla rasa del pequeño movimiento

agrarista, y posteriormente lo trasladaron al Sudeste Asiático. Sólo que allá, avisados de quién era Peurifoy, le echaron un camión de varias toneladas encima y lo destriparon.

Regreso a Honduras. Década 50. Primer lustro.

Qué impresión tan irritante la de venir de Guatemala, la ciudad más grande de Centroamérica, donde diariamente llovían bombas imperialistas que hacían temblar la tierra de extremo a extremo, con el objeto de aniquilar a un gobierno de pequeñas conquistas democráticas, y llegar a Tegucigalpa, donde la United Fruit Company había organizado la fuerza militar del coronel Carlos Castillo Armas, "un pendejo" como le llamaban sus compatriotas en la Sexta Avenida, y donde para borrar semejante bellaquería, las mesnadas cantaban a grito pelado desde camiones que corrían veloces:

Viva Villeda Morales,
el terror de los tiranos.

¿Qué era aquello? Ruido de la poderosa Frutera y sus cóm-plices, "colorados" y "cachurecos", para asordar las verdaderas reivindicaciones del pueblo hondureño surgidas del calor combativo de la Huelga de Mayo de ese año, y para ocultar al mismo pueblo el pavoroso genocidio de la sección guatemalteca de la United Fruit Company que estaba realizando por medio de sus esbirros en Guatemala.

Mediante volteretas y ridiculeces, el embajador yanqui Witting Willauer instaló la dictadura de Julio Lozano Díaz para iniciar con él la nueva política del neocolonialismo. Pero sucedió que Lozano se negó tenazmente en una plática que sostuvo con Richard Nixon en El Zamorano:

—Todos aceptan su Presidencia y sólo uno se niega a ella —dijo Nixon.

—¿Quién es ese uno? —preguntó Lozano.

—Usted mismo.

—A mí me tocó liquidar la Deuda Inglesa, y sé lo que es eso para un país tan pobre como Honduras.

—El desarrollo del país pagará la inversión. Estamos en otros tiempos.

—Los hondureños somos los mismos.

—He venido especialmente a invitarlo para que acepte.

—Lamento que haya venido de tan lejos para nada.

Al partir de Tegucigalpa, Nixon le dijo a Willauer:

—No aceptó nuestro plan inversionista. Así es que lo dejo en tus manos.

Saque la juventud la enseñanza respectiva de este relato rigurosamente histórico, pues el licenciado Esteban Mendoza, Ministro de Relaciones Exteriores en aquel tiempo, estuvo presente en la plática, y él tuvo la gentileza de repetírmela, y yo no voy a calumniar a un muerto.

Julio Lozano, por terquedad o por patriotismo, no quiso untarse los dedos con la política neocolonialista que empezaría en esa década. La historia se lo reconocerá.

Guerra de El Salvador y Honduras.

A Gregorio Selser, notable escritor argentino, le puse esta breve carta:

"Tegucigalpa, 1.º de septiembre de 1974.

Señor Gregorio Selser. Buenos Aires.

Por vía aérea le mando un paquete certificado que contiene material para sus labores editoriales. No lo creo suficiente —hay muy poca bibliografía juiciosa— ni creo que los autores remitidos sepan descubrir el trasfondo de una guerra provocada y conducida en ambos lados por agentes de la CIA para interrumpir peligrosas fermentaciones populares y para disimular inhábiles acciones de dos gobiernos mediocres a uno y otro lado del río Goascorán en los años 60. En esta América encadenada, nada se hace al margen del rol y conveniencia del imperio, desde las microguerras —la salvadoreña-hondureña duró 100 horas— hasta las conferencias panamericanas de Tlatelolco y Atlanta.

Me suscribo su afectísimo.

(f) Medardo Mejía".

Tomado de la revista "Ariel", tercera etapa, Año XVI, No. 277, Tegucigalpa, D.C., mayo de 1975.

CONTENIDO